JN074518

2024年度版

FP技能検定 2級 過去問題集

技能検定 2級

実技 試験

資産設計提案業務

近代セールス社

はじめに

「ファイナンシャル・プランニング技能検定（FP技能検定）」は、職業能力開発促進法に基づき、ファイナンシャル・プランニングの技能を国として証明する国家検定制度です。この技能検定の合格者に付与される「ファイナンシャル・プランニング技能士（FP技能士）」は国家資格であり、技能検定合格者しか名乗れない名称独占資格（永久資格）です。

FP技能検定は、厚生労働省から指定試験機関の指定を受けた特定非営利活動法人・日本ファイナンシャル・プランナーズ協会（日本FP協会）と一般社団法人・金融財政事情研究会（金財）が、年3回（5月、9月、1月）試験を実施しています（2020年5月試験は、新型コロナウイルス感染拡大により中止）。試験は、学科試験と実技試験の2種類で行われ、両方に合格する必要があります。

学科試験は日本FP協会・金財とも同一問題ですが、実技試験は業務別試験で、日本FP協会は「資産設計提案業務」、金財は「個人資産相談業務」「中小企業主資産相談業務」「生保顧客資産相談業務」「損保顧客資産相談業務」を実施しています（2級の場合）。

本書は、このうち「資産設計提案業務」の過去問題5回分を掲載しています。

「合格の決め手は『過去問』にあり！」

緊張感あふれる試験会場で決められた時間内に数多くの問題に挑み合格点に達するには、出題の傾向を知り解答の勘所を身に付け時間配分にも慣れることが肝要です。そのために、過去問を2度、3度繰り返し解くという勉強法は、合格に達する必須の訓練です。

本書が、FP技能検定2級（資産設計提案業務）合格への近道を提供できれば幸いです。

株式会社 近代セールス社

目 次

	2021年 1月	2021年 5月	2021年 9月	2022年 1月	2022年 5月	2022年 9月	2023年 1月	2023年 5月	2023年 9月	2024年 1月	過去10回合計	出題率
A ライフプランニングと資金計画											149.5	37.4%
1. ファイナンシャル・プランニングと倫理												
2. ファイナンシャル・プランニングと関連法規								2	2	1.5	17.5	4.4%
3. ライフプランニングの考え方・手法	7	7	7	6	7	6	7	6	7	6	66	16.5%
4. 社会保険	3	3	2	3	2	2	4	2	3	3	27	6.8%
5. 公的年金	1	2	1	1	2	2	1	3	2	1	16	4.0%
6. 企業年金・個人年金等					0.5	1		1	0.5		3	0.8%
7. 年金と税金												
8. ライフプラン策定上の資金計画	3	1	4	1	2	2	2	1	2	1	19	4.8%
9. 中小法人の資金計画												
10. ローンとカード				1							1	0.3%
11. ライフプランニングと資金計画の最新の動向												
B リスク管理											47	11.8%
1. リスクマネジメント												
2. 保険制度全般										1	1	0.3%
3. 生命保険	3	3	2.5	0.5	1	3	1.5	4	3	3	24.5	6.1%
4. 損害保険	1	1	2	1	2	1	1.25	1	2	1	13.25	3.3%
5. 第三分野の保険		1	0.5	2.5			2.25				6.25	1.7%
6. リスク管理と保険						1			1		2	0.5%
7. リスク管理の最新の動向												
C 金融資産運用											56.5	14.1%
1. マーケット環境の理解			1			1				1	3	0.8%
2. 預貯金・金融類似商品等							1	1			2	0.5%
3. 投資信託	2		1	2	1				1.5	2	10.5	2.6%
4. 債券投資	1	1	1		1	1	1	2	2		10	2.5%
5. 株式投資	1	1	1	2		1	1	1	1		8	2.0%
6. 外貨建商品	1	1	1		1			1			5	1.3%
7. 保険商品												
8. 金融派生商品					1						1	0.3%
9. ポートフォリオ運用												
10. 金融商品と税金	1	1	2	1	2.5	2	2	1		3	15	3.8%
11. セーフティネット					1						1	0.3%
12. 関連法規									0.5		0.5	0.1%
13. 金融資産運用の最新の動向												
D タックスプランニング											62	15.5%
1. わが国の税制												
2. 所得税の仕組み	1	1	1	2			1	1	2		9	2.3%
3. 各種所得の内容	2	3	2	4	2	2	2	2	2	2	23	5.8%
4. 損益通算	1	1		1			1	1	1		6	1.5%
5. 所得控除	1	3			3	3		1	1	1	13	3.3%
6. 税額控除		1	1		1			1			4	1.0%
7. 所得税の申告と納付				1			2	1		1	5	1.3%
8. 個人住民税												
9. 個人事業税												
10. 法人税			0.5								0.5	0.1%
11. 法人住民税												
12. 法人事業税												
13. 消費税		1	0.5								1.5	0.4%
14. 会社、役員間および会社間の税務												
15. 決算書と法人税申告書												
16. 諸外国の税制度												
17. タックスプランニングの最新の動向												

	2021年			2022年			2023年			2024年	過去10回合計	出題率
	1月	5月	9月	1月	5月	9月	1月	5月	9月	1月		
E 不動産											41	10.3%
1．不動産の見方	1		2	1	2		1		1		8	2.0%
2．不動産の取引	1					1		1		1	4	1.0%
3．不動産に関する法令上の規制	1	1	1	1	1	1	1	1	1	1	10	2.5%
4．不動産の取得・保有に係る税金	1	1		1		1	1	1	1		7	1.8%
5．不動産の譲渡に係る税金				1	1	1		1	1	1	6	1.5%
6．不動産の賃貸			1							1	2	0.5%
7．不動産の有効活用		1		1		1	1				4	1.0%
8．不動産の証券化												
9．不動産の最新の動向												
F 相続・事業承継											44	11.0%
1．贈与と法律												
2．贈与と税金	1	1	2	1			1	1			8	2.0%
3．相続と法律	1	1		2	2	1	1	2	2	1	13	3.3%
4．相続と税金	1	1	1		1	1	2		1	1	9	2.3%
5．相続財産の評価（不動産以外）										1	1	0.3%
6．相続財産の評価（不動産）	2	1	1	1	2	2	1	1	1	1	13	3.3%
7．不動産の相続対策												
8．相続と保険の活用												
9．事業承継対策												
10．事業と経営												
11．相続・事業承継に関する最新の動向												
計	40	40	40	40	40	40	40	40	40	40	400	100%

資産設計提案業務

「資産設計提案業務」の実技試験では、下記6課目の分野からFP実務を意識した内容で総合的に出題されますが、学科試験の応用問題という印象があります。四肢択一だけではなく、計算を行うもの、語群から記号で答えるもの、語句で答えるものなど、解答方法もさまざまです。特に「ライフプランニングと資金計画」の分野からの出題が多く、全体の3分の1程度を占めています。

学科試験にない特徴として、資料を読み込みながら答える問題が数多く出題されるため、過去問で資料の読み取りに十分に慣れておく対策が必要です。プランニングやアドバイスの際に留意したい税理士法、社会保険労務士法、金融商品取引法、金融サービス提供法など周辺の関連法規の基礎的な問題も毎回出題されます。

①ライフプランニングと資金計画

実技試験では、他の5課目と比較して、この課目からの出題数が圧倒的に多くなっています。主なポイントとしては、関連業法の順守、キャッシュフロー表や個人バランスシートなど提案書を作成するための関連知識などが挙げられます。また、複利計算を簡便に行う6つの係数の計算問題は毎回3問程度出題されています。

社会保険分野からは、公的年金の老齢給付・遺族給付、健康保険の給付内容、雇用保険・労災保険の概要など幅広く出題されていますが、基本的な知識をしっかりと整理しておけば確実に答えられる問題が出題されます。

②リスク管理

「リスク管理」では、生命保険分野の出題率が高く、保険証券の内容を読み取る問題が毎回出題されています。これは実務上でも「保険の見直し」の相談が多いことに対応しているといえます。読み取りの知識があれば、学科試験の学習で解答できると考えられます。

また、保険税務もよく出題されています。

③金融資産運用

「金融資産運用」では、計算問題として、株式の投資指標であるＰＥＲ、ＰＢＲ等の計算、債券の利回り計算、外貨預金の手取り額や損益分岐点となる為替レートの計算等が出題されたりします。

セーフティネットや金融商品取引法・消費者契約法などについても出題されます。ＦＰ業務に直接関係のある最新金融動向についても出題されることがあります。

④タックスプランニング

「タックスプランニング」では、ライフプランニングで重要な所得税が出題の中心です。

主に所得税の計算問題（所得金額、所得控除などを求める問題）が頻繁に出題されています。基本的な知識を整理して、計算に慣れておきましょう。

⑤不動産

「不動産」の分野は、登記事項説明書・不動産広告など資料を使用した問題や不動産関連の税金に関する問題などが出題されています。

また、建蔽率・容積率を使った計算問題も出題されています。

⑥相続・事業承継

「相続・事業承継」においては、相続人、法定相続分や遺言などの民法における取扱いと相続税の計算などが出題されます。

また、宅地の評価を中心にした財産評価に関する問題もよく出題されています。

贈与については基本的な税金計算問題などが出題されています。

２級試験の合格率

実施時期	試験科目			受検申請者数	受検者数 （A）	合格者数 （B）	合格率 （B／A）
2022年5月	学科		金財	47,971	36,863	8,152	22.11%
			日本FP協会	34,877	27,678	13,617	49.20%
	実技		個人資産相談業務	16,701	12,319	3,874	31.44%
			資産設計提案業務	30,454	23,237	14,432	62.11%
2022年9月	学科		金財	44,968	34,872	5,495	15.75%
			日本FP協会	31,989	26,265	11,074	42.16%
	実技		個人資産相談業務	15,634	11,716	4,867	41.54%
			資産設計提案業務	27,115	21,516	12,167	56.55%
2023年1月	学科		金財	47,555	36,713	10,676	29.07%
			日本FP協会	37,352	29,466	16,537	56.12%
	実技		個人資産相談業務	16,943	12,487	4,257	34.09%
			資産設計提案業務	31,645	23,944	14,283	59.53%
2023年5月	学科		金財	35,898	27,239	4,772	17.51%
			日本FP協会	30,511	24,727	12,072	48.82%
	実技		個人資産相談業務	13,187	9,827	3,908	39.76%
			資産設計提案業務	27,999	22,167	12,991	58.61%
2023年9月	学科		金財	36,884	28,094	6,393	22.75%
			日本FP協会	29,220	23,917	12,804	53.54%
	実技		個人資産相談業務	12,444	9,065	3,750	41.36%
			資産設計提案業務	26,198	20,892	10,867	52.02%
2024年1月	学科		金財	37,990	29,226	3,881	13.27%
			日本FP協会	33,648	26,563	10,360	39.00%
	実技		個人資産相談業務	13,675	10,036	3,725	37.11%
			資産設計提案業務	31,907	24,632	15,055	61.12%

＊最新の試験の結果は、金財・日本FP協会のHPで確認できます。

問題編

2024年1月試験（資産設計提案業務）

実 施 日 ◆ 2024年1月28日（日）
試験時間 ◆ 13：30〜15：00（90分）

解答にあたっての注意

・問題数は40問、解答はすべて記述式です。
・択一問題の場合、選択肢の中から正解と思われるものを1つ選んでください。
・語群選択問題の場合、語群の中からそれぞれの空欄にあてはまると思われる語句・数値を選び、語群に記されたとおりに解答用紙の所定の欄に記入してください。また、語群の語句・数値にそれぞれ番号が付してある場合は、その番号のみを記入してください。
・語群のない問題の場合、指示に従い解答用紙の所定の欄に直接正解と思われる語句・数値・記号を記入してください。
・試験問題については、特に指示のない限り、2023年10月1日現在施行の法令等に基づいて解答してください。なお、東日本大震災の被災者等に対する各種特例等については考慮しないものとします。

第 1 問 下記の（問 1）、（問 2）について解答しなさい。

問 1

ファイナンシャル・プランナー（以下「FP」という）は、ファイナンシャル・プランニング業務を行ううえで関連業法等を順守することが重要である。FPの行為に関する次の（ア）～（エ）の記述について、適切なものには○、不適切なものには×を解答欄に記入しなさい。

（ア）弁護士または司法書士の登録を受けていないFPが、顧客から報酬を受け取り、相続財産である不動産の登記申請を代行した。

（イ）税理士の登録を受けていないFPが、参加費有料の相続セミナーを開催し、一般的な相続税の計算方法の説明と仮定の事例に基づく相続税の計算手順について解説した。

（ウ）社会保険労務士の登録を受けていないFPが、参加費無料の年金セミナーを開催し、一般的な社会保障制度に関する説明と年金相談に応じた。

（エ）金融サービス仲介業または生命保険募集人、保険仲立人の登録を受けていないFPが、保険募集を目的として生命保険商品の説明を行い、具体的な保険設計書を用いて顧客に保険の加入を促した。

問 2

「金融サービスの提供に関する法律（金融サービス提供法）」に関する次の記述のうち、最も不適切なものはどれか。

1．金融サービス仲介業を行う場合、内閣総理大臣の登録を受けなければならない。

2．金融商品販売業者等が重要事項の説明義務を怠ったことにより顧客に損害が生じた場合、金融商品販売業者等が損害賠償責任を負う。

3．デリバティブ取引や外国為替証拠金取引（FX）は、金融サービス提供法が適用される。

4．金融サービス提供法による保護の対象は個人に限られ、原則として、事業者は保護の対象とならない。

第 2 問　下記の（問3）～（問6）について解答しなさい。

問 3

　経済統計等に関する下表の空欄（ア）～（エ）にあてはまる語句を語群の中から選び、その番号のみを解答欄に記入しなさい。

名称	発表機関	概要
国内総生産 （GDP）	内閣府	一定期間中に国内で生み出された財およびサービスなどの付加価値の合計である。ここから物価の変動による影響を取り除いたものを（　ア　）GDPという。
マネーストック統計	（　イ　）	金融機関・中央政府を除く経済主体（一般法人、個人、地方公共団体など）が保有する通貨量の残高を集計したものである。
全国企業短期経済観測調査 （日銀短観）	日本銀行	全国の企業動向を的確に把握し金融政策の適切な運営のために統計法に基づいて行われる調査であり、全国の約1万社の企業を対象に、（　ウ　）実施される。
（　エ　）	内閣府	生産、雇用など様々な経済活動での重要かつ景気に敏感に反応する指標の動きを統合することによって作成された指標であり、コンポジット・インデックス（CI）を中心として公表される。

＜語群＞

1．名目　　　　　　　　　 2．実質

3．金融庁　　　　　　　　 4．財務省　　　　　 5．日本銀行

6．毎月　　　　　　　　　 7．四半期ごとに　　　 8．半期ごとに

9．景気ウォッチャー調査　 10．景気動向指数　　 11．業況判断指数・DI

安藤さんは、2019年からNISA（少額投資非課税制度）を活用して投資を始め、2023年まで毎年、年間の限度額まで金融商品を購入してきた。そして、2024年以降も新しいNISAを活用して投資を継続することを検討しており、FPの皆川さんに質問をした。NISAに関する次の（ア）～（エ）の記述について、適切なものには○、不適切なものには×を解答欄に記入しなさい。

（ア）「2023年に購入し、NISA口座で保有している金融商品を値下がり後に売却したことによる損失は、ほかの一般口座や特定口座で保有している金融商品の配当金や売却によって得た利益と損益通算できます。」

（イ）「2019年から2023年の間に購入してNISA口座で保有している金融商品については、非課税期間内に売却するか、非課税期間終了時に保有を継続する場合は一般口座や特定口座に移管するかのどちらかになります。」

（ウ）「2024年以降のNISAの成長投資枠は、年間投資額で240万円まで、かつ、非課税保有限度額1,800万円のうち1,200万円までです。」

（エ）「2024年以降のNISAのつみたて投資枠および成長投資枠の投資対象商品は、つみたてNISAおよび一般NISAの投資対象商品と同じです。」

下記＜資料＞の債券を取得日から5年後に売却した場合における所有期間利回り（単利・年率）を計算しなさい。なお、手数料や税金等については考慮しないものとし、計算結果については小数点以下第4位を切り捨てること。また、解答に当たっては、解答用紙に記載されている単位に従うこと（解答用紙に記載されているマス目に数値を記入すること）。

＜資料＞

表面利率：年0.8%
額面　　：100万円
購入価格：額面100円につき98.00円
売却価格：額面100円につき98.85円
所有期間：5年

問 6

柴田さんは、下記<資料>の投資信託の購入を検討しており、FPの唐沢さんに質問をした。投資信託の手数料等に関する次の（ア）～（ウ）の記述について、適切なものには○、不適切なものには×を解答欄に記入しなさい。

<資料>

投資信託説明書（交付目論見書）

YX米国成長株ファンド（為替ヘッジなし）

追加型投信／海外／株式

（中略）

ファンドの費用

［投資者が直接的に負担する費用］

購入時手数料	購入価額に3.3％（税抜3.0％）を乗じた額です。購入時手数料は販売会社によるファンドの募集・販売の取扱い事務等の対価です。
信託財産留保額	ありません。

［投資者が信託財産で間接的に負担する費用］

運用管理費用 （信託報酬）	ファンドの純資産総額に年1.65％（税抜1.50％）の率を乗じた額とします。 <配分（税抜）および役務の内容>		
	委託会社	年率0.70％	ファンドの運用・調査、基準価額の算出等
	販売会社	年率0.70％	各種法定書面の送付、顧客口座の管理等
	受託会社	年率0.10％	ファンドの財産の保管および管理等
	※毎計算期末または信託終了のときに、信託財産中から支払われます。		
その他の 費用・手数料	・監査法人等に支払われるファンドの監査費用 ・金融商品等の売買委託手数料／外国証券の保管等に要する費用等		

（ア）「このファンドを10万円購入する場合の購入時手数料は、税込3,300円です。」

（イ）「運用管理費用（信託報酬）は、日々の基準価額には影響せず、計算期末と信託終了時のみ基準価額にマイナスに影響します。」

（ウ）「その他の費用・手数料は、ファンドによって投資者が負担する費用項目や内容が違うことがあります。」

問 7

　　建築基準法に従い、下記＜資料＞の甲土地に建物を建築する場合の建築面積の最高限度を計算しなさい。なお、記載のない事項については一切考慮しないものとする。また、解答に当たっては、解答用紙に記載されている単位に従うこと。

＜資料＞

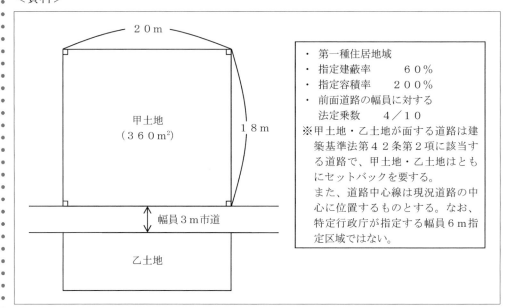

・ 第一種住居地域
・ 指定建蔽率　　　６０％
・ 指定容積率　　２００％
・ 前面道路の幅員に対する
　　法定乗数　　４／１０
※甲土地・乙土地が面する道路は建築基準法第４２条第２項に該当する道路で、甲土地・乙土地はともにセットバックを要する。
　　また、道路中心線は現況道路の中心に位置するものとする。なお、特定行政庁が指定する幅員６ｍ指定区域ではない。

（図中）
２０ｍ
甲土地
（３６０㎡）
１８ｍ
幅員３ｍ市道
乙土地

問 8

　　山岸さんは、所有しているマンションを賃貸している。下記<資料>に基づく2023年分の所得税に係る不動産所得の金額として、正しいものはどれか。なお、<資料>以外の収入および支出等はないものとし、青色申告特別控除は考慮しないものとする。

<資料：2023年分の賃貸マンションに係る収入および支出等>

・賃料収入（総収入金額）：		126万円
・支出		
銀行へのローン返済金額：		73万円（元金50万円、利息23万円）
管理費等	：	18,000円
管理業務委託費	：	63,000円
火災保険料	：	7,000円
固定資産税	：	125,000円
修繕費	：	38,500円
・減価償却費	：	246,000円

※支出等のうち必要経費となるものは、すべて2023年分の所得に係る必要経費に該当するものとする。

1．　32,500円
2．278,500円
3．532,500円
4．778,500円

　　浜松さんは、居住している自宅マンションを売却する予定である。売却に係る状況が下記＜資料＞のとおりである場合、所得税に関する次の記述の空欄（ア）、（イ）にあてはまる数値または語句の組み合わせとして、最も適切なものはどれか。なお、記載のない事項については一切考慮しないものとする。

＜資料＞

取得日	： 2019年2月5日
売却予定日	： 2024年2月9日
取得費	： 4,800万円
譲渡価額	： 8,300万円
譲渡費用	： 290万円

※居住用財産を譲渡した場合の3,000万円特別控除の特例の適用を受けるものとする。

　　浜松さんがこのマンションを売却した場合の特別控除後の譲渡所得の金額は（　ア　）万円となり、課税（　イ　）譲渡所得として扱われる。

1．（ア）210　　（イ）短期
2．（ア）500　　（イ）短期
3．（ア）210　　（イ）長期
4．（ア）500　　（イ）長期

問 10

　　下記<資料>は、横川さんが購入を検討している中古マンションのインターネット上の広告（抜粋）である。この広告の内容等に関する次の（ア）～（エ）の記述について、適切なものには○、不適切なものには×を解答欄に記入しなさい。

<資料>

○○マンション３０２号室

販売価格	３，４８０万円	所在地	◎◎県××市○○町３－１
交通	××線△△駅まで徒歩９分	間取り	３ＬＤＫ
専有面積	７１．６６m² （壁芯）	バルコニー面積	１４．２８m²
階／階建て	３階／５階	築年月	１９９４年６月
総戸数	４２戸	構造	鉄筋コンクリート造
管理費	２０，２００円／月	修繕積立金	１５，６００円／月
土地権利	所有権	取引形態	売主

（ア）この物件の出入り口から××線△△駅までの道路距離は、720m超800m以下である。

（イ）この物件の専有面積として記載されている面積は、登記簿上の面積と同じである。

（ウ）この物件は専有部分と共用部分により構成されるが、バルコニーは共用部分に当たる。

（エ）この物件を購入する場合、売主である宅地建物取引業者に仲介手数料を支払う必要がない。

問 11

　　井上隆也さん（38歳）が加入の提案を受けた生命保険の保障内容は下記＜資料＞のとおりである。この生命保険に加入した場合、次の記述の空欄（ア）～（ウ）にあてはまる数値を解答欄に記入しなさい。なお、各々の記述はそれぞれ独立した問題であり、相互に影響を与えないものとする。

＜資料／生命保険提案書＞

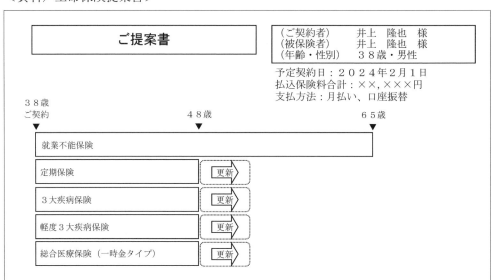

◇ご提案内容

ご契約内容	保険期間	保険金・給付金名称	主なお支払事由など	保険金額・給付金額
就業不能保険	65歳まで	就業不能給付金	就業不能状態（※1）が30日以上継続した場合	30万円
定期保険	10年	死亡保険金	死亡したとき	1,000万円
3大疾病保険	10年	3大疾病保険金	所定の3大疾病に罹患したとき（がん（悪性新生物）と診断確定された場合、急性心筋梗塞・脳卒中で所定の状態となった場合）	500万円
軽度3大疾病保険	10年	軽度3大疾病保険金	上皮内がん（上皮内新生物）と診断確定された場合、心疾患・脳血管疾患で所定の公的医療保険の対象となる手術を受けた場合	50万円
総合医療保険（一時金タイプ）	10年	総合入院給付金	1回の入院（※2）につき、入院日数が1日以上に達したとき	20万円
		手術給付金	所定の公的医療保険の対象となる手術を受けたとき	2万円
		通院給付金	総合入院給付金が支払われる入院前後の通院をしたとき	3,000円×最大30日

（※1）就業不能状態とは、①入院　②公的医療保険の対象となる在宅医療（在宅患者診療・指導料が算定されること）を指します。
（※2）支払事由に該当する入院を60日以内に2回以上したときは継続した「1回の入院」とみなします。ただし、退院日の翌日から60日経過後に開始した入院は、別の入院とします。

・井上さんが骨折により8日間継続して入院し、その間に約款所定の公的医療保険の対象となる手術を受け、退院から1ヵ月後に肺炎で5日間継続して入院した場合、保険会社から支払われる保険金・給付金の合計は（　ア　）万円である。

・井上さんが初めて上皮内がん（上皮内新生物）と診断され、治療のため5日間継続して入院し、その間に約款所定の公的医療保険の対象となる手術を1回受けた場合、保険会社から支払われる保険金・給付金の合計は（　イ　）万円である。

・井上さんがケガにより医師の指示に基づき自宅で40日間療養し、当該期間について公的医療保険の在宅患者診療・指導料が算定されている場合、保険会社から支払われる保険金・給付金の合計は（　ウ　）万円である。

問 12

少額短期保険に関する次の記述の空欄（ア）～（エ）にあてはまる語句の組み合わせとして、最も適切なものはどれか。

・少額短期保険業者が、1人の被保険者について引き受ける死亡保険金額および疾病を原因とする重度障害保険の保険金額の上限はそれぞれ（　ア　）で、低発生率保険を除いたすべての保険契約の保険金額を合計して1,000万円を超えてはならない。

・保険期間の上限は、生命保険・医療保険が（　イ　）、損害保険は（　ウ　）である。

・保険料は、生命保険料控除・地震保険料控除の対象と（　エ　）。

1．（ア）300万円　　（イ）1年　　（ウ）2年　　（エ）ならない
2．（ア）500万円　　（イ）1年　　（ウ）1年　　（エ）なる
3．（ア）300万円　　（イ）2年　　（ウ）1年　　（エ）ならない
4．（ア）500万円　　（イ）2年　　（ウ）2年　　（エ）なる

加瀬さん（45歳）は、下記＜資料＞の自動車保険に加入している。下記＜資料＞に基づく次の（ア）～（エ）の記述のうち、適切なものには○、不適切なものには×を解答欄に記入しなさい。なお、＜資料＞に記載のない特約については考慮しないものとする。

＜資料＞

<table>
<tr><td colspan="2" style="text-align:center">自動車保険証券</td></tr>
<tr><td colspan="2">保険契約者</td></tr>
<tr><td>住所　××××　○－○○
氏名　加瀬　朋広　様</td><td>記名被保険者
（表示のない場合は契約者に同じ）</td></tr>
<tr><td>運転者年齢条件</td><td>３５歳以上補償／
３５歳以上の方が運転中の事故を補償します。</td></tr>
<tr><td colspan="2">証券番号　××－×××××</td></tr>
<tr><td>保険期間　２０２４年　１月１５日　午後４時から
　　　　　２０２５年　１月１５日　午後４時まで
　　　　　１年間</td><td>合計保険料　△△,△△△円</td></tr>
</table>

被保険自動車	
登録番号 車台番号	東京　○○○　に　×××× △△△－△△△△△
車名	×××
用途車種	自家用小型乗用
適用している割増・割引	ノンフリート契約　２０等級（割引６０％） 運転者家族限定割引（本人・配偶者・同居の親族・別居の未婚の子）
安全装置	エアバッグ　ＡＢＳ

補償種目・免責金額（自己負担額）など		保険金額
車両	免責金額　　１回目　　　　０円 　　　　　　２回目　１０万円	一般車両保険（一般条件） １５０万円
対人賠償（１名につき）		無制限
無保険車傷害		人身傷害で補償されます
自損事故傷害		人身傷害で補償されます
対物賠償	免責金額　　　０円	無制限
人身傷害（１名につき）	搭乗中のみ担保	１億円
その他の補償		
弁護士費用特約		補償されます　３００万円
ファミリーバイク特約		補償されます（対人・対物に同じ）
事故付随費用特約		補償されません

（ア）加瀬さんの友人（50歳）が被保険自動車を運転中、他人にケガをさせ法律上の損害賠償責任を負った場合、補償の対象となる。

（イ）加瀬さんが被保険自動車を運転中、飛び石により窓ガラスが破損し、車両保険金のみが支払われた場合、当該事故はノンフリート等級別料率制度における「1等級ダウン事故」に該当する。

（ウ）加瀬さんが被保険自動車を運転中、他人が運転する自動車と衝突し、加瀬さんがケガをした場合、過失割合にかかわらず治療費用の補償を受けることができる。

（エ）加瀬さんが所有する原動機付自転車を加瀬さんの妻（40歳）が運転中、他人にケガをさせ法律上の損害賠償責任を負った場合、補償の対象とならない。

羽田涼介さんが2023年中に支払った終身保険と終身医療保険の保険料は下記＜資料＞のとおりである。涼介さんの2023年分の所得税の計算における生命保険料控除額として、正しいものはどれか。なお、下記＜資料＞の保険について、これまでに契約内容の変更はないものとする。また、2023年分の生命保険料控除額が最も多くなるように計算すること。

＜資料＞

| ［終身保険（無配当）］
　契約日：２０１０年５月１日
　保険契約者：羽田　涼介
　被保険者：羽田　涼介
　死亡保険金受取人：羽田　絵梨花（妻）
　２０２３年の年間支払保険料：１２９，６００円 | ［終身医療保険（無配当）］
　契約日：２０１９年３月１日
　保険契約者：羽田　涼介
　被保険者：羽田　涼介
　死亡保険金受取人：羽田　絵梨花（妻）
　２０２３年の年間支払保険料：７５，１２０円 |

＜所得税の生命保険料控除額の速算表＞

（１）2011年12月31日以前に締結した保険契約（旧契約）等に係る控除額

年間の支払保険料の合計	控除額
25,000円 以下	支払保険料の全額
25,000円 超　　50,000円 以下	支払保険料×１／２＋12,500円
50,000円 超　　100,000円 以下	支払保険料×１／４＋25,000円
100,000円 超	50,000円

（２）2012年１月１日以後に締結した保険契約（新契約）等に係る控除額

年間の支払保険料の合計	控除額
20,000円 以下	支払保険料の全額
20,000円 超　　40,000円 以下	支払保険料×１／２＋10,000円
40,000円 超　　80,000円 以下	支払保険料×１／４＋20,000円
80,000円 超	40,000円

（注）支払保険料とは、その年に支払った金額から、その年に受けた剰余金や割戻金を差し引いた残りの金額をいう。

1．78,780円

2．83,780円

3．88,780円

4．93,780円

問 15

西山さん（67歳）の2023年分の収入等が下記＜資料＞のとおりである場合、西山さんの2023年分の所得税における総所得金額として、正しいものはどれか。なお、記載のない事項については一切考慮しないものとする。

＜資料＞

内容	金額
老齢基礎年金	70万円
遺族厚生年金	110万円
生命保険の満期保険金（一時金）	250万円

※生命保険は、養老保険（保険期間20年、保険契約者および満期保険金受取人は西山さん）の満期保険金であり、既払込保険料（西山さんが全額負担している）は160万円である。

＜公的年金等控除額の速算表＞

納税者区分	公的年金等の収入金額（A）		公的年金等控除額
			公的年金等に係る雑所得以外の所得に係る合計所得金額 1,000万円 以下
65歳以上の者	330万円 以下		110万円
	330万円 超	410万円 以下	（A）×25％ ＋ 27.5万円
	410万円 超	770万円 以下	（A）×15％ ＋ 68.5万円
	770万円 超	1,000万円 以下	（A）×5％ ＋145.5万円
	1,000万円 超		195.5万円

1．20万円

2．40万円

3．45万円

4．90万円

問 16

　　個人事業主の大久保さんが事業開始に当たり取得した建物の状況等は下記＜資料＞のとおりである。下記＜資料＞に基づく大久保さんの2023年分の所得税における事業所得の計算上、必要経費に算入すべき減価償却費を計算しなさい。なお、建物は事業にのみ使用しているものとする。また、解答に当たっては、解答用紙に記載されている単位に従うこと。

＜資料＞

［建物の状況］

　　取得価額　　　：7,500万円

　　法定耐用年数：25年

　　取得年月日　　：2023年4月1日

　　※事業開始の遅延により、同年10月1日から事業の用に供している。

［耐用年数表（抜粋）］

法定耐用年数	定額法の償却率	定率法の償却率
25年	0.040	0.080

問 17

　　役員等以外の者の所得税における退職所得に関する次の（ア）～（エ）の記述のうち、適切なものには○、不適切なものには×を解答欄に記入しなさい。なお、復興特別所得税および記載のない事項については一切考慮しないものとする。

（ア）退職所得控除額の計算に当たり、勤続年数に1年未満の端数がある場合、その端数は切り捨てて勤続年数を計算する。

（イ）勤続年数30年で退職した場合の退職所得控除額は、「70万円×勤続年数」により計算する。

（ウ）退職所得の金額は、勤続年数にかかわらず、すべて退職一時金等の収入金額から退職所得控除額を控除した残額の2分の1に相当する額となる。

（エ）退職一時金を受け取った場合、原則として確定申告をしなければならない。

24

問 18

　下記＜親族関係図＞の場合において、民法の規定に基づく法定相続分および遺留分に関する次の記述の空欄（ア）～（ウ）にあてはまる適切な語句または数値を語群の中から選び、その番号のみを解答欄に記入しなさい。なお、同じ番号を何度選んでもよいものとする。

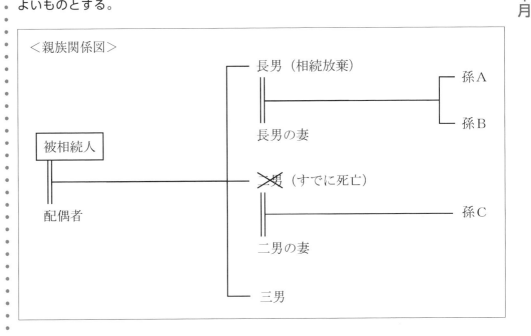

＜親族関係図＞

［相続人の法定相続分および遺留分］

・被相続人の孫Aおよび孫Bの各法定相続分は（　ア　）である。

・被相続人の配偶者の遺留分は（　イ　）、被相続人の孫Cの遺留分は（　ウ　）である。

＜語群＞

1．ゼロ　　　　2．1／2　　　　3．1／3　　　　4．1／4　　　　5．1／6

6．1／8　　7．2／3　　8．1／12　　9．1／16

下記<資料>の宅地（貸家建付地）に係る路線価方式による相続税評価額の計算式として、正しいものはどれか。なお、記載のない事項については一切考慮しないものとする。

<資料>

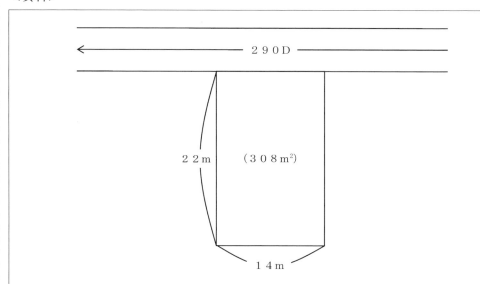

注１：奥行価格補正率（20m以上24m未満）　1.00

注２：借地権割合　60%

注３：借家権割合　30%

注４：この宅地には宅地所有者の所有する賃貸アパートが建っており、現在すべて賃貸中となっている。

1．290,000円×1.00×308㎡

2．290,000円×1.00×308㎡×60%

3．290,000円×1.00×308㎡×（1－60%）

4．290,000円×1.00×308㎡×（1－60%×30%×100%）

問 20

　　下記の相続事例（2023年12月10日相続開始）における相続税の課税価格の合計額として、正しいものはどれか。なお、記載のない事項については一切考慮しないものとする。

＜課税価格の合計額を算出するための財産等の相続税評価額＞

　　土地　　　　：7,000万円（小規模宅地等の特例適用後：1,400万円）

　　建物　　　　：1,000万円

　　現預金　　　：3,200万円

　　死亡保険金：1,800万円（生命保険金等の非課税限度額控除前）

　　債務および葬式費用：1,200万円

＜親族関係図＞

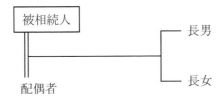

※小規模宅地等の特例の適用対象となる要件はすべて満たしており、その適用を受けるものとする。

※死亡保険金はすべて被相続人の配偶者が受け取っている。

※すべての相続人は、相続により財産を取得している。

※相続開始前3年以内に被相続人からの贈与により財産を取得した相続人はおらず、相続時精算課税制度を選択した相続人もいない。また、相続を放棄した者もいない。

※債務および葬式費用はすべて長男が負担している。

　1．　4,700万円

　2．　5,900万円

　3．　6,200万円

　4．10,300万円

住吉さんは、FPの宮本さんに配偶者居住権について質問をした。配偶者居住権に関する次の記述の空欄（ア）～（エ）にあてはまる語句の組み合わせとして、最も適切なものはどれか。なお、記載のない事項については、配偶者居住権の要件を満たしているものとする。

・配偶者居住権は、遺贈により、配偶者に取得させること（　ア　）。また、配偶者居住権を有する者が死亡した場合、配偶者居住権は、その者の相続に係る相続財産と（　イ　）。

・配偶者居住権の存続期間は、原則として（　ウ　）までとされ、配偶者居住権を取得した者はその建物の所有者に対して、配偶者居住権の設定の登記を請求すること（　エ　）。

1.（ア）ができる　　　　　　　　（イ）なる
　（ウ）相続開始時から6ヵ月後　　（エ）はできない

2.（ア）ができる　　　　　　　　（イ）ならない
　（ウ）配偶者の死亡時　　　　　　（エ）ができる

3.（ア）はできない　　　　　　　（イ）なる
　（ウ）配偶者の死亡時　　　　　　（エ）はできない

4.（ア）はできない　　　　　　　（イ）ならない
　（ウ）相続開始時から6ヵ月後　　（エ）ができる

第 7 問　下記の（問22）～（問24）について解答しなさい。

＜杉田家の家族データ＞

氏名	続柄	生年月日	備考
杉田　康人	本人	1973年10月14日	会社員
志津子	妻	1974年8月24日	パートタイマー
圭太	長男	2008年5月10日	高校生
ひな	長女	2010年11月22日	中学生

＜杉田家のキャッシュフロー表＞　　　　　　　　　　　　　　　　　　　（単位：万円）

経過年数			基準年	1年	2年	3年	4年
西暦（年）			2023年	2024年	2025年	2026年	2027年
家族構成／年齢	杉田 康人	本人	50歳	51歳	52歳	53歳	54歳
	志津子	妻	49歳	50歳	51歳	52歳	53歳
	圭太	長男	15歳	16歳	17歳	18歳	19歳
	ひな	長女	13歳	14歳	15歳	16歳	17歳
ライフイベント		変動率	ひな中学入学	圭太高校入学	自動車の買替え	ひな高校入学	圭太大学入学
収入	給与収入（本人）	1%	572				（　ア　）
	給与収入（妻）	—	180				
	収入合計	—	752		763		
支出	基本生活費	2%	257	262	267		
	住居費	—	163		163		
	教育費	—	48		80		
	保険料	—	72		72		
	一時的支出	—			201		
	その他支出	1%	39		40		
	支出合計	—	579		823		
年間収支		—	173				
金融資産残高		1%	605	781	（　イ　）		

※年齢および金融資産残高は各年12月31日現在のものとする。

※給与収入は可処分所得で記載している。

※記載されている数値は正しいものとする。また、問題作成の都合上、一部を空欄としている。

問 22

　　杉田家のキャッシュフロー表の空欄（ア）にあてはまる数値を計算しなさい。なお、計算過程においては端数処理をせず計算し、計算結果については万円未満を四捨五入すること。

問 23

　　杉田家のキャッシュフロー表の空欄（イ）にあてはまる数値を計算しなさい。なお、計算過程においては端数処理をせず計算し、計算結果については万円未満を四捨五入すること。

問 24

　　康人さんは、教育費の負担が心配になり、奨学金について調べることにした。日本学生支援機構の奨学金に関する次の記述のうち、最も適切なものはどれか。

1. 給付型奨学金の収入基準の判定は、申込人と父母の3人家族の場合、父母のどちらか収入の高い方1名を生計維持者として、判定を行う。
2. 給付型奨学金の「予約採用」は、学力基準である「高等学校等における全履修科目の評定平均値が一定以上」という要件を満たしていない場合、申し込むことができない。
3. 貸与型奨学金には、利息が付く「第一種」と利息が付かない「第二種」がある。
4. 貸与型奨学金は、「第一種」と「第二種」を併用することができる。

第8問 下記の（問25）〜（問27）について解答しなさい。

下記の係数早見表を乗算で使用し、各問について計算しなさい。なお、税金は一切考慮しないこととし、解答に当たっては、解答用紙に記載されている単位に従うこと。

［係数早見表（年利1.0%）］

	終価係数	現価係数	減債基金係数	資本回収係数	年金終価係数	年金現価係数
1年	1.010	0.990	1.000	1.010	1.000	0.990
2年	1.020	0.980	0.498	0.508	2.010	1.970
3年	1.030	0.971	0.330	0.340	3.030	2.941
4年	1.041	0.961	0.246	0.256	4.060	3.902
5年	1.051	0.951	0.196	0.206	5.101	4.853
6年	1.062	0.942	0.163	0.173	6.152	5.795
7年	1.072	0.933	0.139	0.149	7.214	6.728
8年	1.083	0.923	0.121	0.131	8.286	7.652
9年	1.094	0.914	0.107	0.117	9.369	8.566
10年	1.105	0.905	0.096	0.106	10.462	9.471
15年	1.161	0.861	0.062	0.072	16.097	13.865
20年	1.220	0.820	0.045	0.055	22.019	18.046
25年	1.282	0.780	0.035	0.045	28.243	22.023
30年	1.348	0.742	0.029	0.039	34.785	25.808

※記載されている数値は正しいものとする。

問 25

大津さんは、受け取った退職金1,300万円を老後の生活資金として将来使用する予定である。この金額を10年間、年利1.0％で複利運用する場合、10年後の合計額はいくらになるか。

問 26

細井さんは、受け取った退職金3,800万円を今後25年間、年利1.0％で複利運用しながら毎年年末に均等に生活資金として取り崩したいと考えている。毎年取り崩すことができる最大金額はいくらになるか。

問 27

香川さんは、子どもの大学進学資金として、10年後に300万円を用意しようと考えている。年利1.0％で複利運用しながら毎年年末に一定額を積み立てる場合、毎年いくらずつ積み立てればよいか。

第9問 下記の（問28）～（問34）について解答しなさい。

<設例>

牧村耕治さんは、民間企業に勤務する会社員である。耕治さんと妻の琴美さんは、今後の生活設計や資産形成などについて、FPで税理士でもある吉田さんに相談をした。なお、下記のデータはいずれも2024年1月1日現在のものである。

[家族構成]

氏名	続柄	生年月日	年齢	備考
牧村　耕治	本人	1986年8月20日	37歳	会社員（正社員）
琴美	妻	1988年10月8日	35歳	会社員（正社員）
雄大	長男	2018年12月13日	5歳	保育園児

[収入金額（2023年）]

耕治さん：給与収入670万円（手取り額）。給与収入以外の収入はない。

琴美さん：給与収入400万円（手取り額）。給与収入以外の収入はない。

[金融資産（時価）]

耕治さん名義

　　銀行預金（普通預金）　　　：　　80万円

　　銀行預金（定期預金）　　　：　110万円

　　財形年金貯蓄　　　　　　　：　120万円

　　個人向け国債（変動10年）：　　60万円

琴美さん名義

　　銀行預金（普通預金）　　　：　230万円

　　公募株式投資信託　　　　　：　　40万円

　　上場株式　　　　　　　　　：　　90万円

[住宅ローン]

契約者　　　：　耕治さん

借入先　　　：　HA銀行

借入時期　　：　2021年10月（居住開始時期：2021年10月）

借入金額　　：　2,600万円

返済方法　　：　元利均等返済（ボーナス返済なし）

金利　　　　：　全期間固定金利型（年1.4％）

返済期間　　：　30年間

［保険］

・定期保険A 　　　：保険金額1,500万円（リビング・ニーズ特約付き）。保険契約者（保険料負担者）および被保険者は耕治さん、保険金受取人は琴美さんである。

・収入保障保険B：年金月額10万円。保険契約者（保険料負担者）および被保険者は耕治さん、年金受取人は琴美さんである。

・火災保険C 　　　：保険金額2,000万円。保険の目的は建物、保険契約者（保険料負担者）は耕治さんである。

・医療保険D 　　　：入院給付金日額5,000円、保険契約者（保険料負担者）および被保険者は琴美さんであり、先進医療特約が付加されている。

FPの吉田さんは、個人に対する所得税の仕組みについて耕治さんから質問を受けた。吉田さんが下記＜イメージ図＞を使用して行った所得税に関する次の（ア）〜（エ）の説明のうち、適切なものには○、不適切なものには×を解答欄に記入しなさい。

＜イメージ図＞

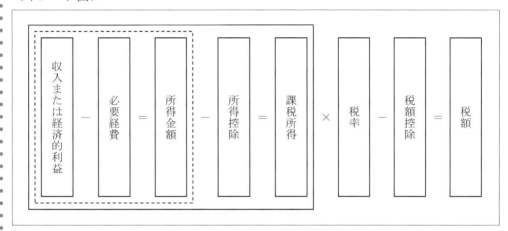

（出所：財務省「所得税の基本的な仕組み」を基に作成）

（ア）「耕治さんが収入保障保険の保険料を支払ったことにより受けられる生命保険料控除は、所得控除として、一定金額を所得金額から差し引くことができます。」

（イ）「耕治さんが琴美さんの医療費を支払ったことにより受けられる医療費控除は、所得控除として、一定金額を所得金額から差し引くことができます。」

（ウ）「耕治さんがふるさと納税をしたことにより受けられる寄附金控除は、税額控除として、一定金額を所得税額から差し引くことができます。」

（エ）「耕治さんが振り込め詐欺による被害にあったことにより受けられる雑損控除は、所得控除として、一定金額を所得金額から差し引くことができます。」

耕治さんは、財形年金貯蓄について、FPの吉田さんに質問をした。財形年金貯蓄に関する下表の空欄（ア）～（エ）にあてはまる数値に関する次の記述のうち、最も不適切なものはどれか。なお、復興特別所得税については考慮しないものとする。

	財形年金貯蓄
契約締結の年齢要件	満 （ ア ） 歳未満
積立期間	毎月の給与や賞与から定期的に （ イ ） 年以上の期間
非課税の限度額	[貯蓄型] 　財形住宅貯蓄と合算して元利合計 （ ウ ） 万円まで [保険型] 　払込保険料累計額385万円まで、かつ財形住宅貯蓄と 　合算して払込保険料累計額 （ ウ ） 万円まで
目的外の払出時の原則的取扱い	[貯蓄型] 　過去 （ エ ） 年間に支払われた利息について、さか 　のぼって所得税および住民税が源泉徴収される。 [保険型] 　積立開始時からの利息相当分すべてが一時所得扱いと 　なる。

1．（ア）にあてはまる数値は、「60」である。

2．（イ）にあてはまる数値は、「5」である。

3．（ウ）にあてはまる数値は、「550」である。

4．（エ）にあてはまる数値は、「5」である。

　　耕治さんは、教育資金が不足する事態に備えて、個人向け国債（変動10年）の中途換金について、FPの吉田さんに質問をした。個人向け国債（変動10年）の中途換金に関する吉田さんの次の説明のうち、最も不適切なものはどれか。

1．「発行から１年経過すれば、原則としていつでも中途換金することができます。」
2．「中途換金は、全額または額面１万円単位ですることができます。」
3．「市場金利が低下すると個人向け国債（変動10年）の債券価格は上昇し、中途換金の際に値上がり益が生じることもあります。」
4．「中途換金する場合の換金額は、原則として、額面金額と経過利子相当額の合計額から中途換金調整額が差し引かれますが、中途換金調整額は直前２回分の各利子（税引前）相当額を基に算出されます。」

問 31

耕治さんは、生命保険の解約返戻金について、FPの吉田さんに質問をした。吉田さんが、生命保険の解約返戻金相当額について説明する際に使用した下記のイメージ図のうち、耕治さんが契約している定期保険Aの解約返戻金相当額の推移に係る図として、最も適切なものはどれか。

1.

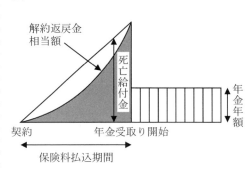

2.

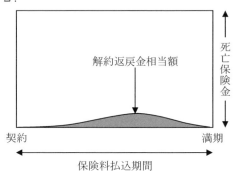

3.

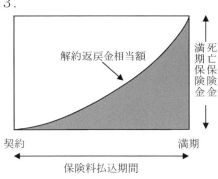

4.

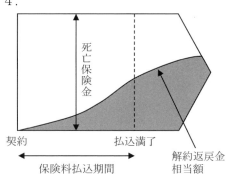

問 32

　　耕治さんは、契約している定期保険Ａのリビング・ニーズ特約について、FPの吉田さんに質問をした。吉田さんが行ったリビング・ニーズ特約の一般的な説明として、最も不適切なものはどれか。

1．「リビング・ニーズ特約の特約保険料は、無料です。」

2．「リビング・ニーズ特約は、被保険者の余命が６ヵ月以内と診断されたときに死亡保険金の一部または全部を生前に受け取ることができる特約です。」

3．「リビング・ニーズ特約の請求により被保険者が受け取った生前給付金は、所得税の課税対象となります。」

4．「一般的に、リビング・ニーズ特約により請求できる金額は保険金額の範囲内で、１被保険者当たり3,000万円が限度となります。」

　　耕治さんは、2024年1月に病気（私傷病）療養のため休業したことから、健康保険の傷病手当金についてFPの吉田さんに相談をした。下記＜資料＞に基づき、耕治さんが受け取ることができる傷病手当金に関する次の記述の空欄（ア）～（ウ）にあてはまる適切な語句を語群の中から選び、その番号のみを解答欄に記入しなさい。なお、耕治さんは、全国健康保険協会管掌健康保険（協会けんぽ）の被保険者である。また、記載のない事項については一切考慮しないものとする。

＜資料＞

[耕治さんの2024年1月の出勤状況]

13日 （土）	14日 （日）	15日 （月）	16日 （火）	17日 （水）	18日 （木）	19日 （金）	20日 （土）	21日 （日）
休業	休業	出勤	休業	出勤	休業	休業	休業	休業

[耕治さんのデータ]

・支給開始月以前の直近の継続した12ヵ月間の各月の標準報酬月額の平均額は、540,000円である。

・上記の休業した日について、1日当たり3,000円の給与が支給された。

・上記以外に休業した日はなく、上記の休業した日については、労務不能と認められている。

[傷病手当金の1日当たりの額の計算式]

$$\text{支給開始月以前の直近の継続した12ヵ月間の各月の標準報酬月額の平均額} \times \frac{1}{30} \times \frac{2}{3}$$

・耕治さんへの傷病手当金は、（　ア　）より支給が開始される。

・耕治さんへ支給される傷病手当金の額は、1日当たり（　イ　）である。

・耕治さんに同一の疾病に係る傷病手当金が支給される期間は、支給を始めた日から通算して（　ウ　）である。

＜語群＞

1．1月18日	2．1月20日	3．1月21日
4．9,000円	5．12,000円	6．18,000円
7．1年間	8．1年6ヵ月間	9．2年間

問 34

耕治さんは、現在の勤務先を2024年1月に自己都合退職した場合に受給することができる雇用保険の基本手当についてFPの吉田さんに質問をした。雇用保険の基本手当に関する次の記述の空欄（ア）〜（ウ）にあてはまる適切な語句を語群の中から選び、その番号のみを解答欄に記入しなさい。なお、個別延長給付等の記載のない事項については一切考慮しないものとする。

＜資料＞

［耕治さんのデータ］
・現在の勤務先に22歳から勤務し、継続して雇用保険に加入しており、基本手当の受給要件はすべて満たしているものとする。
・これまでに雇用保険の給付を受けたことはない。

［基本手当の所定給付日数（抜粋）］
○一般受給資格者

離職時の満年齢＼算定基礎期間	1年以上10年未満	10年以上20年未満	20年以上
全年齢	90日	120日	150日

○特定受給資格者および一部の特定理由離職者

離職時の満年齢＼算定基礎期間	1年未満	1年以上5年未満	5年以上10年未満	10年以上20年未満	20年以上
30歳未満	90日	90日	120日	180日	—
30歳以上35歳未満	90日	120日	180日	210日	240日
35歳以上45歳未満	90日	150日	180日	240日	270日

・基本手当を受給する場合、離職後、住所地を管轄する公共職業安定所（ハローワーク）において求職の申込みをしたうえで、勤務先から受領した（　ア　）を提出しなければならない。
・耕治さんが受給することができる基本手当の所定給付日数は（　イ　）であり、求職の申込みをした日から7日間の待期期間および原則として（　ウ　）の給付制限期間を経て支給が開始される。

<語群>

1．離職票	2．雇用保険被保険者証	3．離職証明書
4．120日	5．210日	6．240日
7．1ヵ月	8．2ヵ月	9．3ヵ月

第10問 下記の（問35）～（問40）について解答しなさい。

＜設例＞

国内の上場企業に勤務する池谷雅之さんは、今後の生活などについて、FPで税理士でもある最上さんに相談をした。なお、下記のデータは2024年1月1日現在のものである。

Ⅰ．家族構成（同居家族）

氏名	続柄	生年月日	年齢	備考
池谷 雅之	本人	1967年6月27日	56歳	会社員（正社員）
博子	妻	1967年10月18日	56歳	専業主婦
里香	長女	2000年5月11日	23歳	会社員（正社員）
和哉	長男	2004年12月12日	19歳	大学生

Ⅱ．池谷家の親族関係図

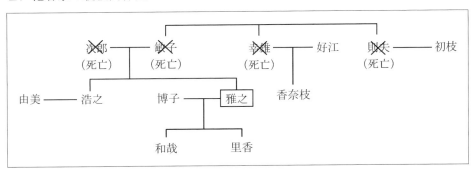

Ⅲ．池谷家（雅之さんと博子さん）の財産の状況

［資料1：保有資産（時価）］　　　　　　　　　　　　　　　　　（単位：万円）

	雅之	博子
金融資産 　現金・預貯金 　株式・投資信託	 3,600 1,100	 820 250
生命保険（解約返戻金相当額）	［資料3］を参照	［資料3］を参照
不動産 　土地（自宅の敷地） 　建物（自宅の家屋）	 6,000 520	
その他 　動産等	 180	 210

［資料2：負債残高］

住宅ローン：680万円（債務者は雅之さん。団体信用生命保険が付保されている）

自動車ローン：70万円（債務者は雅之さん）

［資料3：生命保険］（単位：万円）

保険種類	保険契約者	被保険者	死亡保険金受取人	保険金額	解約返戻金相当額
定期保険特約付終身保険A （終身保険部分） （定期保険部分）	雅之	雅之	博子	200 2,000	120 —
個人年金保険B	雅之	雅之	博子	—	500
医療保険C	雅之	雅之	—	—	—

注1：解約返戻金相当額は、2024年1月1日現在で解約した場合の金額である。

注2：個人年金保険Bは、据置期間中に被保険者が死亡した場合、払込保険料相当額が死亡保険金として支払われるものである。

注3：すべての契約について、保険契約者が保険料を全額負担している。

注4：契約者配当および契約者貸付については考慮しないこと。

Ⅳ．その他

上記以外の情報については、各設問において特に指示のない限り一切考慮しないこと。また、復興特別所得税については考慮しないこと。

問 35

FPの最上さんは、まず2024年1月1日現在における池谷家（雅之さんと博子さん）のバランスシート分析を行うこととした。下表の空欄（ア）にあてはまる数値を計算しなさい。

＜池谷家（雅之さんと博子さん）のバランスシート＞　　　　　　　（単位：万円）

[資産]		[負債]	
金融資産		住宅ローン	×××
現金・預貯金	×××	自動車ローン	×××
株式・投資信託	×××		
生命保険（解約返戻金相当額）	×××	負債合計	×××
不動産			
土地（自宅の敷地）	×××		
建物（自宅の家屋）	×××	[純資産]	（　ア　）
その他（動産等）	×××		
資産合計	×××	負債・純資産合計	×××

博子さんは、2023年8月末に正社員として勤務していたRX株式会社を退職し、その後再就職はしていない。退職後、RX株式会社から交付された源泉徴収票（一部省略）は下記＜資料＞のとおりである。雅之さんの2023年分の所得税の計算において、適用を受けることのできる配偶者特別控除の額として、正しいものはどれか。なお、雅之さんの2023年分の所得金額は900万円以下であるものとする。また、博子さんには、RX株式会社からの給与以外に申告すべき所得はない。

＜資料＞

令和 5 年分　　給与所得の源泉徴収票

支払を受ける者	住所又は居所				
		(受給者番号)			
		(役職名)			
		氏名	(フリガナ) イケタニ ヒロコ 池谷 博子		

種別	支払金額	給与所得控除後の金額（調整控除後）	所得控除の額の合計額	源泉徴収税額
給料・賞与	内 千 円 1 880 000	千 円	千 円	内 千 円 38 160

(源泉)控除対象配偶者の有無等		配偶者（特別）控除の額	控除対象扶養親族の数（配偶者を除く。）			16歳未満扶養親族の数	障害者の数（本人を除く。）		非居住者である親族の数
有 従有	老人	千 円	特定	老人	その他		特別	その他	
			人 従人	内 人 従人	人 従人	人	内 人	人	人

社会保険料等の金額	生命保険料の控除額	地震保険料の控除額	住宅借入金等特別控除の額
内 千 円 286 464	千 円	千 円	千 円

(摘要) 年調未済

＜給与所得控除額の速算表＞

給与等の収入金額		給与所得控除額
	162.5万円 以下	55万円
162.5万円 超	180万円 以下	収入金額×40％ − 10万円
180万円 超	360万円 以下	収入金額×30％ ＋ 8万円
360万円 超	660万円 以下	収入金額×20％ ＋ 44万円
660万円 超	850万円 以下	収入金額×10％ ＋110万円
850万円 超		195万円（上限）

<配偶者特別控除額（所得税）の早見表>

配偶者の合計所得金額　　　　納税者の合計所得金額	900万円以下
48万円 超　　95万円 以下	38万円
95万円 超　　100万円 以下	36万円
100万円 超　　105万円 以下	31万円
105万円 超　　110万円 以下	26万円
110万円 超　　115万円 以下	21万円
115万円 超　　120万円 以下	16万円
120万円 超　　125万円 以下	11万円
125万円 超　　130万円 以下	6万円
130万円 超　　133万円 以下	3万円

1．　0円

2．11万円

3．31万円

4．38万円

雅之さんは、2020年10月に購入した国内公募追加型株式投資信託RRファンドの売却を検討している。下記<資料>に基づき、RRファンドを一部解約した場合の譲渡所得の金額として、正しいものはどれか。なお、解答に当たっては、円未満の端数が生じた場合には、円未満の端数を切り捨てること。

<資料>

[購入時の条件]

口数（当初1口＝1円）	240万口
基準価額（1万口当たり）	8,950円
購入時手数料率（消費税込み、外枠）	2.2%

[解約時の条件]

口数（当初1口＝1円）	120万口
基準価額（1万口当たり）	9,752円
解約時手数料	なし

1．48,984円
2．58,090円
3．72,612円
4．96,240円

雅之さんが2021年から2023年の間に行った国内公募追加型株式投資信託RQファンドの取引は、下記<資料>のとおりである。2023年末時点におけるRQファンドの個別元本（1万口当たり）として、正しいものはどれか。なお、記載のない事項については一切考慮しないものとする。

<資料>

取引年月	取引内容	基準価額 （1万口当たり）	購入時手数料等 （消費税込み、外枠）
2021年5月	250万口購入	10,000円	55,000円
2022年9月	100万口売却	11,000円	―
2023年3月	50万口購入	12,000円	13,200円

1. 10,500円

2. 10,731円

3. 11,000円

4. 11,242円

　雅之さんは、現在の勤務先で、60歳の定年を迎えた後も継続雇用制度を利用し、厚生年金保険に加入しつつ70歳まで働き続ける場合の在職老齢年金について、FPの最上さんに質問をした。下記＜資料＞に基づく条件で支給調整された老齢厚生年金の受給額（年額）として、正しいものはどれか。

＜資料＞

［雅之さんに関するデータ］

65歳以降の給与（標準報酬月額）	38万円
65歳以降の賞与（1年間の標準賞与額）	108万円 ※6月と12月にそれぞれ54万円
老齢厚生年金の受給額（年額）	120万円
老齢基礎年金の受給額（年額）	78万円

［在職老齢年金に係る計算式］

　基本月額　　　　　：老齢厚生年金（報酬比例部分）÷12

　総報酬月額相当額：その月の標準報酬月額＋その月以前の1年間の標準賞与額
　　　　　　　　　　　の合計÷12

　支給停止額　　　　：（基本月額＋総報酬月額相当額－48万円）×1／2

　支給調整後の老齢厚生年金の受給額（年額）：（基本月額－支給停止額）×12

※雅之さんは、老齢年金を65歳から受給するものとする。

※記載以外の老齢年金の受給要件はすべて満たしているものとする。

※老齢厚生年金の受給額は、加給年金額および経過的加算額を考慮しないものとする。

1．　540,000円

2．　660,000円

3．　930,000円

4．1,050,000円

博子さんは、現在、雅之さんが加入する全国健康保険協会管掌健康保険（協会けんぽ）の被扶養者となっている。今後、博子さんがパートタイマーとして地元の中小企業PE株式会社で働き始めた場合でも、引き続き雅之さんが加入する健康保険の被扶養者となるための条件について、FPの最上さんに質問をした。健康保険の被保険者および被扶養者に関する次の説明の空欄（ア）～（ウ）にあてはまる語句または数値の組み合わせとして、最も適切なものはどれか。なお、PE株式会社の従業員数は50人以下であり、任意特定適用事業所ではないものとする。また、問題作成の都合上、一部を「＊＊＊」にしてある。

> 「博子さんがパートタイマーとしてPE株式会社で働く場合、週の所定労働時間および月の所定労働日数が通常の労働者の（　ア　）以上となるときは、健康保険の被保険者とされます。
>
> また、健康保険の被扶養者となるには、主に被保険者の収入により生計を維持していることおよび原則として日本国内に住所を有していることが必要です。生計維持の基準としては、被扶養者となる人が被保険者と同一世帯に属している場合、原則として、被扶養者となる人の年間収入が（　イ　）万円未満（60歳以上の者や一定の障害者は＊＊＊万円未満）で、かつ、被保険者の収入の（　ウ　）未満であることとされています。」

1．（ア）3分の2　　（イ）103　　（ウ）2分の1
2．（ア）3分の2　　（イ）130　　（ウ）3割
3．（ア）4分の3　　（イ）103　　（ウ）3割
4．（ア）4分の3　　（イ）130　　（ウ）2分の1

問題編

2023年9月試験（資産設計提案業務）

実 施 日 ◆ 2023年9月10日（日）

試験時間 ◆ 13：30〜15：00（90分）

解答にあたっての注意

・問題数は40問、解答はすべて記述式です。

・択一問題の場合、選択肢の中から正解と思われるものを1つ選んでください。

・語群選択問題の場合、語群の中からそれぞれの空欄にあてはまると思われる語句・数値を選び、語群に記されたとおりに解答用紙の所定の欄に記入してください。また、語群の語句・数値にそれぞれ番号が付してある場合は、その番号のみを記入してください。

・語群のない問題の場合、指示に従い解答用紙の所定の欄に直接正解と思われる語句・数値・記号を記入してください。

・試験問題については、特に指示のない限り、2023年4月1日現在施行の法令等に基づいて解答してください。なお、東日本大震災の被災者等に対する各種特例等については考慮しないものとします。

下記の（問1）、（問2）について解答しなさい。

問 1

ファイナンシャル・プランナー（以下「FP」という）は、ファイナンシャル・プランニング業務を行ううえで関連業法等を順守することが重要である。FPの行為に関する次の（ア）～（エ）の記述について、適切なものには○、不適切なものには×を解答欄に記入しなさい。

（ア）生命保険募集人・保険仲立人の登録を受けていないFPが、生命保険契約を検討している顧客のライフプランに基づき、有償で具体的な必要保障額を試算した。

（イ）税理士の登録を受けていないFPが、公民館主催の無料相談に訪れた相談者に対し、相続人の具体的な相続税額を計算した。

（ウ）投資助言・代理業の登録を受けていないFPが、顧客に対し有償で、特定企業の公表されている決算報告書を用いて、具体的な株式の投資時期等の判断や助言を行った。

（エ）社会保険労務士の登録を受けていないFPが、顧客が持参した「ねんきん定期便」を基に、有償で公的年金の受給見込み額を計算した。

問 2

「個人情報の保護に関する法律（個人情報保護法）」および著作権法に関する次の記述のうち、最も適切なものはどれか。

1．個人情報とは、生存する個人が特定できる情報のことをいい、原則として、死者の情報は個人情報とされない。

2．顧客との電話による会話を録音したデータは、個人情報とされない。

3．自身が記事中で紹介された新聞紙面をコピーし、生活者向け講演会の資料として配布する場合、当該新聞社の許諾は必要ない。

4．公表された他人の著作物を自分の著作物に引用する場合、引用部分が「主」となる内容で、自ら作成する部分が「従」でなければならない。

問 3

下記＜証券口座の概要＞に関する次の記述のうち、最も適切なものはどれか。

＜証券口座の概要＞

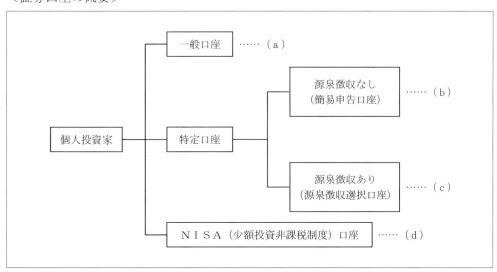

1．金融商品取引業者等は、（a）のみを選択している個人投資家に対して、その口座内での1年間の取引をまとめて取引報告書を交付しなければならない。

2．年初の売却で（b）を選択した場合、同年中の2度目以降の売却の際に（c）に変更できない。

3．（c）を選択した場合、ほかの金融商品取引業者等に開設している特定口座における損益と通算することはできない。

4．（d）の非課税投資枠を超えた取引は、（a）で取引しなければならない。

　　個人向け国債（変動10年）に関する下表の空欄（ア）～（エ）にあてはまる適切な語句または数値を語群の中から選び、その番号のみを解答欄に記入しなさい。なお、同じ番号を何度選んでもよいこととする。

利払い	＊＊＊ごと
金利の見直し	（　ア　）ごと
金利設定方法	基準金利×（　イ　）
金利の下限	（　ウ　）％（年率）
購入単価	1万円以上1万円単位
中途換金	原則として、発行から（　エ　）経過すれば可能 ただし、直前2回分の各利子（税引前）相当額×0.79685が差し引かれる
発行月（発行頻度）	毎月（年12回）

※問題作成の都合上、一部を「＊＊＊」にしてある。

<語群>
1．半年　　　2．1年　　　3．2年　　　4．3年　　　5．0.03
6．0.05　　　7．0.33　　　8．0.5　　　9．0.55　　　10．0.66

問 5

　馬場さんは、特定口座で保有しているHG投資信託（追加型国内公募株式投資信託）の収益分配金を2023年6月に受け取った。HG投資信託の運用状況が下記＜資料＞のとおりである場合、次の記述の空欄（ア）、（イ）にあてはまる語句の組み合わせとして、最も適切なものはどれか。

＜資料＞

［馬場さんが特定口座で保有するHG投資信託の収益分配金受取時の状況］
　収益分配前の個別元本：14,300円
　収益分配前の基準価額：13,800円
　収益分配金　　　　　：　200円
　収益分配後の基準価額：13,600円

・馬場さんが保有するHG投資信託の収益分配後の個別元本は、（　ア　）である。
・馬場さんが特定口座で受け取った分配金には、所得税・住民税が課税（　イ　）。

1．（ア）13,600円　　（イ）される
2．（ア）14,100円　　（イ）される
3．（ア）13,600円　　（イ）されない
4．（ア）14,100円　　（イ）されない

　藤原さんは、勤務先に企業年金がないため、HT社を運営管理機関とする個人型確定拠出年金（以下「iDeCo」という）に加入することを検討しており、下記＜資料＞を示してFPの小山さんに質問をした。小山さんの説明のうち、最も不適切なものはどれか。

＜資料：HT社 iDeCoの運用商品ラインアップ＞

分　類		商　品　名
投資信託	国内株式	HT国内株式DCインデックスファンド
	国内株式	HT国内株式DC集中ファンド
	国内債券	HTザ・日本債券DCファンド
	外国株式	HT外国株式DCインデックスファンド
	外国株式	HT外国株式DC厳選ファンド
	外国債券	HT全世界債券DCファンド
	国内リート	HT国内リートDCファンド
	外国リート	HTグローバルリートDCファンド
	バランス型	HT6資産バランスファンド
	バランス型	HT8資産ローリスクバランスファンド
保険商品		HI保険DC用年金
定期預金		HB銀行DC用定期預金

1.「HT社が扱う商品の中から1つだけを運用商品として、選択することはできません。」

2.「選択した運用商品は、iDeCo加入中、原則として、いつでも変更することができます。」

3.「運用商品のうち投資信託には、国内株式型や国内債券型など投資対象となる資産によって分類されるものもありますが、バランス型のように複数資産を組み合わせたものもあります。」

4.「運用商品には、保険商品や定期預金等の元本確保型商品があり、所定の利息が上乗せされますが、金利情勢によっては利息額を手数料が上回る場合もあります。」

問 7

　　建築基準法に従い、下記＜資料＞の土地に耐火建築物を建てる場合、建築面積の最高限度（ア）と延べ面積（床面積の合計）の最高限度（イ）の組み合わせとして、正しいものはどれか。なお、＜資料＞に記載のない条件については一切考慮しないものとする。

＜資料＞

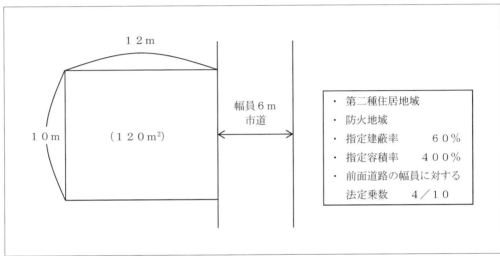

1．（ア）72㎡　　（イ）288㎡
2．（ア）72㎡　　（イ）480㎡
3．（ア）84㎡　　（イ）288㎡
4．（ア）84㎡　　（イ）480㎡

　　下記<資料>は、大津さんが購入を検討している物件の登記事項証明書の一部である。この登記事項証明書に関する次の記述のうち、最も不適切なものはどれか。なお、<資料>に記載のない事項については一切考慮しないものとする。

<資料>

権　利　部（甲区）　　（所有権に関する事項）			
順位番号	登記の目的	受付年月日・受付番号	権利者その他の事項
1	所有権保存	平成13年4月2日 第×718号	所有者　××市○×二丁目1番2号 　　細井正

権　利　部（乙区）　　（所有権以外の権利に関する事項）			
順位番号	登記の目的	受付年月日・受付番号	権利者その他の事項
1	抵当権設定	平成13年4月2日 第×719号	原因　平成13年4月2日金銭消費貸借同日設定 債権額　金3,000万円 利息　年2.80％（年365日日割計算） 損害金　年14.5％（年365日日割計算） 債務者　××市○×二丁目1番2号 　　細井正 抵当権者　△△区○△二丁目2番3号 　　株式会社KM銀行

1. 権利部（甲区）には、所有権の移転登記のほか、差押え等が記載される。

2. この物件には株式会社KM銀行の抵当権が設定されているが、別途、ほかの金融機関などが抵当権を設定することもできる。

3. 細井正さんが株式会社KM銀行への債務を完済した場合、当該抵当権の登記は自動的に抹消される。

4. 登記事項証明書は、誰でも法務局などにおいて、交付請求をすることができる。

　　　不動産取得税に関する次の記述の空欄（ア）〜（エ）にあてはまる語句を語群の中から選び、その番号のみを解答欄に記入しなさい。

不動産取得税は、原則として不動産の所有権を取得した者に対して、その不動産が所在する（　ア　）が課税するものであるが、相続や（　イ　）等を原因とする取得の場合は非課税となる。課税標準は、原則として（　ウ　）である。また、一定の条件を満たした新築住宅（認定長期優良住宅ではない）を取得した場合、課税標準から1戸当たり（　エ　）を控除することができる。

<語群>

1．市町村	2．都道府県	3．国税局
4．贈与	5．売買	6．法人の合併
7．固定資産税評価額	8．公示価格	9．時価
10．1,000万円	11．1,200万円	12．1,500万円

問 10

橋口さんは、自身の居住用財産である土地・建物の譲渡を予定しており、FPで税理士でもある吉田さんに居住用財産を譲渡した場合の3,000万円特別控除の特例（以下「本特例」という）について質問をした。下記＜資料＞に基づく本特例に関する次の（ア）～（エ）の記述について、適切なものには○、不適切なものには×を解答欄に記入しなさい。

＜資料＞

> 土地・建物の所在地：○○県××市△△町１－２－３
> 取得日　　：2020年２月４日
> 取得費　　：2,500万円
> 譲渡時期：2023年中
> 譲渡金額：3,200万円

（ア）「2020年に本特例の適用を受けていた場合、2023年に本特例の適用を受けることはできません。」

（イ）「橋口さんの2023年の合計所得金額が3,000万円を超える場合、本特例の適用を受けることはできません。」

（ウ）「譲渡先が橋口さんの配偶者や直系血族の場合、本特例の適用を受けることはできません。」

（エ）「本特例の適用を受けられる場合であっても、譲渡益が3,000万円に満たないときは、その譲渡益に相当する金額が控除額になります。」

問 11

細川さんは契約している生命保険契約の保険料の払込みができなかった場合の流れについて、FPの大垣さんに質問をした。下記＜資料＞に基づく大垣さんの説明の空欄（ア）〜（エ）にあてはまる語句の組み合わせとして、最も適切なものはどれか。なお、記載のない事項については一切考慮しないものとする。

＜資料：細川さんが契約している生命保険＞

保険種類	解約返戻金の有無
終身保険A	あり
特定疾病保障保険B	なし

＜大垣さんの説明＞

・「終身保険A、特定疾病保障保険Bともに払込期日までに保険料の払込みができなかった場合でも（　ア　）期間内に保険料を払い込めば、保険契約を継続させることができます。」

・「終身保険Aは（　ア　）期間内に保険料の払込みができなかった場合でも、（　イ　）によって解約返戻金の範囲内で保険会社が保険料を立て替えることにより契約は継続します。」

・「特定疾病保障保険Bは（　ア　）期間内に保険料の払込みができなかった場合、保険契約は（　ウ　）となります。ただし、（　ウ　）となった場合でも保険会社が定める期間内に（　エ　）の手続きを取り、保険会社の承諾を得て未払いの保険料と保険会社によっては利息を払い込むことで契約を有効に戻すことができます。」

1．（ア）払込待機　　（イ）契約者貸付　　（ウ）失効　　（エ）復元
2．（ア）払込猶予　　（イ）自動振替貸付　（ウ）失効　　（エ）復活
3．（ア）払込待機　　（イ）自動振替貸付　（ウ）解除　　（エ）復活
4．（ア）払込猶予　　（イ）契約者貸付　　（ウ）解除　　（エ）復元

問 12

　　山岸幸太郎さん（48歳）が加入の提案を受けた生命保険の保障内容は下記＜資料＞のとおりである。この生命保険に加入した場合、次の記述の空欄（ア）〜（ウ）にあてはまる数値を解答欄に記入しなさい。なお、各々の記述はそれぞれ独立した問題であり、相互に影響を与えないものとする。

＜資料／生命保険提案書＞

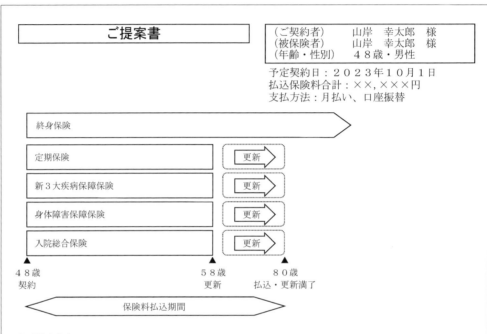

◇ご提案内容

ご契約内容	保険期間	保険金・給付金名称	主なお支払事由など	保険金額・給付金額
終身保険	終身	死亡保険金	死亡のとき	１００万円
定期保険	１０年	死亡保険金	死亡のとき	1,400万円
新３大疾病 保障保険	１０年	３疾病保険金	所定の３大疾病に罹患したとき（がん（悪性新生物）・急性心筋梗塞・脳卒中）	５００万円
		特定疾病診断 保険金	所定のがん（上皮内新生物等）・狭心症・急性心筋梗塞・脳動脈瘤・一過性脳虚血発作・脳卒中のいずれかに罹患、または３大疾病保険金が支払われるとき	３大疾病保険金額の １０％
		死亡保険金	死亡のとき	３大疾病保険金額の １０％
身体障害 保障保険	１０年	身体障害保険金	身体障害者福祉法に定める１〜３級の障害に該当し、その障害に対する身体障害者手帳の交付があったとき	４００万円
		死亡保険金	死亡のとき	４００万円

64

入院総合保険	１０年	入院給付金	所定の入院で入院日数が１日、３０日、６０日、９０日の各日数に達したとき		それぞれ３０万円
		外来手術給付金	公的医療保険制度の対象となる所定の手術等や同制度に定める先進医療	入院を伴わない所定の手術を受けたとき	入院給付金額×１０％
		先進医療給付金		所定の先進医療による治療を受けたとき	先進医療にかかる技術料と同額
		先進医療一時金		先進医療給付金が支払われるとき	２０万円（技術料と同額が上限）
リビング・ニーズ特約（※）	－	特約保険金	余命６ヵ月以内と判断されるとき		死亡保険金の範囲内、かつ、３，０００万円以内の金額

（※）新３大疾病保障保険の死亡保険金は、リビング・ニーズ特約による保険金支払いの対象となりません。

・山岸さんが虫垂炎で８日間継続して入院し、その入院中に公的医療保険制度の対象となる所定の手術を１回受け、退院後にケガで公的医療保険制度の対象となる所定の手術を入院せずに１回受けた場合、保険会社から支払われる保険金・給付金の合計は（　ア　）万円である。

・山岸さんが初めてがん（悪性新生物）と診断され、治療のため20日間継続して入院し、その入院中に公的医療保険制度の対象となる所定の手術を１回受けた場合、保険会社から支払われる保険金・給付金の合計は（　イ　）万円である。

・山岸さんが余命６ヵ月以内と判断された場合、リビング・ニーズ特約の請求において指定できる最大金額は（　ウ　）万円である。なお、指定保険金額に対する６ヵ月分の利息と保険料相当額は考慮しないものとする。

下記<資料>の養老保険のハーフタックスプラン（福利厚生プラン）に関する次の（ア）〜（エ）の記述について、適切なものには○を、不適切なものには×を解答欄に記入しなさい。なお、当該法人の役員・従業員の大部分は法人の同族関係者ではない。

<資料>

保険の種類	養老保険
契約者（保険料負担者）および満期保険金受取人	株式会社YC
被保険者	役員・従業員
死亡保険金受取人	被保険者の遺族

（ア）部課長等の役職者のみを被保険者とする役職による加入基準を設けた場合、職種等に応じた合理的な基準により、普遍的に設けられた格差であると認められる。

（イ）原則として役員・従業員全員を被保険者とする普遍的加入でなければ、株式会社YCが支払った保険料の2分の1を福利厚生費として損金の額に算入することができない。

（ウ）養老保険に入院特約等を付加した場合、株式会社YCが支払った養老保険部分の保険料の2分の1を福利厚生費として損金の額に算入することができない。

（エ）死亡保険金が被保険者の遺族に支払われた場合、株式会社YCは当該契約に係る資産計上額を取り崩し、同額を損金の額に算入する。

川野さん（43歳）が自身を記名被保険者として契約している自動車保険の下記＜資料＞の契約更新案内に関する次の（ア）～（エ）の記述について、適切なものには○、不適切なものには×を解答欄に記入しなさい。なお、＜資料＞に記載のない特約については考慮しないものとする。

＜資料＞

	前年同等プラン	おすすめプランA	おすすめプランB
保険料(月払い)	×,×××円	×,×××円	×,×××円
運転者年齢条件	35歳以上補償	35歳以上補償	年齢条件なし
運転者限定の有無	家族限定	限定なし	限定なし
対人賠償保険 （1名につき）	無制限	無制限	無制限
対物賠償保険	無制限	無制限	無制限
人身傷害保険 （1名につき）	付帯なし	3,000万円	5,000万円
車両保険	エコノミー型 （車対車＋A） 保険金額：130万円 免責金額 1回目の事故　　0円 2回目の事故　10万円	一般型 保険金額：130万円 免責金額 1回目の事故　　0円 2回目の事故　10万円	一般型 保険金額：130万円 免責金額 1回目の事故　　0円 2回目の事故　10万円
その他の特約	―	弁護士特約	弁護士特約 ファミリーバイク特約

（ア）どのプランでも、川野さんが被保険自動車を運転中の事故により負傷した場合、川野さんの過失割合にかかわらず、ケガの治療費の補償を受けることができる。

（イ）前年同等プランでは、被保険自動車が盗難による損害を受けた場合、補償の対象となる。

（ウ）おすすめプランAでは、川野さんの友人（33歳）が被保険自動車を運転中に対人事故を起こした場合、補償の対象とならない。

（エ）おすすめプランBでは、川野さんが所有する原動機付自転車を運転中に対物事故を起こした場合、補償の対象となる。

第 5 問　下記の（問15）〜（問18）について解答しなさい。

問 15

　　会社員の榎田さんが2023年中に支払った医療費等が下記＜資料＞のとおりである場合、榎田さんの2023年分の所得税の確定申告における医療費控除の金額として、正しいものはどれか。なお、榎田さんの2023年分の所得は、給与所得610万円のみであるものとし、榎田さんは妻および母と生計を一にしている。また、セルフメディケーション税制（特定一般用医薬品等購入費を支払った場合の医療費控除の特例）については考慮せず、保険金等により補てんされる金額はないものとする。

＜資料＞

支払年月	医療等を受けた人	医療機関等	内容	支払金額
2023年1月	母	A病院	入院治療（注1）	63,000円
2023年4月	本人	B病院	人間ドック（注2）	47,000円
	妻			57,000円
	本人		通院治療	33,000円
2023年8月	母	C歯科医院	歯科治療（注3）	450,000円

（注1）母は、2022年12月に入院して、2023年1月に退院している。退院の際に支払った金額63,000円のうち30,000円は、2022年12月分の入院代および治療費であった。

（注2）榎田さんは夫婦で人間ドックを受診したが、榎田さんは重大な疾病が発見されたため、引き続き通院をして治療をすることとなった。妻は、人間ドックの結果、異常は発見されなかった。

（注3）虫歯が悪化したため抜歯し、医師の診断により一般的なインプラント治療を受け、現金で支払った。

1．　43,000円
2．463,000円
3．493,000円
4．550,000円

68

会社員の増田さんの2023年分の所得等が下記＜資料＞のとおりである場合、増田さんが2023年分の所得税の確定申告を行う際に、給与所得と損益通算できる損失はいくらになるか。なお、▲が付された所得金額は、その所得に損失が発生していることを意味するものとする。また、記載のない事項については一切考慮しないものとし、解答に当たっては、解答用紙に記載されている単位に従うこと。

＜資料＞

所得の種類	所得金額	備　　考
給与所得	540万円	勤務先からの給与で年末調整済み
不動産所得	▲70万円	収入金額：180万円　必要経費：250万円（※）
譲渡所得	▲40万円	上場株式の売却に係る損失
譲渡所得	▲15万円	ゴルフ会員権の売却に係る損失

（※）必要経費の中には、土地の取得に要した借入金の利子の額25万円が含まれている。

　　広尾さん（66歳）の2023年分の収入等が下記＜資料＞のとおりである場合、広尾さんの2023年分の所得税における総所得金額として、正しいものはどれか。なお、記載のない事項については一切考慮しないものとし、総所得金額が最も少なくなるように計算すること。

＜資料＞

内容	金額
アルバイト収入	55万円
老齢年金および企業年金	350万円
不動産収入	130万円

※アルバイト収入は給与所得控除額を控除する前の金額である。

※老齢年金および企業年金は公的年金等控除額を控除する前の金額である。

※不動産収入は土地の貸し付けによる地代収入であり、地代収入に係る必要経費は年間20万円である。また、広尾さんは青色申告者であり、青色申告特別控除10万円の適用を受けるものとする。なお、必要経費の20万円に青色申告特別控除額10万円は含まれていない。

＜公的年金等控除額の速算表＞

納税者区分	公的年金等の収入金額（A）		公的年金等控除額
			公的年金等に係る 雑所得以外の所得に係る 合計所得金額1,000万円以下
65歳未満の者		130万円以下	60万円
	130万円超	410万円以下	（A）×25％＋ 27.5万円
	410万円超	770万円以下	（A）×15％＋ 68.5万円
	770万円超	1,000万円以下	（A）× 5 ％＋145.5万円
	1,000万円超		195.5万円
65歳以上の者		330万円以下	110万円
	330万円超	410万円以下	（A）×25％＋ 27.5万円
	410万円超	770万円以下	（A）×15％＋ 68.5万円
	770万円超	1,000万円以下	（A）× 5 ％＋145.5万円
	1,000万円超		195.5万円

1．335万円

2．345万円

3．355万円

4．390万円

問 18

住吉さんは、加入していた下記<資料>の養老保険が2023年8月に満期を迎えたため、満期保険金を一括で受け取った。住吉さんの2023年分の所得税において、総所得金額に算入すべき一時所得の金額として、正しいものはどれか。なお、住吉さんには、この満期保険金以外に一時所得の対象となるものはないものとする。

<資料>

払込保険料の総額：430万円
満期保険金　　　：500万円
保険期間　　　　：　10年間

1．10万円

2．20万円

3．35万円

4．70万円

第 6 問 下記の（問19）～（問21）について解答しなさい。

問 19

　　下記の相続事例（2023年7月30日相続開始）における相続税の課税価格の合計額として、正しいものはどれか。なお、記載のない条件については一切考慮しないものとする。

＜課税価格の合計額を算出するための財産等の相続税評価額＞
　　土地　　　：5,000万円（小規模宅地等の特例適用後：1,000万円）
　　建物　　　：　300万円
　　現預金　　：5,000万円
　　死亡保険金：3,000万円（生命保険金等の非課税限度額控除前）
　　債務および葬式費用：200万円

＜親族関係図＞

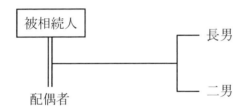

※「小規模宅地等の特例」の適用対象となる要件はすべて満たしており、その適用を受けるものとする。
※死亡保険金はすべて被相続人の配偶者が受け取っている。
※すべての相続人は、相続により財産を取得している。
※相続開始前3年以内に被相続人からの贈与により財産を取得した相続人はおらず、相続時精算課税制度を選択した相続人もいない。また、相続を放棄した者もいない。
※債務および葬式費用はすべて被相続人の配偶者が負担している。

　　1．　7,600万円
　　2．　7,800万円
　　3．　9,100万円
　　4．11,600万円

下記＜親族関係図＞の場合において、民法の規定に基づく法定相続分に関する次の記述の空欄（ア）～（ウ）にあてはまる適切な語句または数値を語群の中から選び、その番号のみを解答欄に記入しなさい。なお、同じ番号を何度選んでもよいこととする。

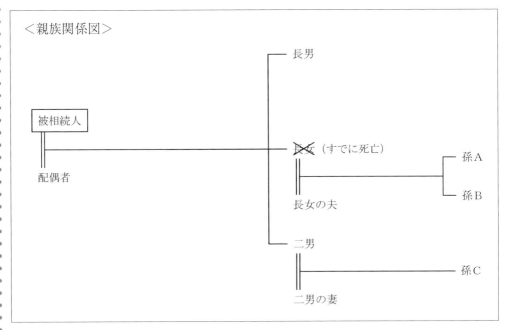

＜親族関係図＞

被相続人

配偶者

長男

長女（すでに死亡）

長女の夫

孫A

孫B

二男

二男の妻

孫C

［相続人の法定相続分］

・被相続人の配偶者の法定相続分は（　ア　）である。

・被相続人の二男の法定相続分は（　イ　）である。

・被相続人の孫Aの法定相続分は（　ウ　）である。

＜語群＞

1．ゼロ　　　2．1／2　　　3．1／3　　　4．1／4　　　5．1／6

6．1／8　　7．1／12　　　8．1／18　　　9．2／3

相続の手続き等に関する次の記述のうち、最も適切なものはどれか。

1. 相続人が相続放棄をする場合、自己のために相続の開始があったことを知った時から、原則として、6ヵ月以内に家庭裁判所にその旨の申述をしなければならない。

2. 遺産分割協議により遺産分割を行う場合、相続の開始があったことを知った日から10ヵ月以内に遺産分割協議書を作成し、家庭裁判所に提出しなければならない。

3. 法定相続情報証明制度に基づき、法定相続情報一覧図を作成した場合であっても、遺産の相続手続きを行う際には、被相続人の出生時から死亡時までのすべての戸籍謄本の原本が必要となる。

4. 被相続人の死亡時の住所地が国内にある場合、相続税の申告書の提出先は、被相続人の死亡時の住所地の所轄税務署長である。

<福岡家の家族データ>

氏名	続柄	生年月日	備考
福岡　洋司	本人	1979年11月2日	会社員
美緒	妻	1979年4月10日	会社員
結奈	長女	2009年8月24日	中学生
健太	長男	2011年6月21日	小学生

<福岡家のキャッシュフロー表>　　　　　　　　　　　　　　　　　（単位：万円）

経過年数			基準年	1年	2年	3年	4年
西暦（年）			2022年	2023年	2024年	2025年	2026年
家族構成／年齢	福岡　洋司	本人	43歳	44歳	45歳	46歳	47歳
	美緒	妻	43歳	44歳	45歳	46歳	47歳
	結奈	長女	13歳	14歳	15歳	16歳	17歳
	健太	長男	11歳	12歳	13歳	14歳	15歳
ライフイベント		変動率	結奈中学校入学		健太中学校入学	結奈高校入学	結婚20周年旅行
収入	給与収入（本人）	1％	（　ア　）				
	給与収入（妻）	1％					
	収入合計	—			1,001		
支出	基本生活費	2％	373			（　イ　）	
	住居費	—	205	205	205	205	205
	教育費	—	180				200
	保険料	—	54	54	54		60
	一時的支出	—					130
	その他支出	2％	50				
	支出合計	—	862	893	921		
年間収支		—					
金融資産残高		1％		1,046	（　ウ　）		1,196

※年齢および金融資産残高は各年12月31日現在のものとし、2022年を基準年とする。

※給与収入は可処分所得で記載している。

※記載されている数値は正しいものとする。また、問題作成の都合上、一部を空欄としている。

※各項目の計算に当たっては端数を残し、表中に記入の際は万円未満四捨五入したも

のを使用すること。ただし、金融資産残高は各年ごとに端数を残さず、万円未満四捨五入のうえ計算すること。

問 22

福岡家のキャッシュフロー表の空欄（ア）は洋司さんの可処分所得である。下表のデータに基づいて、空欄（ア）にあてはまる数値を計算しなさい。なお、2022年における洋司さんの収入は給与収入のみである。

2022年分の洋司さんの給与収入（額面）	684万円

2022年に洋司さんの給与から天引きされた支出の年間合計金額					
厚生年金保険料	63万円	健康保険料・介護保険料	41万円	雇用保険料	3万円
所得税	25万円	住民税	34万円	財形貯蓄	60万円
社内預金	36万円	従業員持株会	12万円	社内あっせん販売	12万円

問 23

福岡家のキャッシュフロー表の空欄（イ）にあてはまる数値を計算しなさい。なお、計算に当たっては、キャッシュフロー表中に記載の整数を使用し、計算結果については万円未満を四捨五入すること。

問 24

福岡家のキャッシュフロー表の空欄（ウ）にあてはまる数値を計算しなさい。なお、計算に当たっては、キャッシュフロー表中に記載の整数を使用し、計算結果については万円未満を四捨五入すること。

下記の係数早見表を乗算で使用し、各問について計算しなさい。なお、税金は一切考慮しないものとし、解答に当たっては、解答用紙に記載されている単位に従うこと。

［係数早見表（年利1.0％）］

	終価係数	現価係数	減債基金係数	資本回収係数	年金終価係数	年金現価係数
1 年	1.010	0.990	1.000	1.010	1.000	0.990
2 年	1.020	0.980	0.498	0.508	2.010	1.970
3 年	1.030	0.971	0.330	0.340	3.030	2.941
4 年	1.041	0.961	0.246	0.256	4.060	3.902
5 年	1.051	0.951	0.196	0.206	5.101	4.853
6 年	1.062	0.942	0.163	0.173	6.152	5.795
7 年	1.072	0.933	0.139	0.149	7.214	6.728
8 年	1.083	0.923	0.121	0.131	8.286	7.652
9 年	1.094	0.914	0.107	0.117	9.369	8.566
10年	1.105	0.905	0.096	0.106	10.462	9.471
15年	1.161	0.861	0.062	0.072	16.097	13.865
20年	1.220	0.820	0.045	0.055	22.019	18.046
25年	1.282	0.780	0.035	0.045	28.243	22.023
30年	1.348	0.742	0.029	0.039	34.785	25.808

※記載されている数値は正しいものとする。

問 25

宇野さんは、定年退職後の生活資金として、65歳からの30年間、毎年年末に180万円ずつ貯蓄を取り崩していきたいと考えている。年利1.0％で複利運用する場合、受取り開始年の初めにいくらの貯蓄があればよいか。

問 26

谷口さんは、子どもの大学進学資金の準備として毎年年末に20万円ずつ新たに積み立てようと考えている。15年間、年利1.0％で複利運用しながら積み立てた場合、15年後の合計額はいくらになるか。

問 27

千田さんは、マイカーの買い替え資金として、6年後に150万円を用意したいと考えている。年利1.0％で複利運用しながら毎年年末に一定額を積み立てる場合、毎年いくらずつ積み立てればよいか。

下記の（問28）～（問34）について解答しなさい。

<設例>

長岡京介さんは、民間企業に勤務する会社員である。京介さんと妻の秋穂さんは、今後の資産形成や家計の見直しなどについて、FPで税理士でもある五十嵐さんに相談をした。なお、下記のデータはいずれも2023年9月1日現在のものである。

[家族構成]

氏名	続柄	生年月日	年齢	備考
長岡　京介	本人	1978年6月22日	45歳	会社員（正社員）
秋穂	妻	1979年4月5日	44歳	会社員（正社員）
翔太	長男	2006年8月18日	17歳	高校生

[収入金額（2022年）]

　京介さん：給与収入450万円（手取り額）。給与収入以外の収入はない。

　秋穂さん：給与収入400万円（手取り額）。給与収入以外の収入はない。

[金融資産（時価)]

　京介さん名義

　　銀行預金（普通預金）：　50万円

　　銀行預金（定期預金）：150万円

　　投資信託　　　　　　：　50万円

　秋穂さん名義

　　銀行預金（普通預金）　：100万円

　　個人向け国債（変動10年）：　50万円

[住宅ローン]

　契約者　　：京介さん

　借入先　　：LA銀行

　借入時期：2013年12月（居住開始時期：2013年12月）

　借入金額：2,200万円

　返済方法：元利均等返済（ボーナス返済なし）

　金利　　：固定金利選択型10年（年3.00％）

　返済期間：25年間

［保険］

定期保険Ａ：保険金額3,000万円（リビング・ニーズ特約付き）。保険契約者（保険料負担者）および被保険者は京介さん、保険金受取人は秋穂さんである。保険期間は25年。

火災保険Ｂ：保険金額1,400万円。地震保険付帯。保険の目的は自宅建物。保険契約者（保険料負担者）および保険金受取人は京介さんである。

京介さんは、現在居住している自宅の住宅ローンの繰上げ返済を検討しており、FPの五十嵐さんに質問をした。京介さんが住宅ローンを120回返済後に、100万円以内で期間短縮型の繰上げ返済をする場合、この繰上げ返済により短縮される返済期間として、正しいものはどれか。なお、計算に当たっては、下記<資料>を使用し、繰上げ返済額は100万円を超えない範囲での最大額とすること。また、繰上げ返済に伴う手数料等については考慮しないものとする。

<資料：長岡家の住宅ローンの償還予定表の一部>

返済回数（回）	毎月返済額（円）	うち元金（円）	うち利息（円）	残高（円）
120	104,326	66,393	37,933	15,107,049
121	104,326	66,559	37,767	15,040,490
122	104,326	66,725	37,601	14,973,765
123	104,326	66,892	37,434	14,906,873
124	104,326	67,059	37,267	14,839,814
125	104,326	67,227	37,099	14,772,587
126	104,326	67,395	36,931	14,705,192
127	104,326	67,564	36,762	14,637,628
128	104,326	67,732	36,594	14,569,896
129	104,326	67,902	36,424	14,501,994
130	104,326	68,072	36,254	14,433,922
131	104,326	68,242	36,084	14,365,680
132	104,326	68,412	35,914	14,297,268
133	104,326	68,583	35,743	14,228,685
134	104,326	68,755	35,571	14,159,930
135	104,326	68,927	35,399	14,091,003

1.　　9ヵ月
2.　1年1ヵ月
3.　1年2ヵ月
4.　1年3ヵ月

問 29

京介さんは、住宅ローンの見直しについてFPの五十嵐さんに質問をした。一般的な住宅ローンの見直しに関する五十嵐さんの次の説明のうち、最も不適切なものはどれか。

1. 「より有利な条件の住宅ローンを扱う金融機関に住宅ローンの『借換え』をする場合、抵当権の抹消や設定費用、事務手数料などの諸費用が必要になります。」

2. 「通常の返済とは別にローンの元金部分の一部を返済する『繰上げ返済』をした場合、その元金に対応する利息部分の支払いがなくなり、総返済額を減らす効果があります。」

3. 「現在の住宅ローンの借入先の金融機関において、返済期間を延長することで月々の返済額を減額したり、一定期間、月々の返済額を利息の支払いのみにする『条件変更』ができる場合もあります。」

4. 「固定金利選択型10年で借り入れている場合、現在の固定期間が終了した後は固定金利選択型10年で自動更新され、他の固定金利選択型や変動金利型を選択することはできません。」

問 30

下記<資料>に基づく京介さんの自宅に係る年間の地震保険料を計算しなさい。なお、京介さんの自宅は京都府にあるイ構造のマンションで、火災保険の保険金額は1,400万円で、地震保険の保険金額は、2023年9月1日現在の火災保険の保険金額に基づく契約可能な最大額であり、地震保険料の割引制度は考慮しないものとする。また、解答に当たっては、解答用紙に記載されている単位に従うこと。

<資料：年間保険料例（地震保険金額100万円当たり、割引適用なしの場合）>

建物の所在地（都道府県）	建物の構造区分	
	イ構造※	ロ構造※
北海道・青森県・岩手県・秋田県・山形県・栃木県・群馬県・新潟県・富山県・石川県・福井県・長野県・岐阜県・滋賀県・京都府・兵庫県・奈良県・鳥取県・島根県・岡山県・広島県・山口県・福岡県・佐賀県・長崎県・熊本県・大分県・鹿児島県	730円	1,120円
宮城県・福島県・山梨県・愛知県・三重県・大阪府・和歌山県・香川県・愛媛県・宮崎県・沖縄県	1,160円	1,950円
茨城県・徳島県・高知県	2,300円	4,110円
埼玉県	2,650円	
千葉県・東京都・神奈川県・静岡県	2,750円	

※イ構造：主として鉄骨・コンクリート造の建物、ロ構造：主として木造の建物

問 31

京介さんが加入している保険から保険金等が支払われた場合の課税に関する次の（ア）～（エ）の記述について、適切なものには○、不適切なものには×を解答欄に記入しなさい。

（ア）京介さんが死亡した場合に秋穂さんが受け取る定期保険Aの死亡保険金は、相続税の課税対象となる。

（イ）京介さんが余命6ヵ月以内と判断され、定期保険Aから受け取ったリビング・ニーズ特約の生前給付金の京介さんの相続開始時点における残額は、非課税となる。

（ウ）自宅が隣家からの延焼で全焼した場合に京介さんが受け取る火災保険Bの損害保険金は、所得税（一時所得）の課税対象となる。

（エ）自宅が地震による火災で全焼した場合に京介さんが受け取る火災保険Bの地震火災費用保険金は、非課税となる。

問 32

　京介さんは、病気療養のため2023年8月に7日間入院した。京介さんの2023年8月の1ヵ月間における保険診療分の医療費（窓口での自己負担分）が21万円であった場合、下記＜資料＞に基づく高額療養費として支給される額として、正しいものはどれか。なお、京介さんは全国健康保険協会管掌健康保険（協会けんぽ）の被保険者であり、標準報酬月額は30万円であるものとする。また、「健康保険限度額適用認定証」の提示はしておらず、世帯合算および多数回該当は考慮しないものとする。

＜資料＞

［2023年8月分の高額療養費の算定］

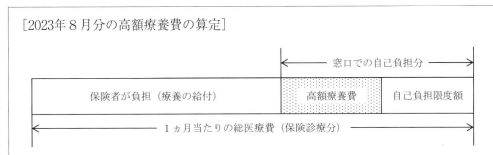

［医療費の1ヵ月当たりの自己負担限度額（70歳未満）］

標準報酬月額	自己負担限度額（月額）
①83万円以上	252,600円＋（総医療費－842,000円）×1％
②53万円～79万円	167,400円＋（総医療費－558,000円）×1％
③28万円～50万円	80,100円＋（総医療費－267,000円）×1％
④26万円以下	57,600円
⑤市区町村民税非課税者等	35,400円

1．　41,180円

2．　80,100円

3．　84,430円

4．　125,570円

秋穂さんは、京介さんが死亡した場合の公的年金の遺族給付について、FPの五十嵐さんに質問をした。京介さんが2023年9月に45歳で在職中に死亡した場合、京介さんの死亡時点において秋穂さんが受け取ることができる遺族給付に関する次の記述の空欄（ア）〜（ウ）にあてはまる適切な語句を語群の中から選び、その番号のみを解答欄に記入しなさい。なお、京介さんは、大学卒業後の22歳から死亡時まで継続して厚生年金保険に加入しているものとする。また、家族に障害者に該当する者はなく、記載以外の遺族給付の受給要件はすべて満たしているものとする。

「京介さんが2023年9月に死亡した場合、秋穂さんには遺族基礎年金と遺族厚生年金が支給されます。秋穂さんに支給される遺族基礎年金の額は、老齢基礎年金の満額に相当する額に翔太さんを対象とする子の加算額を加えた額です。翔太さんが18歳到達年度の末日（3月31日）を経過すると遺族基礎年金は支給されなくなります。

また、遺族厚生年金の額は、原則として京介さんの被保険者期間に基づく老齢厚生年金の報酬比例部分に相当する額の（　ア　）相当額ですが、秋穂さんに支給される遺族厚生年金は短期要件に該当するものであるため、被保険者期間が（　イ　）に満たない場合は（　イ　）として計算されます。

なお、京介さんが死亡したとき秋穂さんは40歳以上であるため、秋穂さんに支給される遺族厚生年金には、遺族基礎年金が支給されなくなった以後、秋穂さんが（　ウ　）に達するまでの間、中高齢寡婦加算額が加算されます。」

<語群>

1．2分の1	2．3分の2	3．4分の3
4．240月	5．300月	6．360月
7．60歳	8．65歳	9．70歳

　秋穂さんは、今後、正社員からパートタイマーに勤務形態を変更し、京介さんが加入する全国健康保険協会管掌健康保険（協会けんぽ）の被扶養者となることを検討しているため、FPの五十嵐さんに相談をした。協会けんぽの被扶養者に関する次の記述の空欄（ア）～（ウ）にあてはまる適切な語句を語群の中から選び、その番号のみを解答欄に記入しなさい。なお、問題作成の都合上、一部を「＊＊＊」にしてある。

問題編　2023・9月

「被扶養者になるには、主として被保険者により生計を維持していることおよび原則として、日本国内に住所を有していることが必要です。生計維持の基準は、被扶養者となる人が被保険者と同一世帯に属している場合、原則として、被扶養者となる人の年間収入が（　ア　）未満（60歳以上の人または一定の障害者は〈＊＊＊〉未満）で、被保険者の収入の（　イ　）未満であることとされています。被扶養者となる人の年間収入については、過去の収入、現時点の収入または将来の収入の見込みなどから、今後1年間の収入を見込むものとされています。なお、雇用保険の失業給付や公的年金等は、収入に（　ウ　）。」

<語群>
1．103万円　　　2．130万円　　　3．150万円
4．3分の1　　　5．2分の1　　　6．3分の2
7．含まれます　　8．含まれません

次の設例に基づき、下記の各問（問35）〜（問40）について解答しなさい。

<設例>

貿易業を営む自営業者（青色申告者）の関根克典さんは、今後の生活や事業などに関して、FPで税理士でもある氷室さんに相談をした。なお、下記のデータは2023年9月1日現在のものである。

Ⅰ. 家族構成（同居家族）

氏名	続柄	生年月日	年齢	備考
関根　克典	本人	1965年7月25日	58歳	自営業
晶子	妻	1966年1月18日	57歳	自営業(注1)
真帆	長女	2004年6月22日	19歳	大学生
一郎	父	1939年2月12日	84歳	無職
恵子	母	1942年5月6日	81歳	無職

注1：晶子さんは、青色事業専従者として克典さんの事業に従事している。

Ⅱ. 関根家の親族関係図

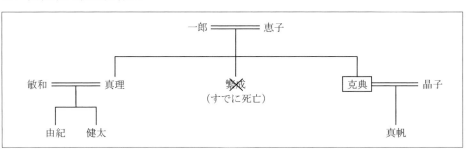

Ⅲ. 関根家（克典さんと晶子さん）の財産の状況

[資料1：保有資産（時価）]　　　　　　　　　　　　　　　　（単位：万円）

	克典	晶子
金融資産		
現金・預貯金	2,950	870
株式・債券等	1,100	200
生命保険（解約返戻金相当額）	［資料3］を参照	［資料3］を参照
不動産		
土地（自宅の敷地）	3,600	
建物（自宅の家屋）	320	
土地（事務所の敷地）	3,400	
建物（事務所の建物）	850	
その他		
事業用資産（不動産以外）	580	
動産等	180	210

[資料2：負債残高]

　　住宅ローン：300万円（債務者は克典さん。団体信用生命保険付き）

　　事業用借入：2,250万円（債務者は克典さん）

[資料3：生命保険]　　　　　　　　　　　　　　　　　　　　　　（単位：万円）

保険種類	保険契約者	被保険者	死亡保険金受取人	保険金額	解約返戻金相当額
定期保険A	克典	克典	晶子	1,000	―
定期保険特約付終身保険B （終身保険部分） （定期保険部分）	克典	克典	晶子	200 2,000	120 ―
終身保険C	克典	克典	晶子	400	220
終身保険D	克典	晶子	克典	200	180
終身保険E	晶子	晶子	真帆	400	150

　注2：解約返戻金相当額は、2023年9月1日現在で解約した場合の金額である。

　注3：終身保険Cには、主契約とは別に保険金額400万円の災害割増特約が付

　　　　保されている。

　注4：すべての契約において、保険契約者が保険料を全額負担している。

　注5：契約者配当および契約者貸付については考慮しないこと。

Ⅳ．その他

上記以外の情報については、各設問において特に指示のない限り一切考慮しない

こと。

FPの氷室さんは、まず2023年9月1日現在における関根家（克典さんと晶子さん）のバランスシート分析を行うこととした。下表の空欄（ア）にあてはまる数値を計算しなさい。

＜関根家（克典さんと晶子さん）のバランスシート＞　　　　　　　　（単位：万円）

[資産]		[負債]	
金融資産		住宅ローン	×××
現金・預貯金	×××	事業用借入	×××
株式・債券等	×××		
生命保険（解約返戻金相当額）	×××	負債合計	×××
不動産			
土地（自宅の敷地）	×××		
建物（自宅の家屋）	×××		
土地（事務所の敷地）	×××		
建物（事務所の建物）	×××	[純資産]	（　ア　）
その他			
事業用資産（不動産以外）	×××		
動産等	×××		
資産合計	×××	負債・純資産合計	×××

問 36

　　下記＜資料＞は、克典さんの2023年分の所得税の確定申告書に添付された損益計算書である。＜資料＞の空欄（ア）にあてはまる克典さんの2023年分の事業所得の金額の数値として、正しいものはどれか。なお、克典さんは青色申告の承認を受けており、青色申告決算書（貸借対照表を含む）を添付し、国税電子申告・納税システム（e-Tax）を利用して電子申告を行うものとする。

＜資料＞

[損益計算書]

科　目		金額（円）
売上（収入）金額（雑収入を含む）	①	40,000,000
売上原価　期首商品棚卸高	②	2,500,000
仕　入　金　額	③	24,000,000
小計	④	26,500,000
期末商品棚卸高	⑤	3,000,000
差　引　原　価	⑥	23,500,000
差　引　金　額	⑦	＊＊＊
経費　減価償却費	⑱	500,000
〈　省　略　〉		
雑　費	㉛	100,000
計	㉜	5,000,000
差　引　金　額	㉝	＊＊＊

科　目		金額（円）
各種引当金・準備金等　繰戻額等　貸倒引当金	㉞	0
	㉟	
	㊱	
計	㊲	0
繰入額等　専従者給与	㊳	1,800,000
貸倒引当金	㊴	0
	㊵	
	㊶	
計	㊷	1,800,000
青色申告特別控除前の所得金額	㊸	＊＊＊
青色申告特別控除額	㊹	650,000
所　得　金　額	㊺	（　ア　）

※問題作成の都合上、一部を「＊＊＊」にしてある。

1．　9,050,000
2．　9,700,000
3．　10,850,000
4．　11,500,000

問 37

克典さんは「小規模宅地等の特例」の適用要件について、FPで税理士でもある氷室さんに質問をした。相続税における「小規模宅地等の特例」に関する下表の空欄（ア）～（エ）にあてはまる数値の組み合わせとして、最も適切なものはどれか。なお、問題作成の都合上、表の一部を「＊＊＊」にしてある。

宅地等の区分	適用限度面積	減額割合	備考
特定事業用宅地等	（＊＊＊）㎡	（ ウ ）％	（注）
特定同族会社事業用宅地等			－
特定居住用宅地等	（ ア ）㎡		－
貸付事業用宅地等	（ イ ）㎡	50％	（注）

（注）一定の場合に該当しない限り、相続開始前（ エ ）年以内に新たに（貸付）事業の用に供された宅地等を除く。

1．（ア）330　（イ）200　（ウ）80　（エ）3
2．（ア）330　（イ）240　（ウ）70　（エ）5
3．（ア）400　（イ）200　（ウ）80　（エ）5
4．（ア）400　（イ）240　（ウ）70　（エ）3

問 38

克典さんが下記＜資料＞の債券を満期（償還）時まで保有した場合の最終利回り（単利・年率）を計算しなさい。なお、手数料や税金等については考慮しないものとし、計算結果については小数点以下第4位を切り捨てること。また、解答に当たっては、解答用紙に記載されている単位に従うこと（解答用紙に記載されているマス目に数値を記入すること）。

＜資料＞

表面利率：年0.10％
買付価格：額面100円につき99.62円
発行価格：額面100円につき100.00円
償還までの残存期間：8年

克典さんは、65歳から老齢基礎年金を受給することができるが、60歳になる2025年7月から繰上げ受給することを考えている。克典さんが60歳到達月に老齢基礎年金の支給繰上げの請求をした場合、60歳時に受け取ることができる繰上げ支給の老齢基礎年金（付加年金を含む）の額として、正しいものはどれか。なお、計算に当たっては、下記＜資料＞に基づくものとし、計算過程および老齢基礎年金の年金額については、円未満を四捨五入するものとする。また、振替加算は考慮しないものとする。

＜資料＞

［克典さんの国民年金保険料納付済期間］
1988年4月～2025年6月（447月）
※これ以外に保険料納付済期間はなく、保険料免除期間もないものとする。

［克典さんが付加保険料を納めた期間］
2005年7月～2025年6月（240月）

［その他］
老齢基礎年金の額（満額）　　　：795,000円
克典さんの加入可能年数　　　　：40年
繰上げ受給による年金額の減額率：繰上げ請求月から65歳に達する日の属する月の前月までの月数×0.4%

1．599,141円
2．610,661円
3．640,680円
4．652,200円

克典さんの父の一郎さんは、在宅で公的介護保険のサービスを利用している。一郎さんが2023年8月の1ヵ月間に利用した公的介護保険の在宅サービスの費用が29万円である場合、下記<資料>に基づく介護（在宅）サービスの利用者負担額合計として、正しいものはどれか。なお、一郎さんは公的介護保険における要介護3の認定を受けており、介護サービスを受けた場合の自己負担割合は1割であるものとする。また、同月中に<資料>以外の公的介護保険の利用はないものとし、記載のない条件については一切考慮しないものとする。

<資料>

[一郎さんの介護（在宅）サービス利用時の自己負担額：2023年8月分]

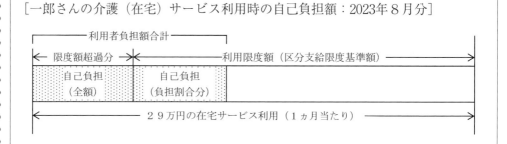

[在宅サービスの1ヵ月当たりの区分支給限度基準額]

要介護度	区分支給限度基準額（月額）
要支援1	5,032単位
要支援2	10,531単位
要介護1	16,765単位
要介護2	19,705単位
要介護3	27,048単位
要介護4	30,938単位
要介護5	36,217単位

※1単位は10円とする。

1. 19,520円
2. 27,048円
3. 29,000円
4. 46,568円

問題編

2023年5月試験（資産設計提案業務）

実 施 日 ◆ 2023年5月28日（日）
試験時間 ◆ 13：30〜15：00(90分)

解答にあたっての注意

- ・問題数は40問、解答はすべて記述式です。
- ・択一問題の場合、選択肢の中から正解と思われるものを1つ選んでください。
- ・語群選択問題の場合、語群の中からそれぞれの空欄にあてはまると思われる語句・数値を選び、語群に記されたとおりに解答用紙の所定の欄に記入してください。また、語群の語句・数値にそれぞれ番号が付してある場合は、その番号のみを記入してください。
- ・語群のない問題の場合、指示に従い解答用紙の所定の欄に直接正解と思われる語句・数値・記号を記入してください。
- ・試験問題については、特に指示のない限り、2022年10月1日現在施行の法令等に基づいて解答してください。なお、東日本大震災の被災者等に対する各種特例等については考慮しないものとします。

下記の（問1）、（問2）について解答しなさい。

問 1

ファイナンシャル・プランナー（以下「FP」という）は、ファイナンシャル・プランニング業務を行ううえで関連業法等を順守することが重要である。FPの行為に関する次の（ア）〜（エ）の記述について、適切なものには○、不適切なものには×を解答欄に記入しなさい。

（ア）税理士資格を有していないFPが、相続対策を検討している顧客に対し、有料の相談業務において、仮定の事例に基づいて、相続税額を計算する手順について説明を行った。

（イ）社会保険労務士資格を有していないFPが、顧問先企業の雇用保険に関する申請書を作成して手続きの代行を行い、報酬を受け取った。

（ウ）生命保険募集人・保険仲立人・金融サービス仲介業者の登録を受けていないFPが、生命保険契約を検討している顧客のライフプランに基づき、具体的な必要保障額を試算した。

（エ）弁護士資格を有していないFP（遺言者や公証人と利害関係はない成年者）が、顧客から依頼されて公正証書遺言の証人となり、顧客から適正な報酬を受け取った。

問 2

「消費者契約法」に関する次の記述のうち、最も不適切なものはどれか。

1．事業者が消費者に重要事項について事実と異なることを告げ、消費者がそれを事実と信じて締結した契約は、取り消すことができる。

2．消費者の判断力が著しく低下し、過大な不安を抱いている状況に付け込んで、事業者の不当性の高い行為により消費者が困惑した状況で契約を締結した場合、当該契約は取り消すことができる。

3．消費者契約法の保護の対象となる消費者とは、個人（事業としてまたは事業のために契約の当事者となる場合におけるものを除く）とされており、法人は対象外とされている。

4．消費者が、商品を買わずに帰りたいと言っても帰らせてもらえずに困惑して商品購入の契約をした場合で、購入場所が事業者の店舗であるときは、当該契約は取り消すことができない。

第 2 問　下記の（問 3）〜（問 6）について解答しなさい。

問 3

　　下記＜資料＞は、外貨定期預金の契約締結前交付書面の一部である。この契約締結前交付書面に関する次の記述の空欄（ア）〜（エ）にあてはまる語句として、最も不適切なものはどれか。なお、＜資料＞に記載のない事項は一切考慮しないこととする。

＜資料＞

商品概要

［商品名］外貨定期預金
［商品の概要］外国通貨建ての、期間の定めのある預金です。
［預金保険］外貨定期預金は、預金保険制度の（　ア　）です。
［販売対象］個人のお客様

税金について

［利息］（　イ　）が適用されます。
［為替差損益］雑所得となります。
※雑所得は、原則として確定申告による総合課税の対象です。

お預入れとお引出しに関わる為替手数料

［お預入れ］円の現金でのお預入れ（1通貨単位当たり）米ドル：1円
［お引出し］円の現金でのお引出し（1通貨単位当たり）米ドル：1円

　例）お預入時点の為替相場（仲値）が1米ドル＝140円の場合、1万米ドルのお預入金額は、（　ウ　）となります。

その他

※外貨定期預金は、少額投資非課税制度（NISA）の（　エ　）です。

1．空欄（ア）にあてはまる語句は、「対象外」である。

2．空欄（イ）にあてはまる語句は、「申告分離課税」である。

3．空欄（ウ）にあてはまる語句は、「1,410,000円」である。

4．空欄（エ）にあてはまる語句は、「対象外」である。

問題編　2023・5月

下記<資料>に関する次の記述の空欄（ア）、（イ）にあてはまる語句の組み合わせとして、最も適切なものはどれか。

<資料>

	PA株式会社	PB株式会社
株価	7,220円	13,470円
1株当たり当期純利益	274円	685円
1株当たり自己資本	3,240円	9,873円
1株当たり年間配当金	90円	145円

・PA株式会社とPB株式会社の株価をPER（株価収益率）で比較した場合、（ ア ）株式会社の方が割安といえる。
・PA株式会社とPB株式会社の資本効率性をROE（自己資本利益率）で比較した場合、（ イ ）株式会社の方が効率的に利益を上げているといえる。

1．（ア）PA （イ）PA
2．（ア）PA （イ）PB
3．（ア）PB （イ）PA
4．（ア）PB （イ）PB

　下記<資料>の債券を取得日から5年後に売却した場合における所有期間利回り（単利・年率）を計算しなさい。なお、手数料や税金等については考慮しないものとする。また、解答に当たっては、解答用紙に記載されている単位に従うこと（解答用紙に記載されているマス目に数値を記入すること）。

<資料>

表面利率：年0.60%
額　　面：100万円
購入価格：額面100円につき100.00円
売却価格：額面100円につき101.75円
所有期間：5年

金投資に関する次の記述のうち、最も不適切なものはどれか。

1．金は、国際的には1トロイオンス当たりの米ドル建て価格で取引される。

2．金価格の変動要因には、需給関係、金融動向、政治情勢などが挙げられ、円安（米ドル／円相場）は国内金価格の下落要因になる。

3．毎月一定額を金融機関口座等から引き落として金現物を買い付ける定額積立の場合、ドルコスト平均法の効果が期待できる。

4．個人が金現物を売却した場合の利益は、原則として譲渡所得として総合課税の対象となる。

下記の（問7）～（問10）について解答しなさい。

問 7

　　建築基準法に従い、下記＜資料＞の土地に建築物を建てる場合の延べ面積（床面積の合計）の最高限度を計算しなさい。なお、記載のない条件は一切考慮しないこととする。また、解答に当たっては、解答用紙に記載されている単位に従うこと。

＜資料＞

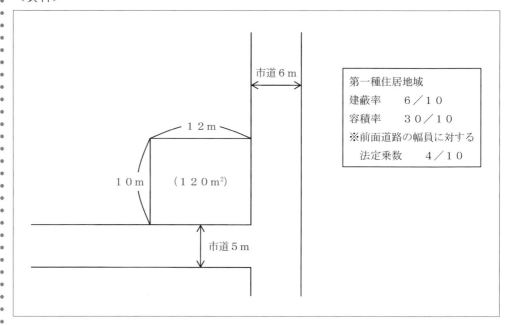

市道6m

第一種住居地域
建蔽率　　6／10
容積率　　30／10
※前面道路の幅員に対する
　法定乗数　　4／10

12m

10m　　（120m²）

市道5m

　　柴田さんは、保有しているマンションを賃貸している。2022年分の賃貸マンションに係る収入および支出等が下記<資料>のとおりである場合、2022年分の所得税に係る不動産所得の金額を計算しなさい。なお、<資料>以外の収入および支出等はないものとし、青色申告特別控除は考慮しないこととする。また、解答に当たっては、解答用紙に記載されている単位に従うこと。

<資料：2022年分の賃貸マンションに係る収入および支出等>

- ・賃料収入（総収入金額）：180万円
- ・支出
  　銀行へのローン返済金額：140万円（元金80万円、利息60万円）
  　管理費等　　　　　　　：　15万円
  　管理業務委託費　　　　：　9万円
  　火災保険料　　　　　　：　1万円
  　固定資産税　　　　　　：　13万円
  　修繕費　　　　　　　　：　6万円
- ・減価償却費　　　　　　：　40万円
- ※支出等のうち必要経費となるものは、すべて2022年分の所得に係る必要経費に該当するものとする。

山岸さんは、7年前に相続により取得し、その後継続して居住している自宅の土地および建物の売却を検討している。売却に係る状況が下記＜資料＞のとおりである場合、所得税における課税長期譲渡所得の金額として、正しいものはどれか。なお、＜資料＞に記載のない事項は一切考慮しないこととする。

＜資料＞

・取得費：土地および建物とも不明であるため概算取得費とする。

・譲渡価額（合計）：5,000万円

・譲渡費用（合計）： 200万円

※居住用財産を譲渡した場合の3,000万円特別控除の特例の適用を受けるものとする。

※所得控除は考慮しないものとする。

1．1,740万円

2．1,550万円

3．1,480万円

4．1,300万円

　下記<資料>は、近藤さんが購入を検討している中古マンションのインターネット上の広告（抜粋）である。この広告の内容等に関する次の記述のうち、最も適切なものはどれか。

<資料>

○○タワーレジデンス2403号室			
販売価格	7,980万円	所在地	◎◎県□□市○○町1−5
交通	△△線◇◇駅から徒歩2分	間取り	2LDK
専有面積	54.28㎡（壁芯）	バルコニー面積	8.40㎡
階／階建て	24階／32階	築年月	2016年10月
総戸数	288戸	構造	鉄筋コンクリート造
管理費	15,800円／月	修繕積立金	9,600円／月
土地権利	所有権	取引形態	媒介

1．この広告の物件は専有部分と共用部分により構成されるが、バルコニーは専有部分に当たる。

2．この広告の物件の専有面積として記載されている壁芯面積は、登記簿上の内法面積より大きい。

3．この広告の物件を購入した場合、近藤さんは管理組合の構成員になるかどうかを選択できる。

4．この広告の物件を購入した場合、購入前になされた集会の決議については、近藤さんにその効力は及ばない。

第 4 問 下記の（問11）〜（問14）について解答しなさい。

問 11

　　自動車損害賠償責任保険に関する次の記述のうち、最も不適切なものはどれか。なお、加害車両が複数の場合については考慮しないものとする。

1．原動機付自転車を除くすべての自動車に加入が義務付けられている。

2．交通事故の被害者が保険会社に保険金を直接請求することができる。

3．死亡による損害に対する保険金の支払限度額は、被害者1人につき3,000万円である。

4．被保険者が被保険自動車を運転中に、ハンドル操作を誤って路上で遊んでいた自分の子にケガをさせた場合、補償の対象となる。

　　馬場和彰さん（51歳）が加入の提案を受けた生命保険の保障内容は下記＜資料＞のとおりである。この生命保険に加入した場合、次の記述の空欄（ア）～（ウ）にあてはまる数値を解答欄に記入しなさい。なお、各々の記述はそれぞれ独立した問題であり、相互に影響を与えないものとする。

＜資料／生命保険提案書＞

保険提案書　無解約返戻金型医療総合保険

保険契約者：馬場和彰　様　　被保険者：馬場和彰　様　　年齢・性別：51歳・男性

先進医療特約	付加
通院特約	6,000円
がん診断特約	100万円
5疾病就業不能特約	100万円
主契約	10,000円

51歳契約　　　　　　　　　　　　　　保険期間10年

予定契約日：2023年6月1日

保険料：××,×××円
　　　　（月払い、口座振替）

【ご提案内容】

主契約・特約の内容	主なお支払事由など	給付金額
医療総合保険	① 病気で所定の入院をしたとき、入院1日目より疾病入院給付金を支払います。 ※支払限度は、1回の入院で60日、通算1,095日となります。 ② 不慮の事故によるケガで、事故の日からその日を含めて180日以内に所定の入院をしたとき、入院1日目より災害入院給付金を支払います。 ※支払限度は、1回の入院で60日、通算1,095日となります。 ③ 病気やケガで公的医療保険制度の給付対象である所定の手術を受けたとき、手術給付金を支払います。 ※手術の種類に応じて入院給付金日額の5倍・10倍・20倍・40倍をお支払いします。 ④ 病気やケガで公的医療保険制度の給付対象である所定の放射線治療を受けたとき、放射線治療給付金を支払います。 ※入院給付金日額の10倍をお支払いします。	日額 10,000円
5疾病就業不能特約	① 5疾病で所定の入院をしたとき、または5疾病による就業不能状態が30日を超えて継続したと診断されたとき、第1回就業不能給付金を支払います。 ※5疾病とは、悪性新生物、急性心筋梗塞、脳卒中、肝硬変、慢性腎不全をいいます。 ※就業不能状態とは、5疾病の治療を目的として所定の入院をしている状態、5疾病により医師の指示を受けて自宅等で療養し、職種を問わずすべての業務に従事できない状態、5疾病により生じた所定の高度障害状態をいいます。ただし、死亡した後や5疾病が治癒した後は、就業不能状態とはいいません。 ※支払限度は、疾病の種類にかかわらず保険期間を通じて1回となります。 ② 前回の就業不能給付金のお支払事由に該当した日の1年後の応当日以後に、5疾病による就業不能状態が30日を超えて継続したと診断されたとき、第2回以後就業不能給付金を支払います。 ※支払限度は、1年に1回となります。	100万円

がん診断特約	① 悪性新生物と診断確定された場合で、以下のいずれかに該当したとき、診断給付金を支払います。 ・ 初めて悪性新生物と診断確定されたとき ・ 悪性新生物が治癒または寛解状態となった後、再発したと診断確定されたとき ・ 悪性新生物が他の臓器に転移したと診断確定されたとき ・ 悪性新生物が新たに生じたと診断確定されたとき ② 初めて上皮内新生物と診断確定されたとき、診断給付金を支払います。 ※支払限度は、2年に1回となります。ただし、上皮内新生物に対する診断給付金は保険期間を通じて1回となります。	100万円
通院特約	主契約の入院給付金が支払われる入院をし、かつ、入院の原因となった病気やケガにより以下のいずれかの期間内に所定の通院をしたとき、通院給付金を支払います。 ・ 入院日の前日からその日を含めて遡及して60日以内 ・ 退院日の翌日からその日を含めて180日以内（入院の原因となった疾病ががん、心疾患、脳血管疾患の場合、730日以内） ※支払限度は、1回の入院で30日、通算1,095日となります。	日額 6,000円
先進医療特約	公的医療保険制度における所定の先進医療を受けたとき、先進医療給付金を支払います。 ※先進医療にかかわる技術料と同額をお支払いします。	通算 2,000万円

・馬場さんが、交通事故により事故当日から継続して9日間入院し、その間に約款に定められた所定の手術（公的医療保険制度の給付対象、給付倍率20倍）を受けたが死亡した場合、保険会社から支払われる給付金の合計は（　ア　）万円である。

・馬場さんが急性心筋梗塞で継続して31日間入院し、その間に約款所定の手術（公的医療保険制度の給付対象、給付倍率10倍）と公的医療保険制度における先進医療に該当する治療（技術料5万円）を受け、検査等のため退院後3ヵ月間で10日間通院して治癒した場合、保険会社から支払われる給付金の合計は（　イ　）万円である。なお、「5疾病で所定の入院をしたとき」、「公的医療保険制度における所定の先進医療を受けたとき」に該当するものとする。

・馬場さんが初めてがん（悪性新生物）と診断され、治療のため継続して22日間入院し、その間に約款に定められた所定の手術（公的医療保険制度の給付対象、給付倍率40倍）を受けた後に死亡した場合、保険会社から支払われる給付金の合計は（　ウ　）万円である。なお、「5疾病で所定の入院をしたとき」、「初めて悪性新生物と診断確定されたとき」に該当するものとし、放射線治療は受けていないものとする。

　天野三郎さんが契約している生命保険（下記＜資料＞参照）に関する次の記述の空欄（ア）～（エ）にあてはまる語句を語群の中から選び、その番号のみを解答欄に記入しなさい。なお、同じ番号を何度選んでもよいこととする。また、三郎さんの家族構成は以下のとおりであり、課税対象となる保険金はいずれも基礎控除額を超えているものとする。

＜三郎さんの家族構成＞

氏名	続柄	年齢	備考
天野　三郎	本人	56歳	会社員（正社員）
紀子	妻	52歳	パートタイマー
晴彦	長男	17歳	高校生
美鈴	長女	13歳	中学生
雄太	二男	8歳	小学生

＜資料：三郎さんが契約している生命保険契約の一覧＞

	保険契約者 （保険料負担者）	被保険者	死亡保険金 受取人	満期保険金 受取人
特定疾病保障保険A	三郎さん	三郎さん	紀子さん	―
がん保険B	三郎さん	紀子さん	三郎さん	―
養老保険C	三郎さん	三郎さん	紀子さん	晴彦さん

※養老保険Cの保険期間は15年である。

- 現時点で三郎さんが死亡した場合、みなし相続財産として相続税の課税対象となる死亡保険金に係る非課税限度額は（　ア　）である。
- 特定疾病保障保険Aから三郎さんが受け取る特定疾病保険金は（　イ　）である。
- がん保険Bから三郎さんが受け取る死亡保険金は（　ウ　）である。
- 養老保険Cから晴彦さんが受け取る満期保険金は（　エ　）である。

＜語群＞

1．贈与税の課税対象　　　　2．相続税の課税対象　　　3．非課税

4．所得税・住民税の課税対象　5．2,000万円　　　　　6．2,400万円

7．2,500万円　　　　　　　8．5,400万円

　　株式会社QSの代表取締役の川久保さんが任期満了で退任した場合、同社の役員退職慰労金規程に基づき、川久保さんが受け取ることができる役員退職慰労金の金額を計算しなさい。なお、解答は以下の＜前提条件＞および＜資料＞に基づくものとし、記載のない事項については一切考慮しないものとする。また、解答に当たっては、解答用紙に記載されている単位に従うこと。

＜前提条件＞

- ・入社時年齢　　　　　　：45歳
- ・退任時年齢　　　　　　：70歳（役員在任年数25年間）
- ・退任時の最終報酬月額：80万円
- ・入社から退任までの役位は継続して代表取締役

＜資料：株式会社QSの役員退職慰労金規程＞

[役員退職慰労金規程]（抜粋）

第1条（総則）

　　この規程は退任した取締役または監査役（以下「役員」という）の役員退職慰労金および弔慰金について定めるものである。

第2条（退任の定義）

　　退任の時期は以下の各号に定めるときとする。

①辞任　②任期満了　③解任　④死亡

第3条（金額の算定）

　　役員退職慰労金の算定は、役位別の最終報酬月額に役位ごとの在任期間の年数を乗じ、役位別係数を乗じて算出した額（以下の式）の合計額とする。

最終報酬月額×役員在任年数×功績倍率（役位別係数）＝役員退職慰労金

功績倍率（役位別係数）

代表取締役	3.0
専務取締役	2.4
常務取締役	2.2
取締役	2.0
監査役	1.5

－以下省略－

問 15

　　個人事業主で青色申告者である志田さんの2022年分の所得等が下記＜資料＞のとおりである場合、志田さんが2022年分の所得税の確定申告を行う際に、事業所得と損益通算できる損失に関する次の記述のうち、最も適切なものはどれか。なお、▲が付された所得の金額は、その所得に損失が発生していることを意味するものとする。

＜資料＞

所得の種類	所得金額	備考
事業所得	660万円	喫茶店経営に係る所得で、青色申告特別控除65万円控除後の金額
不動産所得	▲80万円	必要経費：680万円 必要経費の中には、土地の取得に要した借入金の利子の額60万円が含まれている。
譲渡所得	▲60万円	上場株式の売却に係る損失
雑所得	▲6万円	執筆活動に係る損失

1．不動産所得▲80万円と譲渡所得▲60万円が控除できる。

2．不動産所得▲80万円と雑所得▲6万円が控除できる。

3．不動産所得▲20万円と譲渡所得▲60万円が控除できる。

4．不動産所得▲20万円が控除できる。

　会社員の大津さんは、妻および長男との３人暮らしである。大津さんが2022年中に新築住宅を購入し、同年中に居住を開始した場合等の住宅借入金等特別控除（以下「住宅ローン控除」という）に関する次の（ア）〜（エ）の記述について、適切なものには○、不適切なものには×を解答欄に記入しなさい。なお、大津さんは、年末調整および住宅ローン控除の適用を受けるための要件をすべて満たしているものとする。

（ア）2022年分の住宅ローン控除可能額が所得税から控除しきれない場合は、その差額を翌年度の住民税から控除することができるが、その場合、市区町村への住民税の申告が必要である。

（イ）大津さんが所得税の住宅ローン控除の適用を受ける場合、2022年分は確定申告をする必要があるが、2023年分以降は勤務先における年末調整により適用を受けることができる。

（ウ）一般的に、住宅ローン控除は、その建物の床面積の内訳が居住用40㎡、店舗部分30㎡の合計70㎡の場合は適用を受けることができない。

（エ）将来、大津さんが住宅ローンの繰上げ返済を行った結果、すでに返済が完了した期間と繰上げ返済後の返済期間の合計が８年となった場合、繰上げ返済後は住宅ローン控除の適用を受けることができなくなる。

問 17

会社員の香川さんが2022年中に支払った医療費等が下記<資料>のとおりである場合、香川さんの2022年分の所得税の確定申告における医療費控除の金額（最大額）として、正しいものはどれか。なお、香川さんの2022年中の所得は、給与所得700万円のみであるものとし、香川さんは妻および中学生の長女と生計を一にしている。また、セルフメディケーション税制（特定一般用医薬品等購入費を支払った場合の医療費控除の特例）については考慮せず、保険金等により補てんされる金額はないものとする。

<資料>

支払年月	医療等を受けた人	医療機関等	内容	支払金額
2022年2月	妻	A皮膚科医院	美容のためのスキンケア施術	140,000円
2022年7月	本人	B病院	健康診断（注1）	11,000円
2022年8月	本人	B病院	治療費（注1）	150,000円
2022年9月	長女	C病院	治療費（注2）	25,000円

（注1）香川さんは2022年7月に受けた健康診断により重大な疾病が発見されたため、引き続き入院して治療を行った。

（注2）香川さんの長女はテニスの試合中に足を捻挫し、歩行が困難であったためタクシーでC病院まで移動し、タクシー代金として2,200円を支払った。その後の通院は、自家用自動車を利用し、駐車場代金として5,500円を支払っている。タクシー代金および駐車場代金はC病院への支払金額（25,000円）には含まれていない。

1. 75,000円
2. 88,200円
3. 93,700円
4. 228,200円

問 18

　　横川さん（40歳）は、父（72歳）と叔父（70歳）から下記＜資料＞の贈与を受けた。横川さんの2022年分の贈与税額を計算しなさい。なお、父からの贈与については、2021年から相続時精算課税制度の適用を受けている。また、解答に当たっては、解答用紙に記載されている単位に従うこと。

＜資料＞

［2021年中の贈与］
・父から贈与を受けた金銭の額　：1,500万円
［2022年中の贈与］
・父から贈与を受けた金銭の額　：1,500万円
・叔父から贈与を受けた金銭の額：1,000万円

※2021年中および2022年中に上記以外の贈与はないものとする。
※上記の贈与は、住宅取得等資金や結婚・子育てに係る資金の贈与ではない。

＜贈与税の速算表＞
（イ）18歳以上の者が直系尊属から贈与を受けた財産の場合（特例贈与財産、特例税率）

基礎控除後の課税価格		税率	控除額
	200万円以下	10%	—
200万円超	400万円以下	15%	10万円
400万円超	600万円以下	20%	30万円
600万円超	1,000万円以下	30%	90万円
1,000万円超	1,500万円以下	40%	190万円
1,500万円超	3,000万円以下	45%	265万円
3,000万円超	4,500万円以下	50%	415万円
4,500万円超		55%	640万円

（ロ）上記（イ）以外の場合（一般贈与財産、一般税率）

基礎控除後の課税価格		税率	控除額
	200万円以下	10%	―
200万円超	300万円以下	15%	10万円
300万円超	400万円以下	20%	25万円
400万円超	600万円以下	30%	65万円
600万円超	1,000万円以下	40%	125万円
1,000万円超	1,500万円以下	45%	175万円
1,500万円超	3,000万円以下	50%	250万円
3,000万円超		55%	400万円

問 19

　　下記＜親族関係図＞の場合において、民法の規定に基づく法定相続分および遺留分に関する次の記述の空欄（ア）～（ウ）に入る適切な語句または数値を語群の中から選び、その番号のみを解答欄に記入しなさい。なお、同じ番号を何度選んでもよいこととする。

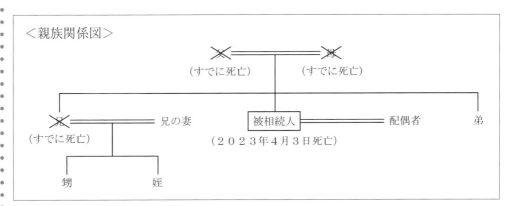

<親族関係図>

[各人の法定相続分および遺留分]

・被相続人の配偶者の法定相続分は（　ア　）

・被相続人の甥の法定相続分は（　イ　）

・被相続人の弟の遺留分は（　ウ　）

<語群>
1．なし　　　　2．1／2　　　3．1／3　　　4．1／4　　　5．1／6

6．1／8　　　7．1／12　　　8．1／16　　9．2／3　　　10．3／4

下記＜資料＞の土地に係る路線価方式による普通借地権の相続税評価額の計算式として、正しいものはどれか。

＜資料＞

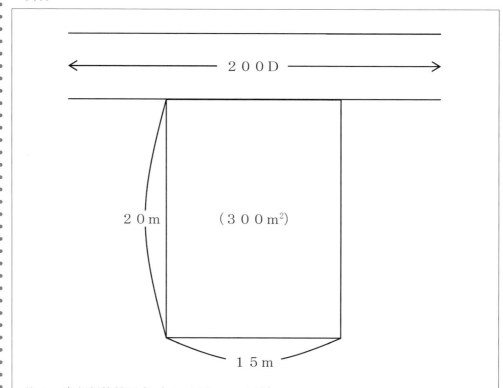

注１：奥行価格補正率（20m以上24m未満）　1.00

注２：借地権割合　60%

注３：借家権割合　30%

注４：その他の記載のない条件は一切考慮しないこと。

1．200千円×1.00×300㎡

2．200千円×1.00×300㎡×60%

3．200千円×1.00×300㎡×（1－60%）

4．200千円×1.00×300㎡×（1－60%×30%×100%）

自筆証書遺言と公正証書遺言に関する次の記述のうち、最も適切なものはどれか。

1. 自筆証書遺言を作成する際には証人が不要であるが、公正証書遺言を作成する際には証人が２人以上必要である。

2. 家庭裁判所の検認が不要になるのは、遺言書が公正証書遺言である場合に限られる。

3. 自筆証書遺言を作成する場合において、財産目録を添付するときは、その目録も自書しなければ無効となる。

4. 公正証書遺言は公証役場に原本が保管されるが、自筆証書遺言についての保管制度は存在しない。

＜谷口家の家族データ＞

氏名	続柄	生年月日	備考
谷口　英男	本人	1975年10月14日	会社員
美奈	妻	1974年8月24日	パートタイマー
憲人	長男	2007年5月10日	高校生
菜穂	長女	2009年11月22日	中学生

＜谷口家のキャッシュフロー表＞　　　　　　　　　　　　　　　　（単位：万円）

経過年数			基準年	1年	2年	3年	4年
西暦（年）			2022年	2023年	2024年	2025年	2026年
家族構成／年齢	谷口　英男	本人	47歳	48歳	49歳	50歳	51歳
	美奈	妻	48歳	49歳	50歳	51歳	52歳
	憲人	長男	15歳	16歳	17歳	18歳	19歳
	菜穂	長女	13歳	14歳	15歳	16歳	17歳
ライフイベント		変動率	菜穂中学校入学	憲人高校入学	自動車の買替え	菜穂高校入学	憲人大学入学
収入	給与収入（本人）	1%	（　ア　）				
	給与収入（妻）	—	100	100	100		
	収入合計	—					
支出	基本生活費	2%	242				（　イ　）
	住居費	—	132	132	132	132	132
	教育費	—	110	140	150		
	保険料	—	57	57	62	62	62
	一時的支出	—			400		
	その他支出	2%	60	61	62		65
	支出合計	—	601	637	1,058		
年間収支		—					
金融資産残高		1%	1,163	1,207	836	831	

※年齢および金融資産残高は各年12月31日現在のものとし、2022年を基準年とする。

※給与収入は可処分所得で記載している。

※記載されている数値は正しいものとする。

※問題作成の都合上、一部を空欄としている。

谷口家のキャッシュフロー表の空欄（ア）は英男さんの可処分所得である。下表のデータに基づいて、空欄（ア）に入る数値を計算しなさい。なお、2022年における英男さんの収入は給与収入のみである。

2022年分の英男さんの給与収入（額面）　　800万円

2022年に英男さんの給与から天引きされた支出の年間合計金額					
厚生年金保険料	73万円	健康保険料・介護保険料	48万円	雇用保険料	4万円
所得税	59万円	住民税	52万円	財形貯蓄	24万円
社内預金	36万円	従業員持株会	10万円	社内あっせん販売	8万円

問 23

谷口家のキャッシュフロー表の空欄（イ）に入る数値を計算しなさい。なお、計算に当たっては、キャッシュフロー表中に記載の整数を使用し、計算結果については万円未満を四捨五入すること。

問 24

英男さんは、教育費の負担が心配になり、奨学金について調べることにした。日本学生支援機構の奨学金に関する次の記述として、最も適切なものはどれか。

1．申し込みは、進学前に限られ、進学後に申し込むことはできない。
2．貸与型奨学金の選考については、家計による基準は設けられていない。
3．貸与型奨学金には、利息が付く「第一種」と利息が付かない「第二種」がある。
4．奨学金は、学生・生徒本人名義の口座に振り込まれる。

第 8 問 下記の（問25）〜（問27）について解答しなさい。

下記の係数早見表を乗算で使用し、各問について計算しなさい。なお、税金は一切考慮しないこととし、解答に当たっては、解答用紙に記載されている単位に従うこと。

［係数早見表（年利1.0％）］

	終価係数	現価係数	減債基金係数	資本回収係数	年金終価係数	年金現価係数
1 年	1.010	0.990	1.000	1.010	1.000	0.990
2 年	1.020	0.980	0.498	0.508	2.010	1.970
3 年	1.030	0.971	0.330	0.340	3.030	2.941
4 年	1.041	0.961	0.246	0.256	4.060	3.902
5 年	1.051	0.951	0.196	0.206	5.101	4.853
6 年	1.062	0.942	0.163	0.173	6.152	5.795
7 年	1.072	0.933	0.139	0.149	7.214	6.728
8 年	1.083	0.923	0.121	0.131	8.286	7.652
9 年	1.094	0.914	0.107	0.117	9.369	8.566
10年	1.105	0.905	0.096	0.106	10.462	9.471
15年	1.161	0.861	0.062	0.072	16.097	13.865
20年	1.220	0.820	0.045	0.055	22.019	18.046
25年	1.282	0.780	0.035	0.045	28.243	22.023
30年	1.348	0.742	0.029	0.039	34.785	25.808

※記載されている数値は正しいものとする。

問 25

　皆川さんは、自宅のリフォーム費用として、10年後に500万円を準備したいと考えている。年利1.0％で10年間複利運用する場合、現在いくらの資金があればよいか。

問 26

　山根さんは、退職金の2,500万円を今後30年間、年利1.0％で複利運用しながら毎年1回、年末に均等に生活資金として取り崩していきたいと考えている。毎年取り崩すことができる最大金額はいくらになるか。

問 27

　安藤さんは、子どもの留学資金として、15年後に1,500万円を準備したいと考えている。年利1.0％で複利運用しながら毎年年末に一定額を積み立てる場合、毎年いくらずつ積み立てればよいか。

下記の（問28）～（問34）について解答しなさい。

<設例>

鶴見義博さんは、民間企業に勤務する会社員である。義博さんと妻の由紀恵さんは、今後の資産形成や家計の見直しなどについて、FPで税理士でもある高倉さんに相談をした。なお、下記のデータはいずれも2023年4月1日現在のものである。

[家族構成]

氏名	続柄	生年月日	年齢	備考
鶴見　義博	本人	1987年12月20日	35歳	会社員（正社員）
由紀恵	妻	1988年10月13日	34歳	会社員（正社員）
涼太	長男	2015年7月19日	7歳	小学生

[収入金額（2022年）]

義博さん　：給与収入450万円（手取り額）。給与収入以外の収入はない。

由紀恵さん：給与収入400万円（手取り額）。給与収入以外の収入はない。

[自宅]

賃貸マンションに居住しており、家賃は月額11万円（管理費込み）である。

マイホームとして販売価格4,000万円（うち消費税200万円）のマンションを購入する予定である。

[金融資産（時価)]

義博さん名義

　　銀行預金（普通預金）：250万円

　　銀行預金（定期預金）：250万円

由紀恵さん名義

　　銀行預金（普通預金）：　50万円

　　銀行預金（定期預金）：250万円

[負債]

義博さんと由紀恵さんに負債はない。

・収入保障保険A：年金月額15万円。保険契約者（保険料負担者）および被保険
　　　　　　　　　者は義博さん、年金受取人は由紀恵さんである。
・低解約返戻金型終身保険B：保険金額300万円。保険契約者（保険料負担者）
　　　　　　　　　　　　　　　および被保険者は由紀恵さんである。

問 28

　　鶴見さん夫妻は、2023年7月にマンションを購入する予定である。鶴見さん夫妻が
＜設例＞のマンションを購入する場合の販売価格のうち、土地（敷地の共有持分）の
価格を計算しなさい。なお、消費税の税率は10％とし、計算結果については万円未満
の端数が生じる場合は四捨五入すること。また、解答に当たっては、解答用紙に記載
されている単位に従うこと。

FPの高倉さんは、個人に対する所得税の仕組みについて義博さんから質問を受けた。高倉さんが下記<イメージ図>を使用して行った所得税に関する次の(ア)～(エ)の説明のうち、適切なものには○、不適切なものには×を解答欄に記入しなさい。

<イメージ図>

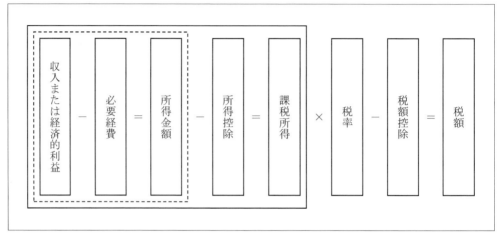

（出所：財務省HP「所得税の基本的な仕組み」を基に作成）

（ア）「義博さんが収入保障保険の保険料を支払ったことにより受けられる生命保険料控除は、所得控除として、一定金額を所得金額から差し引くことができます。」

（イ）「由紀恵さんがふるさと納税をしたことにより受けられる寄附金控除は、税額控除として、一定金額を所得税額から差し引くことができます。」

（ウ）「義博さんが空き巣に入られ盗難被害を受けたことによって受けられる雑損控除は、税額控除として、一定金額を所得税額から差し引くことができます。」

（エ）「由紀恵さんがケガで入院し入院費を支払ったことにより受けられる医療費控除は、所得控除として、一定金額を所得金額から差し引くことができます。」

問 30

　　義博さんは、生命保険の解約返戻金について、FPの高倉さんに質問をした。高倉さんが、生命保険の解約返戻金相当額について説明する際に使用した下記の＜イメージ図＞のうち、一般的な低解約返戻金型終身保険の解約返戻金相当額の推移に係る図として、最も適切なものはどれか。

＜イメージ図＞

1.

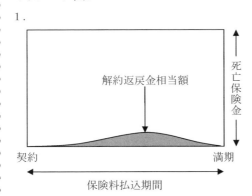

2.

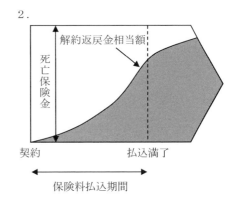

3.

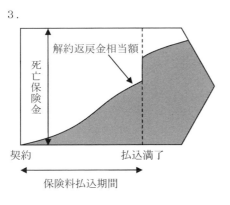

4.

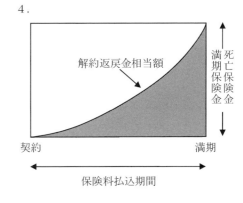

問題編　2023・5月

　義博さんは、契約中の収入保障保険Ａの保障額について、FPの高倉さんに質問をした。高倉さんが説明の際に使用した下記＜イメージ図＞を基に、2023年6月1日に義博さんが死亡した場合に支払われる年金総額として、正しいものはどれか。なお、年金は毎月受け取るものとする。

＜イメージ図＞

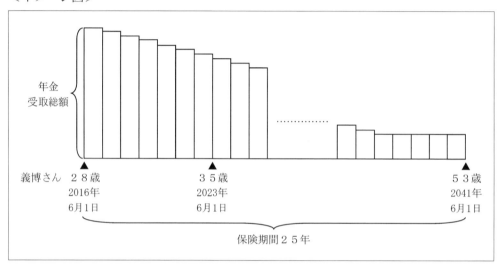

※義博さんは、収入保障保険Ａを2016年6月1日に契約している。

※保険期間は25年、保証期間は5年である。

1．　900万円

2．3,240万円

3．4,500万円

4．5,400万円

　由紀恵さんは、義博さんが万一死亡した場合の公的年金の遺族給付について、FP
の高倉さんに相談をした。義博さんが、2023年6月に35歳で在職中に死亡した場合に、
由紀恵さんが受け取ることができる遺族給付を示した下記＜イメージ図＞の空欄（ア）
～（エ）に入る適切な語句を語群の中から選び、その番号のみを解答欄に記入しなさ
い。なお、義博さんは、20歳から大学卒業まで国民年金に加入し、大学卒業後の22歳
から死亡時まで継続して厚生年金保険に加入しているものとする。また、家族に障害
者に該当する者はなく、記載以外の遺族給付の受給要件はすべて満たしているものと
する。

＜イメージ図＞

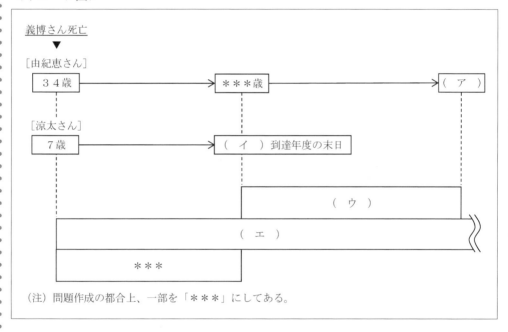

（注）問題作成の都合上、一部を「＊＊＊」にしてある。

＜語群＞

1．18歳　　　2．20歳　　　3．60歳　　　4．65歳　　　5．70歳

6．遺族基礎年金　　　7．経過的寡婦加算　　　8．中高齢寡婦加算

9．遺族厚生年金（義博さんの報酬比例部分の年金額の3分の2相当額）

10．遺族厚生年金（義博さんの報酬比例部分の年金額の4分の3相当額）

義博さんの健康保険料に関する次の（ア）～（エ）の記述について、適切なものには○、不適切なものには×を解答欄に記入しなさい。なお、義博さんは全国健康保険協会管掌健康保険（以下「協会けんぽ」という）の被保険者である。また、健康保険料の計算に当たっては、下記＜資料＞に基づくこととする。

＜資料＞

［義博さんに関するデータ］

給与：基本給　：毎月300,000円

　　　通勤手当：毎月 15,000円

賞与：1回につき450,000円（年2回支給される）

［標準報酬月額］

標準報酬月額	報酬月額 以上　　　　未満	
300,000円	290,000円～310,000円	
320,000円	310,000円～330,000円	

［健康保険の保険料率］

介護保険第2号被保険者に該当しない場合：10.00％（労使合計）

介護保険第2号被保険者に該当する場合　：11.64％（労使合計）

（ア）毎月の給与に係る健康保険料のうち、義博さんの負担分は15,000円である。

（イ）年2回支給される賞与に係る健康保険料については、義博さんの負担分はない。

（ウ）義博さんが負担した健康保険料は、所得税の計算上、全額が社会保険料控除の対象となる。

（エ）協会けんぽの一般保険料率は都道府県支部単位で設定され、全国一律ではない。

　　義博さんの母親の弘子さんは今年65歳になる。義博さんは、弘子さんの老齢基礎年金の繰下げ受給についてFPの高倉さんに質問をした。老齢基礎年金の繰下げ受給に関する次の記述の空欄（ア）〜（ウ）に入る適切な語句を語群の中から選び、その番号のみを解答欄に記入しなさい。

老齢基礎年金を繰下げ受給した場合は、65歳に達した月から支給繰下げの申し出を行った日の属する月の前月までの月数に応じて、次の増額率によって年金額が増額されます。

　増額率＝（65歳に達した月から繰下げ申出月の前月までの月数）×0.7%

従って、仮に68歳に達した月に支給繰下げの申し出をすると、65歳から支給される額の（　ア　）に増額され、この支給率は（　イ　）継続して適用されます。なお、老齢基礎年金と併せて付加年金を受給できる場合、付加年金は（　ウ　）。

<語群>

1．102.1%　　　2．125.2%　　　　3．133.6%

4．一生涯　　　5．70歳に達するまでの間　　6．75歳に達するまでの間

7．老齢基礎年金と同率で増額されます　　　8．繰下げによる増額はありません

<設例>

国内の企業に勤務する西山裕子さんは、早期退職優遇制度を利用して、2023年9月に退職する予定である。そこで、退職後の生活のことや先日死亡した母の相続のことなどに関して、FPで税理士でもある駒田さんに相談をした。なお、下記のデータは2023年4月1日現在のものである。

Ⅰ. 家族構成（同居家族なし）

氏名	続柄	生年月日	年齢	備考
西山　裕子	本人	1964年12月11日	58歳	会社員

Ⅱ. 西山家の親族関係図

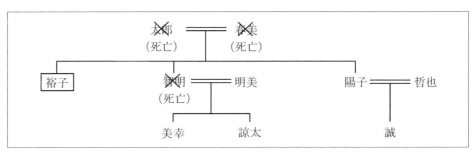

注1：裕子さんの母の春美さんは、裕子さんと同居していたが、2023年2月に死亡している。

Ⅲ. 西山家（裕子さん）の財産の状況（裕子さんが相続する春美さんの遺産を含む）

[資料1：保有資産（時価）]　　　　　　　　　　　　　　　　　（単位：万円）

	裕子	名義変更手続き中の財産
金融資産		
現金・預貯金	1,850	
株式・投資信託	2,400	200
生命保険（解約返戻金相当額）	［資料3］を参照	
不動産		
土地（自宅の敷地）		3,500
建物（自宅の家屋）	560	
その他（動産等）	180	

注2：「名義変更手続き中の財産」は、春美さんの相続により裕子さんが取得することが確定した財産であり、現在名義変更手続き中である。

[資料２：負債残高]

住宅ローン　：380万円（債務者は裕子さん）

自動車ローン：　70万円（債務者は裕子さん）

裕子さんが負担すべき相続税および税理士に対する報酬：80万円

[資料３：生命保険]　　　　　　　　　　　　　　　　　　　　　（単位：万円）

保険種類	保険契約者	被保険者	死亡保険金受取人	保険金額	解約返戻金相当額
個人年金保険Ａ	裕子	裕子	春美	―	500
医療保険Ｂ	裕子	裕子	―	―	―

注３：解約返戻金相当額は、2023年４月１日現在で解約した場合の金額である。

注４：個人年金保険Ａは、据置期間中に被保険者が死亡した場合には、払込保険料相当額が死亡保険金として支払われるものである。なお、死亡保険金受取人の変更はまだ行われていない。

注５：すべての契約において、保険契約者が保険料を全額負担している。

注６：契約者配当および契約者貸付については考慮しないこと。

Ⅳ．その他

上記以外の情報については、各設問において特に指示のない限り一切考慮しないこと。

FPの駒田さんは、まず2023年4月1日現在における西山裕子さんのバランスシート分析を行うこととした。下表の空欄（ア）に入る数値を計算しなさい。

＜西山裕子さんのバランスシート（名義変更中の遺産を含む）＞ 　　　　（単位：万円）

[資産]		[負債]	
金融資産		住宅ローン	×××
現金・預貯金	×××	自動車ローン	×××
株式・投資信託	×××	相続税・税理士報酬	×××
生命保険（解約返戻金相当額）	×××		
不動産		負債合計	×××
土地（自宅の敷地）	×××		
建物（自宅の家屋）	×××	[純資産]	（　ア　）
その他（動産等）	×××		
資産合計	×××	負債・純資産合計	×××

下記<資料>は、裕子さんの2022年（令和4年）分の「給与所得の源泉徴収票（一部省略）」である。空欄（ア）に入る裕子さんの2022年分の所得税額として、正しいものはどれか。なお、裕子さんには、2022年において給与所得以外に申告すべき所得はなく、年末調整の対象となった所得控除以外に適用を受けることのできる所得控除はない。また、復興特別所得税は考慮しないこと。

<資料>

令和4年分　給与所得の源泉徴収票

支払を受ける者	住所又は居所					(受給者番号)			
						(役職名)			
					氏名	(フリガナ) ニシヤマ ユウコ			
						西山 裕子			

種　別	支　払　金　額	給与所得控除後の金額（調整控除後）	所得控除の額の合計額	源泉徴収税額
給料・賞与	内　7 200 000	5 380 000	（各自計算）	内　（ ア ）

(源泉)控除対象配偶者の有無等		配偶者(特別)控除の額	控除対象扶養親族の数（配偶者を除く。）			16歳未満扶養親族の数	障害者の数（本人を除く。）		非居住者である親族の数
有	従有	千　　円	特定 人 従人	老人 内 人 従人 人	その他 人 従人 人	人	特別 内 人	その他 人	人

社会保険料等の金額	生命保険料の控除額	地震保険料の控除額	住宅借入金等特別控除の額
内　千　　円　　1 040 000	千　　円　　40 000	千　　円　　20 000	千　　円　　40 000

(摘要)

<所得税の速算表>

課税される所得金額		税率	控除額
1,000円から	1,949,000円まで	5％	0円
1,950,000円から	3,299,000円まで	10％	97,500円
3,300,000円から	6,949,000円まで	20％	427,500円
6,950,000円から	8,999,000円まで	23％	636,000円
9,000,000円から	17,999,000円まで	33％	1,536,000円
18,000,000円から	39,999,000円まで	40％	2,796,000円
40,000,000円以上		45％	4,796,000円

1．292,500（円）

2．324,500（円）

3．388,500（円）

4．420,500（円）

　裕子さんは、勤務先の早期退職優遇制度を利用して2023年9月末に退職を予定している。裕子さんの退職に係るデータが下記<資料>のとおりである場合、裕子さんの退職一時金に係る所得税額を計算しなさい。なお、裕子さんは「退職所得の受給に関する申告書」を適正に提出し、勤務先の役員であったことはなく、退職は障害者になったことに基因するものではないものとする。また、解答に当たっては、解答用紙に記載されている単位に従うこととし、所得控除および復興特別所得税については考慮しないこととする。

<資料>

支給される退職一時金	2,500万円
勤続期間	21年4ヵ月

<所得税の速算表>

課税される所得金額		税率	控除額
1,000円から	1,949,000円まで	5%	0円
1,950,000円から	3,299,000円まで	10%	97,500円
3,300,000円から	6,949,000円まで	20%	427,500円
6,950,000円から	8,999,000円まで	23%	636,000円
9,000,000円から	17,999,000円まで	33%	1,536,000円
18,000,000円から	39,999,000円まで	40%	2,796,000円
40,000,000円以上		45%	4,796,000円

裕子さんが取引をしている国内の証券会社から送付された2022年分の特定口座年間取引報告書（一部）が下記＜資料＞のとおりである場合、次の記述の空欄（ア）～（ウ）に入る適切な数値を語群の中から選び、その番号のみを解答欄に記入しなさい。なお、同じ番号を何度選択してもよいこととする。また、復興特別所得税については考慮しないこと。

＜資料＞ (単位：円)

①譲渡の対価の額（収入金額）	②取得費及び譲渡に要した費用の額等	③差引金額（譲渡所得等の金額）（①－②）
2,800,000	3,000,000	（各自計算）

		種類	配当等の額	源泉徴収税額(所得税)	配当割額（住民税）	特別分配金の額
特定上場株式等の配当等		④株式、出資又は基金	100,000	（各自計算）	（各自計算）	
		⑤特定株式投資信託				
		⑥投資信託又は特定受益証券発行信託（⑤、⑦及び⑧以外）				
		⑦オープン型証券投資信託	200,000	（各自計算）	（各自計算）	
		⑧国外株式又は国外投資信託等				
		⑨合計（④＋⑤＋⑥＋⑦＋⑧）	300,000	（各自計算）	（ ア ）	
上記以外のもの		⑩公社債				
		⑪社債的受益証券				
		⑫投資信託又は特定受益証券発行信託（⑪及び⑭以外）				
		⑬オープン型証券投資信託				
		⑭国外公社債等又は国外投資信託等				
		⑮合計（⑩＋⑪＋⑫＋⑬＋⑭）				
		⑯譲渡損失の金額	（各自計算）			
		⑰差引金額（⑨＋⑮－⑯）	（ イ ）			
		⑱納付税額		（ ウ ）	（省略）	
		⑲還付税額（⑨＋⑮－⑱）		（省略）	（省略）	

＜語群＞

1. －100,000   2. 0（ゼロ）   3. 5,000   4. 15,000   5. 20,000
6. 30,000   7. 45,000   8. 60,000   9. 100,000

問 39

裕子さんは、母親の春美さんが亡くなるまでの一定期間、春美さんを介護するために会社を休んでいた。こうした介護を理由に休業する場合に支給される介護休業給付について、FPの駒田さんに質問をした。雇用保険制度の介護休業給付に関する次の説明の空欄（ア）〜（エ）にあてはまる語句の組み合わせとして、最も適切なものはどれか。

> 「雇用保険の一般被保険者または高年齢被保険者が、配偶者や父母など対象となる家族を介護するために会社を休業した場合、一定の要件を満たせば介護休業給付金を受給することができます。
> 介護休業給付金は、（　ア　）について、通算（　イ　）を限度に支給されます。また、この介護休業は（　ウ　）を限度に分割して取得することが可能で、そのたびに給付金を受給することができます。
> 1日当たりの給付金の支給額は、該当する被保険者が休業を開始した日の前日に離職したものとみなして計算する休業開始時賃金日額の（　エ　）となりますが、この賃金日額には上限があるほか、対象期間中に会社から一定額以上の賃金が支給されると、給付金が減額されたり不支給となったりする場合もあるので注意が必要です。」

1．（ア）該当する被保険者　　　（イ）93日　　　（ウ）3回　　　（エ）50%
2．（ア）対象となる同じ家族　　（イ）93日　　　（ウ）3回　　　（エ）67%
3．（ア）該当する被保険者　　　（イ）6ヵ月　　（ウ）6回　　　（エ）67%
4．（ア）対象となる同じ家族　　（イ）6ヵ月　　（ウ）6回　　　（エ）50%

裕子さんは、病気療養のため2023年3月、RA病院に6日間入院し、退院後の同月内に同病院に6日間通院した。裕子さんの2023年3月の1ヵ月間における保険診療分の医療費（窓口での自己負担分）が入院について18万円、退院後の通院について3万円、さらに入院時の食事代が9,000円、差額ベッド代が6万円であった場合、下記＜資料＞に基づく高額療養費として支給される額として、正しいものはどれか。なお、裕子さんは全国健康保険協会管掌健康保険（協会けんぽ）の被保険者であって標準報酬月額は44万円であるものとする。また、RA病院に「健康保険限度額適用認定証」の提示はしておらず、多数該当は考慮しないものとし、同月中に＜資料＞以外の医療費はないものとする。

＜資料＞

[2023年3月分の高額療養費の算定]

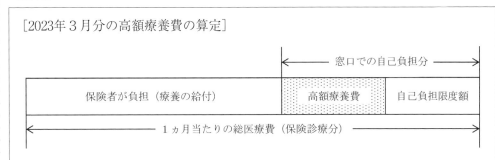

[医療費の1ヵ月当たりの自己負担限度額（70歳未満の人）]

標準報酬月額	自己負担限度額（月額）
①83万円以上	252,600円 ＋（総医療費－842,000円）×1％
②53万～79万円	167,400円 ＋（総医療費－558,000円）×1％
③28万～50万円	80,100円 ＋（総医療費－267,000円）×1％
④26万円以下	57,600円
⑤市区町村民税非課税者等	35,400円

1．96,570円
2．125,570円
3．163,270円
4．192,270円

問題編

2023年1月試験（資産設計提案業務）

実 施 日 ◆ 2023年1月22日（日）
試験時間 ◆ 13：30〜15：00(90分)

解答にあたっての注意

・問題数は40問、解答はすべて記述式です。

・択一問題の場合、選択肢の中から正解と思われるものを1つ選んでください。

・語群選択問題の場合、語群の中からそれぞれの空欄にあてはまると思われる語句・数値を選び、語群に記されたとおりに解答用紙の所定の欄に記入してください。また、語群の語句・数値にそれぞれ番号が付してある場合は、その番号のみを記入してください。

・語群のない問題の場合、指示に従い解答用紙の所定の欄に直接正解と思われる語句・数値・記号を記入してください。

・試験問題については、特に指示のない限り、2022年10月1日現在施行の法令等に基づいて解答してください。なお、東日本大震災の被災者等に対する各種特例等については考慮しないものとします。

下記の（問1）、（問2）について解答しなさい。

ファイナンシャル・プランナー（以下「FP」という）は、ファイナンシャル・プランニング業務を行ううえで関連業法等を順守することが重要である。FPの行為に関する次の（ア）～（エ）の記述について、適切なものには○、不適切なものには×を解答欄に記入しなさい。

（ア）生命保険募集人・保険仲立人の登録を受けていないFPが、顧客が持参したパンフレットの変額個人年金保険について商品説明を行った。

（イ）弁護士資格を有していないFP（遺言者や公証人と利害関係はない成年者）が、顧客から依頼されて公正証書遺言の証人となり、顧客から適正な報酬を受け取った。

（ウ）税理士資格を有していないFPが、参加費有料の相続対策セミナーを開催し、仮定の事例に基づく一般的な相続税対策について解説した。

（エ）投資助言・代理業の登録を受けていないFPが、顧客の相談を有償で受け、顧客自身が持参した投資信託の運用報告書の内容を確認し、この投資信託の価値等の分析に基づいて、解約するよう助言した。

「金融サービスの提供に関する法律（以下「金融サービス提供法」という）」に関する次の記述のうち、最も不適切なものはどれか。

1．金融サービス提供法は、金融商品販売業者等が金融商品の販売またはその代理もしくは媒介に際し、顧客に対し説明すべき事項等を定めること等により、顧客の保護を図る法律である。

2．金融サービス提供法は、「金融商品の販売等に関する法律（金融商品販売法）」が改称された法律である。

3．投資信託等の売買の仲介を行うIFA（Independent Financial Advisor＝独立系ファイナンシャル・アドバイザー）は、金融サービス提供法が適用される。

4．投資は投資者自身の判断と責任において行うべきであり、金融サービス提供法では、金融商品販売業者等が重要事項の説明義務を怠ったことで顧客に損害が生じたとしても、金融商品販売業者等は損害賠償責任を負うわけではない。

問 3

　　　下記＜資料＞は、飯田さんが同一の特定口座内で行ったQW株式会社の株式取引に係る明細である。飯田さんが2023年1月10日に売却した200株について、譲渡所得の取得費の計算の基礎となる1株当たりの取得価額として、正しいものはどれか。なお、計算結果について円未満の端数が生じる場合には切り上げて円単位とすること。

＜資料：QW株式会社の株式の取引明細＞

取引日	取引種類	株数（株）	約定単価（円）
2017年10月20日	買付	300	3,660
2019年1月18日	買付	200	3,410
2020年4月17日	買付	100	4,390
2023年1月10日	売却	200	6,280

※売買委託手数料や消費税については考慮しないこととする。

※その他の記載のない条件については一切考慮しないこととする。

1．3,410円

2．3,660円

3．3,699円

4．3,820円

下記＜資料＞の債券を満期（償還）時まで保有した場合の最終利回り（単利・年率）を計算しなさい。なお、手数料や税金等については考慮しないものとし、計算結果については小数点以下第4位を切り捨てること。また、解答に当たっては、解答用紙に記載されている単位に従うこと（解答用紙に記載されているマス目に数値を記入すること）。

＜資料＞

表面利率：年0.10％
買付価格：額面100円につき99.62円
発行価格：額面100円につき100.00円
償還までの残存期間：8年

安藤さんは、金投資について、FPの天野さんに質問をした。下記の空欄（ア）〜（エ）に入る適切な語句を語群の中から選び、その番号のみを解答欄に記入しなさい。

安藤さん：「金投資について教えてください。地政学的リスクが高まっているとき、金価格にはどのような影響がありますか。」

天野さん：「一般的には、（　ア　）する傾向です。」

安藤さん：「金を積立てで購入する、純金積立という方法があるそうですね。」

天野さん：「はい。純金積立では、毎回、（　イ　）を積み立てるドルコスト平均法が採用されています。」

安藤さん：「積み立てた金を、現物で受け取ることはできるのでしょうか。」

天野さん：「地金で受け取ることが（　ウ　）。」

安藤さん：「金を売却して利益が出た場合、所得税の区分はどうなりますか。」

天野さん：「個人が金地金や純金積立を売却した場合の所得は、譲渡所得に区分されます。保有期間が（　エ　）以内の場合は短期譲渡所得です。（　エ　）超であれば、長期譲渡所得となります。」

<語群>

1．上昇	2．下落	3．その都度指定する金額	4．一定金額
5．一定数量	6．できます	7．できません	8．5年
9．10年	10．20年		

　　下記<資料>に関する次の記述の空欄（ア）、（イ）にあてはまる語句の組み合わせとして、最も適切なものはどれか。

<資料>

	PX株式	PY株式
株価	840円	5,200円
1株当たり利益	70円	325円
1株当たり純資産	800円	4,000円
1株当たり年間配当金	10円	80円

・PX株式のPBR（株価純資産倍率）は、（　ア　）倍である。

・PX株式とPY株式の配当利回りを比較した場合、（　イ　）株式の方が高い。

1．（ア）0.95　　（イ）PX
2．（ア）0.95　　（イ）PY
3．（ア）1.05　　（イ）PX
4．（ア）1.05　　（イ）PY

問 7

　　下記＜資料＞は、湯本さんが購入を検討している物件の登記事項証明書の一部である。この登記事項証明書に関する次の（ア）～（エ）の記述について、適切なものには○、不適切なものには×を解答欄に記入しなさい。なお、＜資料＞に記載のない事項は一切考慮しないこととする。

＜資料＞

権 利 部（　A　）	（所有権に関する事項）		
順位番号	登記の目的	受付年月日・受付番号	権利者その他の事項
1	所有権保存	平成１５年５月２０日 第×６３３０号	所有者　××市○×三丁目４番５号 三上順二

権 利 部（×××）	（所有権以外の権利に関する事項）		
順位番号	登記の目的	受付年月日・受付番号	権利者その他の事項
1	抵当権設定	平成１５年５月２０日 第×６３３１号	原因　平成１５年５月２０日金銭消費貸借同日 　　設定 債権額　金４，０００万円 利息　年２．４７５％（１２分の１月利計算） 損害金　年１４．５％（年３６５日日割計算） 債務者　××市○×三丁目４番５号 　　三上順二 抵当権者　△△区○△五丁目２番１号 　　株式会社ＨＺ銀行

（ア）所有権保存など所有権に関する事項が記載されている欄（A）は、権利部の乙区である。

（イ）この物件には株式会社HZ銀行の抵当権が設定されているため、別途、ほかの金融機関が抵当権を設定することはできない。

（ウ）三上順二さんが株式会社HZ銀行への債務を完済すると、当該抵当権の登記は自動的に抹消される。

（エ）本物件の登記事項証明書は、現在の所有者である三上順二さんのほか利害関係者でなければ、交付の請求をすることができない。

建築基準法に従い、下記＜資料＞の土地に建物を建てる場合の建築面積の最高限度を計算しなさい。なお、＜資料＞に記載のない条件については一切考慮しないこととする。また、解答に当たっては、解答用紙に記載されている単位に従うこと。

＜資料＞

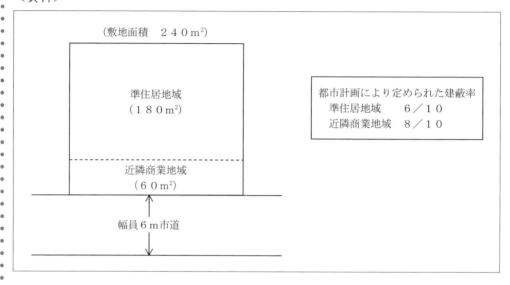

(敷地面積　２４０m²)

準住居地域
（１８０m²）

近隣商業地域
（６０m²）

幅員６ｍ市道

都市計画により定められた建蔽率
準住居地域　　　６／１０
近隣商業地域　　８／１０

　　小山さんは、FPで税理士でもある牧村さんに固定資産税について質問をした。下記の空欄（ア）～（エ）にあてはまる語句を語群の中から選び、その番号のみを解答欄に記入しなさい。なお、同じ番号を何度選んでもよいこととする。

小山さん：「マイホームを購入する予定です。固定資産税について、教えてください。」

牧村さん：「固定資産税は、毎年（　ア　）現在の土地や家屋などの所有者に課される税金です。」

小山さん：「今、新築住宅には、固定資産税が軽減される制度があると聞きました。」

牧村さん：「新築住宅が一定の要件を満たす場合は、新築後の一定期間、一戸当たり120㎡相当分の固定資産税が（　イ　）に減額されます。」

小山さん：「固定資産税には、住宅用地についての特例があるとも聞いています。」

牧村さん：「そのとおりです。一定の要件を満たす住宅が建っている住宅用地（小規模住宅用地）については、一戸当たり（　ウ　）までの部分について、固定資産税の課税標準額が、固定資産税評価額の（　エ　）になる特例があります。」

＜語群＞

1．1月1日　　　　　2．4月1日　　　　　3．7月1日

4．2分の1　　　　　5．3分の1　　　　　6．6分の1

7．200㎡　　　　　8．280㎡　　　　　9．330㎡

　　下記<資料>は、北村さんが購入を検討している投資用マンションの概要である。この物件の実質利回り（年利）を計算しなさい。なお、<資料>に記載のない事項については一切考慮しないこととする。また、計算結果については、小数点以下の端数が生じた場合は、小数点以下第3位を四捨五入することとし、解答に当たっては、解答用紙に記載されている単位に従うこと（解答用紙に記載されているマス目に数値を記入すること）。

<資料>

・購入費用の総額：1,500万円（消費税と仲介手数料等取得費用を含めた金額）

・想定される賃料（月額）：60,000円

・運営コスト（月額）：管理費・修繕積立金等 10,000円

　　　　　　　　　　　　管理業務委託費 月額賃料の5％

・想定される固定資産税・都市計画税（年額）：36,000円

問 11

荒木陽介さん（48歳）が加入の提案を受け、加入することにした生命保険の保障内容は下記＜資料＞のとおりである。次の記述の空欄（ア）～（ウ）にあてはまる数値を解答欄に記入しなさい。なお、保険契約は有効に継続し、かつ特約は自動更新しているものとし、荒木さんはこれまでに＜資料＞の保険から、保険金・給付金を一度も受け取っていないものとする。また、各々の記述はそれぞれ独立した問題であり、相互に影響を与えないものとする。

＜資料／生命保険提案書＞

ご提案書
保険種類：利率変動型積立保険

（ご契約者）　　荒木　陽介　様
（被保険者）　　荒木　陽介　様
（年齢・性別）　４８歳・男性

予定契約日：２０２３年２月１日
払込保険料合計：××，×××円
支払方法：月払い、口座振替

| 長期生活保障保険 | ６０歳まで |

| 普通定期保険 | ６０歳まで |

| 医療保険　入院サポート特約 | 終身払込 終身 |

| 生活習慣病保険　７大疾病一時金特約 | 終身払込 終身 |

利率変動型積立保険　　　　　　　　　　　　　終身

▲４８歳契約

◇ご提案内容

ご契約内容	保険期間	保険金・給付金名称	主なお支払事由など	保険金額・給付金額
利率変動型積立保険	終身	死亡給付金 災害死亡給付金	死亡のとき（※１） 事故などで死亡のとき	積立金額 積立金額の１.５倍
長期生活保障保険	６０歳まで	死亡・高度障害年金	死亡・高度障害のとき	毎年１２０万円×１０年間
普通定期保険	６０歳まで	死亡・高度障害保険金	死亡・高度障害のとき	３００万円
医療保険	終身払込 終身	入院給付金 手術給付金	入院のとき１日目から（１入院１２０日限度）（イ）入院中に所定の手術のとき（ロ）外来で所定の手術のとき（ハ）がん・脳・心臓に対する所定の手術のとき	日額１０，０００円 ２０万円 ５万円 （イ）または（ロ）にプラス２０万円
入院サポート特約	終身払込 終身	入院準備費用給付金	１日以上の入院のとき	１０万円
生活習慣病保険	終身払込 終身	生活習慣病入院給付金	所定の生活習慣病（※２）で１日以上入院のとき（１入院１２０日限度）	日額１０，０００円
リビング・ニーズ特約	－	特約保険金	余命６ヵ月以内と判断されるとき	死亡保険金の範囲内（通算３，０００万円限度）
７大疾病一時金特約	終身払込 終身	７大疾病一時金	７大疾病で所定の診断・入院・手術（※２）のとき	複数回支払（※２）３００万円

（※１）災害死亡給付金が支払われるときは、死亡給付金は支払いません。
（※２）生活習慣病入院給付金、７大疾病一時金特約の支払対象となる生活習慣病は、以下のとおりです。
　がん／心臓病／脳血管疾患／腎疾患／肝疾患／糖尿病／高血圧性疾患

　７大疾病一時金を複数回お支払いするときは、その原因が新たに生じていることが要件となります。ただし、７大疾病一時金が支払われた最後の支払事由該当日からその日を含めて１年以内に支払事由に該当したときは、お支払いしません。なお、拡張型心筋症や慢性腎臓病・肝硬変・糖尿病性網膜症・（解離性）大動脈瘤と診断されたことによるお支払いは、それぞれ１回限りとなります。

・2023年３月に、荒木さんが交通事故で死亡（入院・手術なし）した場合、保険会社から支払われる保険金・給付金の合計は（　ア　）万円である。なお、死亡時の利率変動型積立保険の積立金額は４万円とする。

・2023年５月に、荒木さんが余命６ヵ月以内と判断された場合、リビング・ニーズ特約の請求において指定できる最大金額は（　イ　）万円である。なお、利率変動型積立保険と長期生活保障保険のリビング・ニーズ特約の請求はしないものとし、指定保険金額に対する６ヵ月分の利息と保険料相当額は考慮しないものとする。

・2023年６月に、荒木さんが初めてがん（悪性新生物）と診断され、治療のため20日間入院し、その間に約款所定の手術を１回受けた場合、保険会社から支払われる保険金・給付金の合計は（　ウ　）万円である。なお、上記内容は、がんに対する所定の手術、所定の生活習慣病、７大疾病で所定の診断に該当するものとする。

下記＜資料＞を基に、桑原さんの自宅に係る年間の地震保険料として、正しいものはどれか。桑原さんの自宅は愛媛県にあるイ構造のマンションで、火災保険の保険金額は1,000万円である。なお、地震保険の保険金額は、2023年1月1日現在の火災保険の保険金額に基づく契約可能な最大額であり、地震保険料の割引制度は考慮しないこととする。

＜資料：年間保険料例（地震保険金額100万円当たり、割引適用なしの場合）＞

建物の所在地（都道府県）	建物の構造区分	
	イ構造※	ロ構造※
北海道・青森県・岩手県・秋田県・山形県・栃木県・群馬県・新潟県・富山県・石川県・福井県・長野県・岐阜県・滋賀県・京都府・兵庫県・奈良県・鳥取県・島根県・岡山県・広島県・山口県・福岡県・佐賀県・長崎県・熊本県・大分県・鹿児島県	730円	1,120円
宮城県・福島県・山梨県・愛知県・三重県・大阪府・和歌山県・香川県・愛媛県・宮崎県・沖縄県	1,160円	1,950円
茨城県・徳島県・高知県	2,300円	4,110円
埼玉県	2,650円	
千葉県・東京都・神奈川県・静岡県	2,750円	

※イ構造：主として鉄骨・コンクリート造の建物、ロ構造：主として木造の建物

1．5,800円

2．9,750円

3．11,600円

4．19,500円

問 13

　長谷川さんは、2022年中に糖尿病および心疾患により合計 3 回入院をした。下記
＜資料＞に基づき、長谷川さんが契約している医療保険の入院給付金の日数に関する
次の記述の空欄（ア）に入る数値を解答欄に記入しなさい。なお、長谷川さんはこれ
までにこの医療保険から一度も給付金を受け取っていないものとする。

＜資料＞

[長谷川さんの入院日数]

[長谷川さんの医療保険の入院給付金（日額）の給付概要]

　・給付金の支払い条件：入院 1 日目（日帰り入院含む）から支払う。

　・1 入院限度日数：60日

　・通算限度日数：1,095日

　・3 大疾病（がん、心疾患、脳血管疾患）による入院は支払日数無制限

　・180日以内に同じ疾病で再入院した場合には、1 回の入院とみなす。

長谷川さんが、2022年の入院について受けることができる入院給付金の日数は、
合計（　ア　）日分である。

　　杉山浩二さんが契約している第三分野の保険（下記＜資料＞を参照）について述べた（ア）～（エ）の記述について、適切なものには○、不適切なものには×を解答欄に記入しなさい。なお、保険契約は有効に成立しており、記載のない事項については一切考慮しないこととする。

＜資料１／保険証券（一部抜粋）＞

［特定疾病保障保険A］ 契約日：2018年3月1日 保険契約者：杉山　浩二 被保険者：杉山　浩二 死亡保険金受取人：杉山　理恵（妻） 保険料：△,△△△円（月払、口座振替） 特定疾病保険金または死亡・高度障害保険金： 3,000万円	［介護保障定期保険B（無解約返戻金型）］ 契約日：2018年3月1日 保険契約者：杉山　浩二 被保険者：杉山　浩二 死亡保険金受取人：杉山　理恵（妻） 保険料：○,○○○円（月払、口座振替） 介護保険金・死亡保険金：500万円

＜資料２／介護保障定期保険B約款（一部抜粋）＞

名称	支払事由
介護保険金	保険期間中に次のいずれかに該当したとき ① 公的介護保険制度に定める要介護2以上の状態 ② 会社の定める要介護状態 　　次の（1）および（2）をともに満たすことが、医師によって診断確定されたこと 　　（1）被保険者が、責任開始時以後の傷害または疾病を原因として、要介護状態（別表1）に該当したこと 　　（2）被保険者が、（1）の要介護状態（別表1）に該当した日からその日を含めて180日以上要介護状態が継続したこと

別表1

要介護状態	次のいずれかに該当したとき 1）常時寝たきり状態で、下表の（a）に該当し、かつ、下表の（b）～（e）のうち2項目以上に該当して他人の介護を要する状態 2）器質性認知症と診断確定され、意識障害のない状態において見当識障害があり、かつ、他人の介護を要する状態
（a）ベッド周辺の歩行が自分ではできない	
（b）衣服の着脱が自分ではできない	
（c）入浴が自分ではできない	
（d）食物の摂取が自分ではできない	
（e）大小便の排泄後の拭き取り始末が自分ではできない	

（ア）浩二さんが、初めてがん（悪性新生物）と診断確定され、その後に死亡した場合は特定疾病保障保険Aから特定疾病保険金と死亡保険金の両方を受け取ることができる。

（イ）特定疾病保障保険Aにリビングニーズ特約を中途付加する場合、特約保険料は必要ない。

（ウ）浩二さんが保険料の払込みが困難になった場合、介護保障定期保険Bは自動振替貸付により保険契約を継続することができる。

（エ）浩二さんが公的介護保険制度の要介護3に該当し、常時寝たきり状態で入浴が自分ではできない状態が180日以上継続した場合、介護保障定期保険Bの介護保険金を受け取ることができる。

下記の（問15）〜（問18）について解答しなさい。

　　会社員の小田さんは、2022年12月末で35年4ヵ月勤め続けてきた株式会社YZを退職し、退職一時金3,000万円を受け取った。この退職一時金に係る退職所得の金額はいくらになるか。なお、小田さんは、勤務先の役員であったことはなく、退職は障害者になったことに基因するものではない。また、解答に当たっては、解答用紙に記載されている単位に従うこと。

　　公的年金等に係る所得税の取扱いに関する次の記述のうち、最も不適切なものはどれか。

1．小規模企業共済の共済金や確定拠出年金の老齢給付金は、年金形式で受け取る場合、公的年金等に係る雑所得の収入金額となる。

2．公的年金等に係る雑所得の金額の計算は、「公的年金等の収入金額−公的年金等控除額」により計算するが、公的年金等控除額は、受給者の年齢が70歳以上か70歳未満かにより、控除額が異なる。

3．公的年金等以外の総合課税となる雑所得の金額に、赤字が生じた場合、その赤字の金額と公的年金等に係る雑所得の金額を通算し、雑所得の金額を計算することができる。

4．公的年金等の収入金額が400万円以下であり、かつ、その公的年金等の全部が源泉徴収の対象となる場合において、公的年金等に係る雑所得以外の所得金額の合計が20万円以下であるときは、確定申告は不要である。

　所得税の青色申告特別控除制度に関する次の記述の空欄（ア）〜（ウ）に入る適切な数値を解答欄に記入しなさい。

（1）不動産所得または事業所得を生ずべき事業を営んでいる青色申告者で、これらの所得に係る取引を正規の簿記の原則（一般的には複式簿記）により記帳し、その記帳に基づいて作成した貸借対照表および損益計算書を確定申告書に添付して法定申告期限内に提出している場合には、原則としてこれらの所得を通じて最高（　ア　）万円を控除することができる。

（2）この（　ア　）万円の青色申告特別控除を受けることができる人が、所定の帳簿の電子帳簿保存またはe−Taxによる電子申告を行っている場合は、最高（　イ　）万円の青色申告特別控除が受けられる。

（3）上記（1）および（2）以外の青色申告者については、不動産所得、事業所得および山林所得を通じて最高（　ウ　）万円を控除することができる。

会社員の山岸さんの2022年分の所得等が下記＜資料＞のとおりである場合、山岸さんが2022年分の所得税の確定申告を行う際に、給与所得と損益通算できる損失に関する次の記述のうち、最も適切なものはどれか。なお、▲が付された所得金額は、その所得に損失が発生していることを意味する。

＜資料＞

所得の種類	所得金額	備考
給与所得	396万円	
不動産所得	▲100万円	必要経費：700万円 必要経費の中には、土地の取得に要した借入金の利子の額120万円が含まれている。
雑所得	▲10万円	副業について初期投資による経費発生が多かったことによる損失（赤字）
譲渡所得	▲150万円	上場株式の売却による損失

1．不動産所得▲100万円と損益通算できる。

2．副業の雑所得▲10万円と損益通算できる。

3．上場株式の譲渡所得▲150万円と損益通算できる。

4．損益通算できる損失はない。

問 19

下記＜資料＞の土地に係る路線価方式による普通借地権の相続税評価額の計算式として、正しいものはどれか。

＜資料＞

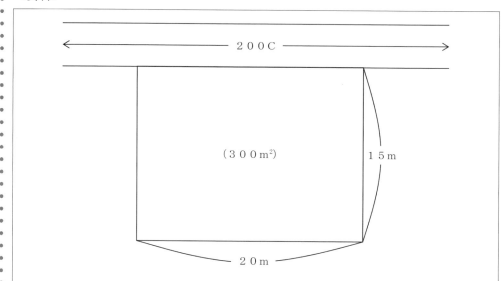

注１：奥行価格補正率 14m以上16m未満 1.00

注２：借地権割合 70%

注３：借家権割合 30%

注４：その他の記載のない条件は、一切考慮しないこと。

1．200千円×1.00×300㎡

2．200千円×1.00×300㎡×70%

3．200千円×1.00×300㎡×（1－70%）

4．200千円×1.00×300㎡×（1－70%×30%×100%）

　馬場さんは、FPで税理士でもある藤原さんに、相続税において相続財産から控除できる債務等に関する質問をした。下記の空欄（ア）～（エ）に入る適切な語句を語群の中から選び、その番号のみを解答欄に記入しなさい。なお、同じ番号を何度選んでもよいこととする。

馬場さん：「相続税を計算するとき、被相続人の債務は、相続財産から控除できると聞きました。亡くなった父の医療費が未払いになっているのですが、相続財産から控除することはできますか。」

藤原さん：「被相続人に係る未払い医療費は、相続財産から控除することが（　ア　）。」

馬場さん：「父が生前に購入した墓地の代金が未払いのままです。こちらはどうですか。」

藤原さん：「被相続人が生前に購入した墓地の未払い代金は、相続財産から控除することが（　イ　）。」

馬場さん：「父はアパート経営をしていました。父が預かっていた、将来返金することになる敷金を相続財産から控除できますか。」

藤原さん：「（　ウ　）。」

馬場さん：「葬式に関する費用について、控除できるものはありますか。」

藤原さん：「例えば（　エ　）は、葬式費用として相続財産から控除することができます。」

<語群>

1．できます　　　　　　　　2．できません

3．四十九日の法要のための費用　　4．通夜のための費用

5．香典返戻のための費用

工藤さん（59歳）は、2022年12月に夫から居住用不動産（財産評価額2,750万円）の贈与を受けた。工藤さんが贈与税の配偶者控除の適用を受けた場合の2022年分の贈与税額として、正しいものはどれか。なお、2022年においては、このほかに工藤さんが受けた贈与はないものとする。また、納付すべき贈与税額が最も少なくなるように計算すること。

<贈与税の速算表>

（イ）18歳以上の者が直系尊属から贈与を受けた財産の場合（特例贈与財産、特例税率）

基礎控除後の課税価格		税率	控除額
	200万円 以下	10%	－
200万円 超	400万円 以下	15%	10万円
400万円 超	600万円 以下	20%	30万円
600万円 超	1,000万円 以下	30%	90万円
1,000万円 超	1,500万円 以下	40%	190万円
1,500万円 超	3,000万円 以下	45%	265万円
3,000万円 超	4,500万円 以下	50%	415万円
4,500万円 超		55%	640万円

（注）「18歳以上の者」とあるのは、2022年3月31日以前の贈与により財産を取得した者の場合、「20歳以上の者」

（ロ）上記（イ）以外の場合（一般贈与財産、一般税率）

基礎控除後の課税価格		税率	控除額
	200万円 以下	10%	－
200万円 超	300万円 以下	15%	10万円
300万円 超	400万円 以下	20%	25万円
400万円 超	600万円 以下	30%	65万円
600万円 超	1,000万円 以下	40%	125万円
1,000万円 超	1,500万円 以下	45%	175万円
1,500万円 超	3,000万円 以下	50%	250万円
3,000万円 超		55%	400万円

1．14万円

2．102万円

3．131万円

4．175万円

問 22

下記の相続事例（2022年8月9日相続開始）における各人の相続税の課税価格の組み合わせとして、正しいものはどれか。なお、記載のない条件については一切考慮しないこととする。

＜課税価格の合計額を算出するための財産等の相続税評価額＞

マンション（建物および建物敷地権）：3,500万円

　現預金：1,000万円

　死亡保険金：1,500万円

　死亡退職金：2,000万円

　債務および葬式費用：400万円

＜親族関係図＞

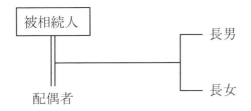

※マンションの評価額は、「小規模宅地等の特例」適用後の金額であり、死亡保険金および死亡退職金は、非課税限度額控除前の金額である。

※マンションは配偶者が相続する。

※現預金は、長男および長女が2分の1ずつ受け取っている。

※死亡保険金は、配偶者、長男、長女がそれぞれ3分の1ずつ受け取っている。

※死亡退職金は、配偶者が受け取っている。

※相続開始前3年以内に被相続人からの贈与により財産を取得した相続人はおらず、相続時精算課税制度を選択した相続人もいない。また相続を放棄した者もいない。

※債務および葬式費用は、すべて被相続人の配偶者が負担している。

1．配偶者：3,600万円　　長男：　500万円　　長女：　500万円
2．配偶者：3,600万円　　長男：1,000万円　　長女：1,000万円
3．配偶者：5,100万円　　長男：　500万円　　長女：　500万円
4．配偶者：5,100万円　　長男：1,000万円　　長女：1,000万円

<山根家の家族データ>

氏名	続柄	生年月日	備考
山根　耕太	本人	1983年8月7日	会社員
香奈	妻	1982年11月20日	会社員
貴典	長男	2010年10月2日	小学6年生
桃乃	長女	2014年5月9日	小学2年生

<山根家のキャッシュフロー表>　　　　　　　　　　　　　　　（単位：万円）

経過年数			基準年	1年	2年	3年	4年
西暦（年）			2022年	2023年	2024年	2025年	2026年
家族構成／年齢	山根　耕太	本人	39歳	40歳	41歳	42歳	43歳
	香奈	妻	40歳	41歳	42歳	43歳	44歳
	貴典	長男	12歳	13歳	14歳	15歳	16歳
	桃乃	長女	8歳	9歳	10歳	11歳	12歳
ライフイベント		変動率		貴典 中学校入学		外壁の 補修	貴典 高校入学
収入	給与収入（本人）	1%	396		404		412
	給与収入（妻）	1%	284		290		296
	収入合計	—	680		694		708
支出	基本生活費	2%	186			（　ア　）	
	住居費	—	204	204	204	204	204
	教育費	1%	64		（　イ　）		
	保険料	—	48	48	60	60	60
	一時的支出	—				100	
	その他支出	2%	50	51	52	53	54
	支出合計	—	552		686		
年間収支		—	128		8		
金融資産残高		1%	687	714	（　ウ　）		

※年齢および金融資産残高は各年12月31日現在のものとし、2022年を基準年とする。

※給与収入は可処分所得で記載している。

※記載されている数値は正しいものとする。

※問題作成の都合上、一部を空欄としている。

山根家のキャッシュフロー表の空欄（ア）に入る数値を計算しなさい。なお、計算過程においては端数処理をせず計算し、計算結果については万円未満を四捨五入すること。

山根家の両親が考えている進学プランは下記のとおりである。下記＜条件＞および＜資料＞のデータに基づいて、山根家のキャッシュフロー表の空欄（イ）に入る教育費の予測数値を計算しなさい。なお、計算過程においては端数処理をせずに計算し、計算結果については万円未満を四捨五入すること。

＜条件＞

［山根家の進学プラン］

| 貴典 | 公立小学校 → 私立中学校 → 私立高等学校 → 国立大学 |
| 桃乃 | 公立小学校 → 公立中学校 → 私立高等学校 → 私立大学 |

［計算に際しての留意点］

・教育費の数値は、下記＜資料：小学校・中学校の学習費総額＞を使用して計算すること。

・下記＜資料＞の結果を2022年とし、変動率を1％として計算すること。

＜資料：小学校・中学校の学習費総額（1人当たりの年間平均額）＞

	小学校		中学校	
	公立	私立	公立	私立
学習費総額	321,281円	1,598,691円	488,397円	1,406,433円

（出所：文部科学省「子供の学習費調査（結果の概要）」）

山根家のキャッシュフロー表の空欄（ウ）に入る数値を計算しなさい。なお、計算過程においては端数処理をせず計算し、計算結果については万円未満を四捨五入すること。

下記の係数早見表を乗算で使用し、各問について計算しなさい。なお、税金は一切考慮しないこととし、解答に当たっては、解答用紙に記載されている単位に従うこと。

[係数早見表（年利率1.0%）]

	終価係数	現価係数	減債基金係数	資本回収係数	年金終価係数	年金現価係数
1 年	1.010	0.990	1.000	1.010	1.000	0.990
2 年	1.020	0.980	0.498	0.508	2.010	1.970
3 年	1.030	0.971	0.330	0.340	3.030	2.941
4 年	1.041	0.961	0.246	0.256	4.060	3.902
5 年	1.051	0.951	0.196	0.206	5.101	4.853
6 年	1.062	0.942	0.163	0.173	6.152	5.795
7 年	1.072	0.933	0.139	0.149	7.214	6.728
8 年	1.083	0.923	0.121	0.131	8.286	7.652
9 年	1.094	0.914	0.107	0.117	9.369	8.566
10年	1.105	0.905	0.096	0.106	10.462	9.471
15年	1.161	0.861	0.062	0.072	16.097	13.865
20年	1.220	0.820	0.045	0.055	22.019	18.046
25年	1.282	0.780	0.035	0.045	28.243	22.023
30年	1.348	0.742	0.029	0.039	34.785	25.808

※記載されている数値は正しいものとする。

問 26

大下さんは、相続により受け取った270万円を運用しようと考えている。これを5年間、年利1.0％で複利運用した場合、5年後の合計額はいくらになるか。

問 27

有馬さんは老後の生活資金の一部として、毎年年末に120万円を受け取りたいと考えている。受取期間を20年間とし、年利1.0％で複利運用する場合、受取り開始年の初めにいくらの資金があればよいか。

問 28

西里さんは、将来の子どもの大学進学費用の準備として新たに積立てを開始する予定である。毎年年末に24万円を積み立てるものとし、15年間、年利1.0％で複利運用しながら積み立てた場合、15年後の合計額はいくらになるか。

<設例>

大久保和雄さんは、民間企業に勤務する会社員である。和雄さんと妻の留美子さんは、今後の資産形成や家計の見直しなどについて、FPで税理士でもある岡さんに相談をした。なお、下記のデータはいずれも2023年1月1日現在のものである。

[家族構成]

氏名	続柄	生年月日	年齢	備考
大久保　和雄	本人	1977年5月13日	45歳	会社員
留美子	妻	1979年7月28日	43歳	パート勤務
翔太	長男	2007年11月3日	15歳	中学生

[収入金額（2022年）]

　　和雄さん：給与収入450万円。給与収入以外の収入はない。

　　留美子さん：給与収入100万円。給与収入以外の収入はない。

[金融資産（時価）]

　　和雄さん名義

　　　　銀行預金（普通預金）：50万円

　　　　銀行預金（定期預金）：250万円

　　留美子さん名義

　　　　銀行預金（普通預金）：100万円

　　　　個人向け国債（変動10年）：50万円

[住宅ローン]

　　契約者　　：和雄さん

　　借入先　　：TA銀行

　　借入時期：2013年3月（居住開始時期：2013年3月）

　　借入金額：2,200万円

　　返済方法：元利均等返済（ボーナス返済なし）

　　金利　　　：固定金利選択型15年（年3.55％）

　　返済期間：30年間

［保険］

・定期保険A：保険金額3,000万円（リビング・ニーズ特約付き）。保険契約者（保
　　　　　　険料負担者）および被保険者は和雄さん、保険金受取人は留美子
　　　　　　さんである。

・火災保険B：保険金額1,600万円。保険の目的は建物、保険契約者（保険料負担者）
　　　　　　は和雄さんである。

・医療保険C：入院給付金日額5,000円、保険契約者（保険料負担者）および被保
　　　　　　険者は留美子さんであり、先進医療特約が付加されている。

　和雄さんは、現在居住している自宅の住宅ローンの繰上げ返済を検討しており、FPの岡さんに質問をした。和雄さんが住宅ローンを120回返済後に、100万円以内で期間短縮型の繰上げ返済をする場合、この繰上げ返済により短縮される返済期間として、正しいものはどれか。なお、計算に当たっては、下記<資料>を使用し、繰上げ返済額は100万円を超えない範囲での最大額とすること。また、繰上げ返済に伴う手数料等は考慮しないものとする。

<資料：大久保家の住宅ローンの償還予定表の一部>

返済回数（回）	毎月返済額（円）	うち元金（円）	うち利息（円）	残高（円）
120	99,404	48,778	50,626	17,064,318
121	99,404	48,923	50,481	17,015,395
122	99,404	49,067	50,337	16,966,328
123	99,404	49,212	50,192	16,917,116
124	99,404	49,358	50,046	16,867,758
125	99,404	49,504	49,900	16,818,254
126	99,404	49,650	49,754	16,768,604
127	99,404	49,797	49,607	16,718,807
128	99,404	49,945	49,459	16,668,862
129	99,404	50,092	49,312	16,618,770
130	99,404	50,241	49,163	16,568,529
131	99,404	50,389	49,015	16,518,140
132	99,404	50,538	48,866	16,467,602
133	99,404	50,688	48,716	16,416,914
134	99,404	50,838	48,566	16,366,076
135	99,404	50,988	48,416	16,315,088
136	99,404	51,139	48,265	16,263,949
137	99,404	51,290	48,114	16,212,659
138	99,404	51,442	47,962	16,161,217
139	99,404	51,594	47,810	16,109,623
140	99,404	51,747	47,657	16,057,876
141	99,404	51,900	47,504	16,005,976
142	99,404	52,053	47,351	15,953,923

1．1年8ヵ月

2．1年7ヵ月

3．1年6ヵ月

4．10ヵ月

問 30

和雄さんは、翔太さんの高校の授業料負担についてFPの岡さんに質問をした。「高等学校等就学支援金制度」に係る下記<資料>に関する岡さんの説明のうち、最も不適切なものはどれか。

<資料：全日制高校の場合の支給額（※定時制・通信制の場合、支給額が異なる）>

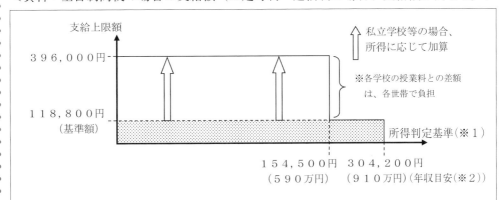

公立学校に通う生徒の支給額：公立高校授業料相当額（年間118,800円）

※1：「市町村民税の課税標準額×6％－市町村民税の調整控除の額」の式で算出

※2：年収目安は、両親・高校生・中学生の4人家族で、両親の一方が働いている場合の目安であり、家族の人数や年齢、働いている人の人数等により、実際に対象となる年収は変わる。

（出所：文部科学省「高等学校等就学支援金手続きリーフレット」）

1．「所得判定基準が304,200円未満の場合、国公立高校の授業料負担は実質0円になります。」

2．「高校入学時に高等学校等就学支援金の受給資格に該当しない場合、その後在学中に申請はできません。」

3．「高等学校等就学支援金は、学校設置者が生徒本人に代わって受け取り授業料に充てるしくみのため、生徒や保護者が直接お金を受け取るものではありません。」

4．「高等学校等就学支援金制度を利用するためには申請が必要で、原則として、保護者等の収入状況を登録する必要があります。」

問題編　2023・1月

167

問 31

大久保家が契約している保険の保険金等が支払われた場合の課税に関する次の（ア）
～（エ）の記述について、適切なものには○、不適切なものには×を解答欄に記入し
なさい。

(ア) 和雄さんが余命6ヵ月以内と診断され、定期保険Aからリビング・ニーズ特
約の生前給付金を受け取った後、和雄さんが死亡した場合、相続開始時点に
おける残額は、相続税の課税対象となる。

(イ) 和雄さんが死亡したことにより、留美子さんが受け取る定期保険Aの死亡保
険金は、相続税の課税対象となる。

(ウ) 自宅が火災で全焼となり、和雄さんが受け取る火災保険Bの損害保険金は、
所得税（一時所得）の課税対象となる。

(エ) 留美子さんが、がんに罹患して陽子線治療を受けたことによって、留美子さ
んが受け取る医療保険Cからの先進医療給付金は、所得税（一時所得）の課
税対象となる。

問 32

和雄さんは、現在勤めている会社を自己都合退職した場合に受給できる雇用保険の
基本手当についてFPの岡さんに質問をした。雇用保険の基本手当に関する次の記述
の空欄（ア）～（ウ）にあてはまる適切な語句を語群の中から選び、その番号のみを
解答欄に記入しなさい。なお、和雄さんは2023年1月に自己都合退職するものと仮定
し、現在の会社に22歳から勤務し、継続して雇用保険に加入しており、雇用保険の基
本手当の受給要件はすべて満たしているものとする。また、和雄さんには、この他に
雇用保険の加入期間はなく、障害者等の就職困難者には該当しないものとし、延長給
付については考慮しないものとする。

・基本手当を受け取るには、ハローワークに出向き、原則として（ ア ）に
　一度、失業の認定を受けなければならない。
・和雄さんの場合、基本手当の所定給付日数は（ イ ）である。
・和雄さんの場合、基本手当は、求職の申込みをした日以後、7日間の待期期
　間および待期期間満了後（ ウ ）の給付制限期間を経て支給が開始される。

<語群>

1．2週間	2．4週間	3．150日	4．270日
5．330日	6．1ヵ月	7．2ヵ月	8．3ヵ月

<資料：基本手当の所定給付日数>

[一般の受給資格者（特定受給資格者・一部の特定理由離職者以外の者)]

離職時の年齢	被保険者として雇用された期間			
全年齢	1年未満	1年以上 10年未満	10年以上 20年未満	20年以上
	－	90日	120日	150日

[特定受給資格者（倒産・解雇等による離職者）・一部の特定理由離職者]

離職時の年齢	被保険者として雇用された期間				
	1年未満	1年以上 5年未満	5年以上 10年未満	10年以上 20年未満	20年以上
30歳未満	90日	90日	120日	180日	－
30歳以上35歳未満		120日	180日	210日	240日
35歳以上45歳未満		150日	180日	240日	270日
45歳以上60歳未満		180日	240日	270日	330日
60歳以上65歳未満		150日	180日	210日	240日

　和雄さんの妹の枝里子さんは、民間企業に勤務する会社員であり、現在妊娠中である。和雄さんは、枝里子さんが出産のために仕事を休んだ場合に支給される出産手当金や、産前産後休業中の社会保険料の取扱いについて、FPの岡さんに質問をした。出産手当金および産前産後休業中の社会保険料に関する次の（ア）～（エ）の記述について、適切なものには○、不適切なものには×を解答欄に記入しなさい。なお、枝里子さんは、全国健康保険協会管掌健康保険（協会けんぽ）の被保険者であり、かつ厚生年金の被保険者であるものとする。

　協会けんぽの被保険者が出産のために仕事を休み、給料の支払いを受けられなかった場合、出産手当金が支給されます。支給されるのは、出産の日以前（＊＊＊）日から出産の翌日以後（　a　）までの間において、仕事を休んだ日数分となります。出産の日が出産予定日より遅れた場合は、その遅れた期間分も支給されます。一日当たりの出産手当金の額は、支払開始日が属する月以前の直近の継続した12ヵ月間が被保険者期間である場合は、その各月の標準報酬月額を平均した額の30分の1に相当する額の（　b　）相当額となります。

　産前産後休業期間中の健康保険および厚生年金保険の保険料については、事業主の申出により（　c　）が免除されます。この免除期間は、将来、被保険者の年金額を計算する際は、（　d　）として扱われます。

（注）問題の作成上、一部を＊＊＊としている。

（ア）空欄（　a　）にあてはまる語句は「42日」である。

（イ）空欄（　b　）にあてはまる語句は「3分の2」である。

（ウ）空欄（　c　）にあてはまる語句は「本人負担分および事業主負担分」である。

（エ）空欄（　d　）にあてはまる語句は「保険料を納めた期間」である。

　和雄さんは、労働者災害補償保険（以下「労災保険」という）について、FPの岡さんに質問をした。労災保険の概要に関する次の（ア）～（エ）の記述について、適切なものには○、不適切なものには×を解答欄に記入しなさい。

（ア）労災保険は、在宅勤務をする労働者を給付対象としない。

（イ）労災保険における保険料率は、業種にかかわらず一律である。

（ウ）労災保険の保険料は、その全額を事業主が負担する。

（エ）労働者が業務上の災害により労災指定病院等において療養を受けた場合は、その費用の1割を労働者が負担し、残る部分が療養補償給付となる。

<設例>

国内の企業に勤務する伊丹浩二さんは、今後の生活のことなどに関して、FPで税理士でもある成田さんに相談をした。なお、下記のデータは2023年1月1日現在のものである。

Ⅰ. 家族構成（同居家族）

氏名	続柄	生年月日	年齢	備考
伊丹　浩二	本人	1963年11月18日	59歳	会社員
奈美	妻	1965年7月28日	57歳	会社員

Ⅱ. 伊丹家の親族関係図

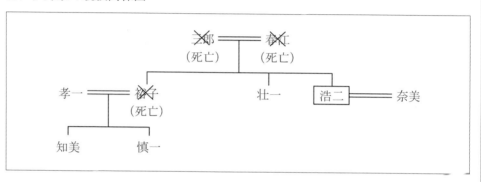

Ⅲ. 伊丹家（浩二さんと奈美さん）の財産の状況

[資料1：保有資産（時価）]（単位：万円）

	浩二	奈美
金融資産		
現金・預貯金	3,060	830
株式・投資信託	710	320
生命保険（解約返戻金相当額）	［資料3］を参照	［資料3］を参照
不動産		
投資用マンション		2,000
土地（自宅の敷地）	3,400	
建物（自宅の家屋）	530	
その他（動産等）	100	20

[資料2：負債残高]

住宅ローン：1,200万円（債務者は浩二さん）

自動車ローン：70万円（債務者は浩二さん）

[資料3：生命保険]　　　　　　　　　　　　　　　　　　　　　　　（単位：万円）

保険種類	保険契約者	被保険者	死亡保険金受取人	保険金額	解約返戻金相当額
終身保険A	浩二	浩二	奈美	500	300
定期保険特約付終身保険B	浩二	浩二	奈美		
（終身保険部分）				200	120
（定期保険部分）				2,000	－
個人年金保険C	浩二	浩二	奈美	－	350

注1：解約返戻金相当額は、現時点（2023年1月1日）で解約した場合の金額である。

注2：個人年金保険Cは、据置期間中に被保険者が死亡した場合には、払込保険料相当額が死亡保険金として支払われるものである。

注3：すべての契約において、保険契約者が保険料を全額負担している。

注4：契約者配当および契約者貸付については考慮しないこと。

Ⅳ．その他

上記以外の情報については、各設問において特に指示のない限り一切考慮しないこと。また、復興特別所得税については考慮しないこと。

FPの成田さんは、まず現時点（2023年1月1日）における伊丹家（浩二さんと奈美さん）のバランスシート分析を行うこととした。下表の空欄（ア）に入る数値を計算しなさい。

＜伊丹家（浩二さんと奈美さん）のバランスシート＞　　　　　　　　　（単位：万円）

［資産］		［負債］	
金融資産		住宅ローン	×××
現金・預貯金	×××	自動車ローン	×××
株式・投資信託	×××		
生命保険（解約返戻金相当額）	×××	負債合計	×××
不動産			
土地（自宅の敷地）	×××		
建物（自宅の家屋）	×××	［純資産］	（　ア　）
その他（動産等）	×××		
資産合計	×××	負債・純資産合計	×××

問 36

下記＜資料＞は、浩二さんの2022年（令和4年）分の「給与所得の源泉徴収票（一部省略）」である。＜資料＞を基に、浩二さんの2022年分の課税総所得金額（所得控除を差し引いた後の金額）として正しいものはどれか。なお、浩二さんには、2022年において給与所得以外に申告すべき所得はなく、年末調整の対象となった所得控除以外に適用を受けることのできる所得控除はない。

＜資料＞

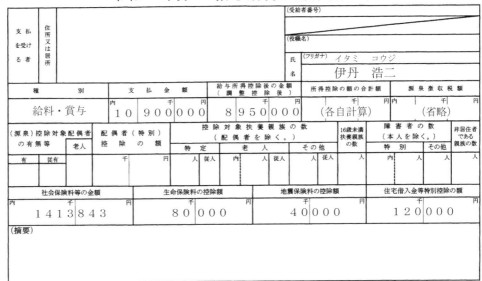

令和4年分　**給与所得の源泉徴収票**

1. 6,816,157円
2. 6,936,157円
3. 7,036,157円
4. 7,416,157円

175

問 37

奈美さんは、2023年2月1日に浩二さんが死亡した場合、民法の規定に基づく法定相続分および遺留分に関して、FPで税理士でもある成田さんに相談をした。成田さんの次の説明の空欄（ア）〜（ウ）に入る適切な語句または数値を語群の中から選び、その番号のみを解答欄に記入しなさい。なお、同じ番号を何度選んでもよいこととする。

「仮に2023年2月1日に浩二さんが死亡した場合、浩二さんの姪である知美さんの法定相続分は（　ア　）です。浩二さんが妻の奈美さんに全財産を相続させる旨の遺言を作成した場合、知美さんの遺留分は（　イ　）です。また、相続税の申告が必要な場合、基礎控除の額は（　ウ　）です。」

<語群>

1．ゼロ	2．1／8	3．1／12
4．1／16	5．1／24	6．1／32
7．3,600万円	8．4,800万円	9．5,400万円

問 38

浩二さんは、国内の証券会社の特定口座（源泉徴収選択口座）で保有していた利付国債が2022年12月に満期を迎え、償還金を受け取った（下記<資料>参照）。この国債の償還金に課される所得税および住民税の合計額を計算しなさい。なお、解答に当たっては、償還の際に支払われる利子については考慮しないこと。また、解答用紙に記載されている単位に従うこととし、復興特別所得税については考慮しないこと。

<資料：利付国債の明細>

額面金額：800万円

購入価格：額面100円につき98.00円（購入時の手数料およびその消費税等については考慮しない）

保有期間：3年間

浩二さんは、自分の老齢年金の受取り方について考えており、FPの成田さんに質問をした。浩二さんの老齢年金に関する次の説明について、空欄（ア）〜（ウ）にあてはまる語句と数値の組み合わせとして、最も適切なものはどれか。

「浩二さんは、1963年11月18日生まれの男性ですので、老齢基礎年金と老齢厚生年金を65歳から受給することになります。

ただし、65歳より早く受給したい場合には、60歳から65歳になるまでの間に支給繰上げの請求をすることができます。この場合、年金額は、0.4％に繰上げ請求月から65歳に達する月の前月までの月数を乗じた率に基づいて減額されます。

なお、支給繰上げの請求は、老齢基礎年金と老齢厚生年金について（　ア　）。

また、65歳より遅く受給し年金額を増やしたい場合には、66歳から（　イ　）歳になるまでの間に支給繰下げの申し出をすることができます。この場合、年金額は（　ウ　）％に65歳に達した月から繰下げ申出月の前月までの月数を乗じた率に基づいて増額されます。

なお、支給繰下げの申し出は、老齢基礎年金と老齢厚生年金について別々に行うことができます。」

1．（ア）別々に行うことができます　　　（イ）70　　（ウ）0.7
2．（ア）別々に行うことができます　　　（イ）75　　（ウ）0.5
3．（ア）同時に行わなくてはなりません　（イ）70　　（ウ）0.5
4．（ア）同時に行わなくてはなりません　（イ）75　　（ウ）0.7

奈美さんは、浩二さんや自分に介護が必要になった場合に備えて、公的介護保険制度について、FPの成田さんに質問をした。公的介護保険の被保険者区分に関する下表の空欄（ア）～（ウ）に入る適切な語句を語群の中から選び、その番号のみを解答欄に記入しなさい。

	第1号被保険者	第2号被保険者
保険者	（　ア　）	
被保険者	（　ア　）に住所を有する（　イ　）以上の者	40歳以上（　イ　）未満の公的医療保険加入者
保険料の徴収	（　ア　）が、原則として年金からの天引きにより徴収	加入先の公的医療保険の保険者が医療保険料と一体的に徴収
保険給付（介護サービス）の対象者	原因を問わず、要介護（要支援）状態と認定された者	（　ウ　）

<語群>

1．国　　　2．都道府県　　　3．市町村および特別区

4．60歳　　5．65歳　　　6．75歳

7．保険給付の対象外

8．身体障害者手帳が交付された人のうち、要介護（要支援）状態と認定された者

9．老化に伴う特定疾病を原因として、要介護（要支援）状態と認定された者

問題編

2022年9月試験（資産設計提案業務）

実 施 日 ◆ 2022年9月11日（日）
試験時間 ◆ 13：30〜15：00(90分)

解答にあたっての注意

・問題数は40問、解答はすべて記述式です。
・択一問題の場合、選択肢の中から正解と思われるものを1つ選んでください。
・語群選択問題の場合、語群の中からそれぞれの空欄にあてはまると思われる語句・数値を選び、語群に記されたとおりに解答用紙の所定の欄に記入してください。また、語群の語句・数値にそれぞれ番号が付してある場合は、その番号のみを記入してください。
・語群のない問題の場合、指示に従い解答用紙の所定の欄に直接正解と思われる語句・数値・記号を記入してください。
・試験問題については、特に指示のない限り、2022年4月1日現在施行の法令等に基づいて解答してください。なお、東日本大震災の被災者等に対する各種特例等については考慮しないものとします。

下記の（問1）、（問2）について解答しなさい。

問 1

◻︎

ファイナンシャル・プランナー（以下「FP」という）が、ファイナンシャル・プランニング業務を行ううえで関連業法等を順守することが重要である。FPの行為に関する次の（ア）～（エ）の記述について、適切なものには○、不適切なものには×を解答欄に記入しなさい。

（ア）社会保険労務士資格を有していないFPが、顧客が持参した「ねんきん定期便」を基に、有償で公的年金の受給見込み額を計算した。

（イ）弁護士資格を有していないFPが、報酬を得て顧客の離婚問題における交渉代理人となり、FP業務の一環として法律的な判断に基づいて相手方との交渉を代行した。

（ウ）投資助言・代理業の登録を受けていないFPが、独自の景気見通しを基に、有償で具体的な投資時期等を判断し、助言を行った。

（エ）税理士資格を有していないFPが、相続対策を検討している顧客に対し、有料の相談業務において、仮定の事例に基づく一般的な解説を行った。

問 2

◻︎

「消費者契約法」に関する次の記述のうち、最も不適切なものはどれか。

1. 消費者が、商品を購入せずに退去したい旨を申し出たが、認められずに困惑して契約した場合で、購入場所が事業者の店舗であるときは、当該契約は取り消すことができる。

2. 「販売した商品は、いかなる理由があっても、後から返品・キャンセルはできません」とした契約条項は無効である。

3. 消費者契約法では、個人および法人を保護の対象としている。

4. 消費者の努力義務として、契約に際して事業者から提供された情報を活用し、契約内容を理解することが求められている。

第2問 下記の（問3）～（問6）について解答しなさい。

問3

下記＜資料＞に関する次の記述のうち、最も不適切なものはどれか。

＜資料＞

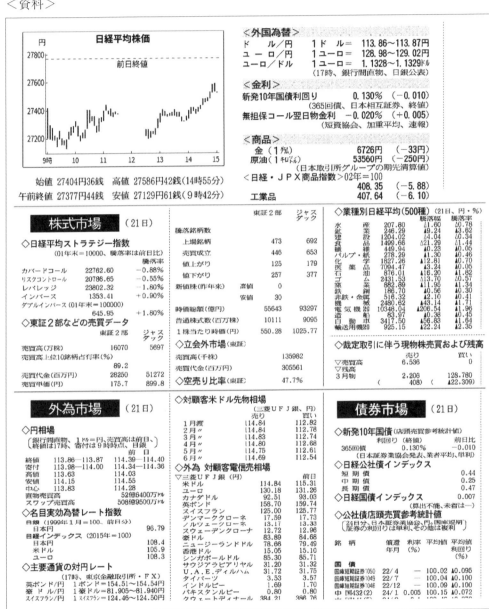

※各項目においてカッコの中で示されている＋、－、▲等は、前営業日との比較

（日本経済新聞朝刊 2022年1月22日（土）21面）

1. 21日の日経平均株価は、前営業日（の終値）に比べてマイナスで推移した。

2. 21日の債券市場では、新発10年国債の価格（終値）は前営業日に比べて下落した。

3. 21日の無担保コール翌日物金利（速報）は、前営業日に比べて上昇した。

4. 21日の外国為替市場の円相場（終値）は、米ドルに対し前営業日より円高であった。

問 4

下記の＜資料＞に関する次の記述のうち、最も不適切なものはどれか。

＜資料＞

販売用資料 円建て新発債券のご案内

ＲＡ株式会社　第２回無担保社債（劣後特約付）

期間：５年　　　利率：年２．５５％（税引前）

募集期間：２０２２年８月２５日～２０２２年９月１４日

【募集要項】
＜発行価格＞額面１００円につき１００円　　＜償還日＞２０２７年９月１５日
＜お申込単位＞１００万円単位　　　　　　　＜格　付＞ＢＢＢ（Ｓ＆Ｐ）
＜受渡日＞２０２２年９月１５日
＜利払日＞毎年３月１５日・９月１５日

（以下省略）

1. この社債は、投資適格債である。

2. この社債は、NISA（少額投資非課税制度）の対象外である。

3. この社債を新規発行で100万円額面購入する場合、100万円に募集手数料を加えた金額を支払う。

4. 一般に劣後特約付債券は、発行体の破産手続きなどが行われる場合、普通社債よりも支払い順位が劣る。

安藤さんは、将来のために、つみたてNISA（非課税累積投資契約に係る少額投資非課税制度）を活用して投資を始めることを検討しており、FPの皆川さんに質問をした。つみたてNISAに関する次の（ア）～（エ）の記述について、適切なものには○、不適切なものには×を解答欄に記入しなさい。

（ア）「つみたてNISAで購入できる金額（非課税投資枠）は年間40万円までで、その年の非課税投資枠の未使用分は翌年以降に繰り越すことができます。」

（イ）「対象商品は長期・積立・分散投資に適した公募株式投資信託と上場株式投資信託（ETF）で、毎月分配型も含まれます。」

（ウ）「一定の投資信託への投資から得られる分配金や譲渡益が、最長20年間非課税となります。」

（エ）「投資信託の分配金のうち、元本払戻金（特別分配金）は元本の払い戻しに相当し、そもそも非課税であり、つみたてNISAの非課税のメリットを享受できません。」

問 6

　2022年5月18日、QZ株式会社（以下「QZ社」という）は、QA株式会社（以下「QA社」という）を吸収合併した。下記＜資料＞は、井川さんが同一の特定口座内で行ったQA社とQZ社の株式取引等に係る明細である。井川さんが2022年9月9日に売却したQZ社の1,000株について、譲渡所得の取得費の計算の基礎となる1株当たりの取得価額として、正しいものはどれか。なお、計算結果について円未満の端数が生じる場合は切り捨てること。

＜資料＞

取引日等	取引種類等	銘柄	株数（株）	約定単価（円）
2020年9月17日	買付	QA社	3,000	2,520
2021年11月5日	買付	QA社	2,000	3,060
2022年5月18日	会社合併比率 QA社：QZ社 1：1.2	—	—	—
2022年9月9日	売却	QZ社	1,000	2,650

※売買手数料および消費税については考慮しないこととする。
※その他の記載のない条件については一切考慮しないこととする。

　　1．2,280円
　　2．2,520円
　　3．2,650円
　　4．2,736円

第 3 問　下記の（問7）～（問10）について解答しなさい。

問 7

建築基準法に従い、下記＜資料＞の土地に耐火建築物を建てる場合、建築面積の最高限度（ア）と延べ面積（床面積の合計）の最高限度（イ）の組み合わせとして、正しいものはどれか。なお、＜資料＞に記載のない条件は一切考慮しないこと。

＜資料＞

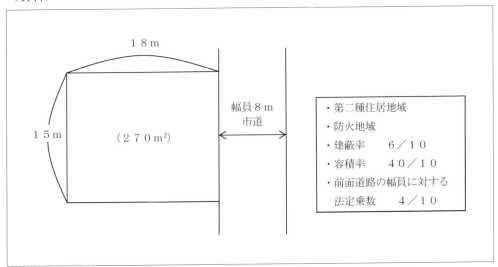

1．（ア）162㎡　　（イ）1080㎡
2．（ア）189㎡　　（イ）　864㎡
3．（ア）162㎡　　（イ）　864㎡
4．（ア）189㎡　　（イ）1080㎡

185

羽田さんは、所有しているアパートを貸すに当たり、FPの近藤さんに借家契約の説明を受けた。借地借家法に基づく借家契約に関する下表の空欄（ア）～（エ）に入る最も適切な語句を語群の中から選び、その番号のみを解答欄に記入しなさい。なお、同じ語句を何度選んでもよいこととする。

		普通借家契約	定期借家契約
契約方法		（ ア ）	（ イ ）
契約の更新		賃貸人に正当事由がない限り更新される	（ ウ ）
契約期間	1年未満の場合	（ エ ）	1年未満の契約期間を定めることもできる
	1年以上の場合	制限はない	制限はない

＜語群＞

1．制限はない　　2．公正証書等の書面による

3．賃貸人に正当事由がない限り更新される

4．期間満了により終了し、更新されない

5．期間の定めのない契約とみなされる　　6．1年の契約期間とみなされる

　飯田さんは、100㎡ほどの土地付き中古一戸建て住宅の購入を検討しており、FPで税理士でもある浅見さんに不動産にかかる税金について質問をした。下記の空欄（ア）～（ウ）に入る適切な語句を語群の中から選び、その番号のみを解答欄に記入しなさい。

浅見さん：「土地や家屋を保有している間は、毎年固定資産税がかかります。また、その住宅が市街化区域内にある場合には、都市計画税もかかります。どちらも固定資産課税台帳登録価格、いわゆる固定資産税評価額に対して、特例が適用される場合は適用し、課税標準を計算します。」

飯田さん：「私が購入を検討している住宅に適用できる特例には、どのようなものがありますか。」

浅見さん：「一戸当たり200㎡以下の小規模住宅用地については、課税標準額を、固定資産税では固定資産税評価額の（　ア　）、都市計画税では固定資産税評価額の（　イ　）とする特例が適用できます。」

飯田さん：「それぞれ税率はどれぐらいですか。」

浅見さん：「固定資産税の税率は、課税標準額に対して（　ウ　）を標準としますが、市町村（東京23区内は都）の条例で異なる税率にすることができ、標準税率を超えることもできます。」

＜語群＞

1．2分の1	2．3分の1	3．5分の1
4．6分の1	5．10分の1	
6．1.0%	7．1.4%	8．3.0%

下記<資料>は、天野さんが購入を検討している投資用マンションの概要である。この物件の表面利回り（年利）と実質利回り（年利）の組み合わせとして、正しいものはどれか。なお、<資料>に記載のない事項については一切考慮しないこととし、計算結果については小数点以下第3位を四捨五入すること。

<資料>

| 購入費用総額：3,000万円（消費税と仲介手数料等取得費用を含めた金額） |
| 想定される収入：賃料　　　月額130,000円 |
| 想定される支出： |
| 　　管理費・修繕積立金　月額 20,000円 |
| 　　管理業務委託費　　　月額　5,000円 |
| |
| 　　火災保険料　　　　　年額 15,000円 |
| 　　固定資産税等税金　　年額 50,000円 |
| 　　修繕費　　　　　　　年額 30,000円 |

1．表面利回り（年利）：5.20％ 実質利回り（年利）：3.88％
2．表面利回り（年利）：5.20％ 実質利回り（年利）：0.40％
3．表面利回り（年利）：4.20％ 実質利回り（年利）：3.88％
4．表面利回り（年利）：4.20％ 実質利回り（年利）：0.40％

下記の（問11）〜（問14）について解答しなさい。

問 11

　　大垣正浩さん（59歳）が保険契約者（保険料負担者）および被保険者として加入している生命保険（下記＜資料＞参照）の保障内容に関する次の記述の空欄（ア）〜（ウ）にあてはまる数値を解答欄に記入しなさい。なお、保険契約は有効に継続し、正浩さんはこれまでに＜資料＞の保険から、保険金・給付金を一度も受け取っていないものとする。また、各々の記述はそれぞれ独立した問題であり、相互に影響を与えないものとする。

＜資料／保険証券1＞

保険証券番号　××－×××××××				保険種類　定期保険特約付終身保険
保険契約者	大垣　正浩　様		保険契約者印	契約日：1999年6月1日 主契約の保険期間：終身 主契約の保険料払込期間：60歳払込満了 保険料払込方法：年12回 保険料払込期月：毎月 社員配当金支払方法：積立配当方式 保険料：××,×××円
被保険者	大垣　正浩　様 契約年齢：36歳　男性 1963年5月1日生		大垣	
死亡保険金受取人	大垣　絵美　様（妻）		受取割合 10割	

ご契約内容

主契約の内容	保険期間	保険金額
終身保険	終身	保険金額　　　　　　　　　500万円

特約の内容	保険期間	保険金額・給付金額
定期保険特約	60歳	保険金額　　　　　　　3,000万円
特定疾病保障定期保険特約	60歳	保険金額　　　　　　　　500万円
傷害特約 （本人・妻型）	60歳	保険金額・給付金額　　　　500万円 ◇不慮の事故や所定の感染症で死亡のとき、災害死亡保険金を支払います。 ◇不慮の事故で所定の障害状態のとき、障害給付金（保険金額の100%〜10%）を支払います。 ◇妻の場合は、本人の災害死亡保険金・障害給付金の6割の金額になります。
災害入院特約 （本人・妻型）	80歳	日額　　　　　　　　　　5,000円 ◇ケガで5日以上継続入院のとき、入院開始日からその日を含めて5日目より入院給付金を支払います。 ◇同一事由の1回の入院給付金支払い限度は120日、通算して700日となります。 ◇妻の場合は、本人の6割の日額になります。
疾病入院特約 （本人・妻型）	80歳	日額　　　　　　　　　　5,000円 ◇病気で5日以上継続入院のとき、入院開始日からその日を含めて5日目より入院給付金を支払います。 ◇病気や不慮の事故で所定の手術を受けたとき、手術の種類に応じて手術給付金（入院給付金日額の10倍、20倍、40倍）を支払います。 ◇同一事由の1回の入院給付金支払い限度は120日、通算して700日となります。 ◇妻の場合は、本人の6割の日額になります。
生活習慣病入院特約 （本人型）	80歳	日額　　　　　　　　　　5,000円 ◇生活習慣病で5日以上継続入院のとき、入院開始日からその日を含めて5日目より入院給付金を支払います。 ◇生活習慣病で所定の手術を受けたとき、手術の種類に応じて手術給付金（入院給付金日額の10倍、20倍、40倍）を支払います。 ◇同一事由の1回の入院給付金支払い限度は120日、通算して700日となります。

裏書事項	
2001年12月1日にリビング・ニーズ特約を中途付加しました。 （死亡保険金額の範囲内で、かつ同一被保険者を通算して3,000万円を限度に保険金を請求できます。なお、傷害特約は、この特約による保険金の支払い対象となりません。） 保険証券番号××－×××××××	承認 ＰＡ生命

<資料／保険証券2>

終身がん保険		保険証券記号番号　○○-○○○○○

保険契約者	大垣　正浩　様 1963年5月1日生　男性	保険契約者印 ㋲大垣	◇契約日 　1999年8月1日
被保険者	大垣　正浩　様 1963年5月1日生　男性		◇主契約の保険期間 　終身
受取人	給付金　大垣　正浩　様 死亡給付金　大垣　絵美　様（妻）	受取割合 10割	◇主契約の保険料払込期間 　終身

◇ご契約内容

がん診断給付金	初めてがんと診断されたとき	100万円
がん入院給付金	1日目から日額	1万円
がん手術給付金	1回につき	20万円
がん死亡給付金	がんによる死亡	20万円
死亡給付金	がん以外による死亡	10万円

◇お払い込みいただく合計保険料

毎回　　△,△△△円

［保険料払込方法］
月払い

・正浩さんが現時点で、網膜剥離（加齢・近視が原因）で8日間継続して入院し、約款所定の手術（給付倍率10倍）を1回受けた場合、保険会社から支払われる保険金・給付金の合計は（　ア　）万円である。

・正浩さんが現時点で、初めてがん（悪性新生物）と診断され、治療のため12日間継続して入院し、その間に約款所定の手術（給付倍率40倍）を1回受けた場合、保険会社から支払われる保険金・給付金の合計は（　イ　）万円である。

・正浩さんが現時点で、交通事故で死亡（入院・手術なし）した場合、保険会社から支払われる保険金・給付金の合計は（　ウ　）万円である。

※約款所定の手術は定期保険特約付終身保険および終身がん保険ともに該当するものである。

下記＜資料＞の個人年金保険に関する次の（ア）～（エ）に関する記述について、適切なものには○、不適切なものには×を解答欄に記入しなさい。なお、青山和也さんが加入している個人年金保険は下記＜資料＞の契約のみとし、契約は有効に継続しており、これまでに契約内容の変更はないものとする。また、保険料はすべて和也さんが負担しており（2022年12月分まで支払い済みとする）、2022年中の配当はないものとする。また、生命保険料控除の金額については、その年分の生命保険料控除額が最も多くなるように計算すること。

＜資料＞

```
［個人年金保険　保険証券（一部抜粋）］

保険契約者：青山　和也　様          契約日：２０１９年９月１日
被保険者：青山　和也　様（契約年齢：３５歳）   保険料払込期間：６０歳払込満了
年金受取人：青山　和也　様          保険料：８，６００円（月払い）
死亡給付金受取人：青山　佐織　様（妻）   ＊税制適格特約付加

◆ご契約内容
基本年金額：３０万円（６０歳年金支払開始・１０年確定年金）
```

＜所得税の生命保険料控除額（速算表）＞

（1）2011年12月31日以前に締結した保険契約（旧契約）等に係る控除額

年間の支払保険料の合計		控除額
	25,000円以下	支払保険料の全額
25,000円超	50,000円以下	支払保険料×1／2＋12,500円
50,000円超	100,000円以下	支払保険料×1／4＋25,000円
100,000円超		50,000円

（2）2012年1月1日以後に締結した保険契約（新契約）等に係る控除額

年間の支払保険料の合計		控除額
	20,000円以下	支払保険料の全額
20,000円超	40,000円以下	支払保険料×1／2＋10,000円
40,000円超	80,000円以下	支払保険料×1／4＋20,000円
80,000円超		40,000円

（注）支払保険料とは、その年に支払った金額から、その年に受けた剰余金や割戻金を差し引いた残りの金額をいう。

（ア）和也さんの2022年分の所得税の個人年金保険料控除額は、40,000円である。

（イ）和也さんが契約日から6年後に解約して一時金で受け取る解約返戻金による所得は、雑所得として課税の対象となる。

（ウ）和也さんが年金受取り開始前に死亡した場合、佐織さんが受け取る死亡給付金は、相続税の課税対象となる。

（エ）和也さんが毎年受け取る年金による所得は、一時所得として課税の対象となる。

問 13

宇野陽平さん（48歳）は、下記＜資料＞の自動車保険に加入している。下記＜資料＞に基づき、FPの布施さんが行った次の（ア）〜（エ）の説明のうち、適切なものには○、不適切なものには×を解答欄に記入しなさい。なお、＜資料＞に記載のない特約については考慮しないものとする。

＜資料＞

自動車保険証券

保険契約者	賠償被保険者
住所　××××　○−○○ 氏名　宇野　陽平　様	（表示のない場合は契約者に同じ）

運転者年齢条件	３５歳以上補償／ ３５歳以上の方が運転中の事故を補償します。

証券番号　××−×××××

保険期間　２０２２年　１月１５日　午後４時から 　　　　　２０２３年　１月１５日　午後４時まで 　　　　　１年間	合計保険料　　△△,△△△円

被保険自動車	
登録番号	東京　○○○　に　××××
車体番号	△△△−△△△△△
車名	×××
用途車種	自家用小型乗用
適用している割増・割引	ノンフリート契約　１２等級
安全装置	エアバッグ　ＡＢＳ

補償種目・免責金額（自己負担額）など		保険金額
車両	免責金額　　１回目　　　０円 　　　　　　２回目　１０万円	一般車両保険（一般条件） １５０万円
対人賠償（１名につき）		無制限
無保険車傷害		人身傷害で補償されます
自損事故傷害		人身傷害で補償されます
対物賠償	免責金額　　　　０円	無制限
人身傷害（１名につき）	搭乗中のみ担保	１億円
搭乗者傷害（１名につき）		補償されません
その他の補償		
弁護士費用特約		補償されます　　３００万円
ファミリーバイク特約		補償されます（対人・対物に同じ）
事故付随費用特約		補償されません

問題編　２０２２・９月

(ア)「陽平さんと同居している陽平さんの長女（21歳・未婚）が被保険自動車を運転中、他人にケガをさせ法律上の損害賠償責任を負った場合、補償の対象となります。」

(イ)「陽平さんが被保険自動車で旅行中に駐車場で落書きをされ、車両保険金のみが支払われた場合、当該事故はノンフリート等級別料率制度における「ノーカウント事故」に該当します。」

(ウ)「陽平さんが被保険自動車を運転中、他人が運転する自動車と衝突し、陽平さんがケガをした場合、過失割合にかかわらず陽平さんの損害に対して保険金を受け取ることができます。」

(エ)「陽平さんが所有する原動機付自転車（50cc）を陽平さんの妻（45歳）が運転中、他人にケガをさせ法律上の損害賠償責任を負った場合、補償の対象となります。」

問 14

　FPの阿久津さんが行った生命保険の指定代理請求特約の説明に関する下記の記述について、空欄（ア）～（エ）に入る語句の組み合わせとして、正しいものはどれか。なお、契約者と被保険者は別人物であるものとし、被保険者と保険金、給付金の受取人は同一人物であるものとする。

・入院給付金や特定疾病保険金、高度障害保険金、リビングニーズ特約の受取人は本来（　ア　）ですが、疾病等により意思表示できない等の特別な事情がある場合、あらかじめ指定した者が指定代理請求人として（　ア　）の代わりに保険金、給付金の請求を行うことができます。

・指定代理請求特約を付加するに当たって特約保険料は（　イ　）。また、指定代理請求人は保険期間の途中で（　ウ　）。

・指定代理請求人は（　ア　）の同意を得て（　エ　）が指定します。

1．（ア）契約者　　　　（イ）必要です　　　（ウ）変更できません　　　（エ）被保険者
2．（ア）被保険者　　　（イ）必要です　　　（ウ）変更できません　　　（エ）契約者
3．（ア）契約者　　　　（イ）不要です　　　（ウ）変更できます　　　　（エ）被保険者
4．（ア）被保険者　　　（イ）不要です　　　（ウ）変更できます　　　　（エ）契約者

問 15

　　会社員の平尾さんは、2022年6月末に勤務先を退職した。平尾さんの退職に係るデータが下記＜資料＞のとおりである場合、平尾さんの退職一時金に係る退職所得の金額として、正しいものはどれか。なお、平尾さんは、勤務先の役員であったことはなく、「退職所得の受給に関する申告書」を適正に提出している。また、退職は障害者になったことに基因するものではない。

＜資料：平尾さんの退職に係るデータ＞

支給される退職一時金	1,300万円
勤続期間	23年3ヵ月

　1．110万円
　2．145万円
　3．220万円
　4．290万円

　　給与所得者の井上純さん（41歳）は、妻の恵さん（40歳）と生計を一にしている。純さんと恵さんの2022年分の所得の状況が下記＜資料＞のとおりである場合、純さんの所得税の計算上、配偶者控除または配偶者特別控除として控除される金額として、正しいものはどれか。なお、記載されている事項以外については、考慮しないものとする。

＜資料＞

井上純さん：給与収入920万円

　　恵さん：パート収入50万円

＜給与所得控除額の速算表＞

給与等の収入金額	給与所得控除額
162.5万円以下	55万円
162.5万円超　180　万円以下	収入金額×40％－10万円
180　万円超　360　万円以下	収入金額×30％＋8万円
360　万円超　660　万円以下	収入金額×20％＋44万円
660　万円超　850　万円以下	収入金額×10％＋110万円
850　万円超	195万円

＜配偶者控除額（所得税）の早見表＞

納税者の合計所得金額	900万円以下	900万円超 950万円以下	950万円超 1,000万円以下
控除対象配偶者	38万円	26万円	13万円
老人控除対象配偶者	48万円	32万円	16万円

<配偶者特別控除額（所得税）の早見表>

配偶者の 合計所得金額 ＼ 納税者の 合計所得金額	900万円以下	900万円超 950万円以下	950万円超 1,000万円以下
48万円超　95万円以下	38万円	26万円	13万円
95万円超 100万円以下	36万円	24万円	12万円
100万円超 105万円以下	31万円	21万円	11万円
105万円超 110万円以下	26万円	18万円	9万円
110万円超 115万円以下	21万円	14万円	7万円
115万円超 120万円以下	16万円	11万円	6万円
120万円超 125万円以下	11万円	8万円	4万円
125万円超 130万円以下	6万円	4万円	2万円
130万円超 133万円以下	3万円	2万円	1万円

1．配偶者控除　　　26万円

2．配偶者控除　　　38万円

3．配偶者特別控除　26万円

4．配偶者特別控除　38万円

山岸健太さん（72歳）の2022年の収入等が下記のとおりである場合、山岸さんの2022年分の所得税における公的年金等控除額として、正しいものはどれか。

＜2022年分の収入等＞

内容	金額
老齢厚生年金および企業年金（老齢年金）（注1）	340万円
生命保険の満期保険金（注2）	650万円
その他の所得金額（注3）	875万円

（注1）老齢厚生年金および企業年金は、公的年金等控除額を控除する前の金額である。

（注2）生命保険は、保険期間30年の養老保険であり、保険契約者・保険料負担者・満期保険金受取人は山岸さんである。保険料の総額は400万円で、満期保険金は一時金で受け取っている。なお、契約者配当については考慮しないこととする。

（注3）全額が公的年金等に係る雑所得以外の所得である。

＜公的年金等控除額の速算表＞

納税者区分	公的年金等の収入金額（A）		公的年金等控除額
			公的年金等に係る雑所得以外の所得に係る合計所得金額1,000万円以下
65歳未満の者		130万円以下	60万円
	130万円超	410万円以下	（A）×25％＋27.5万円
	410万円超	770万円以下	（A）×15％＋68.5万円
	770万円超	1,000万円以下	（A）×5％＋145.5万円
	1,000万円超		195.5万円
65歳以上の者		330万円以下	110万円
	330万円超	410万円以下	（A）×25％＋27.5万円
	410万円超	770万円以下	（A）×15％＋68.5万円
	770万円超	1,000万円以下	（A）×5％＋145.5万円
	1,000万円超		195.5万円

1．110万円

2．340万円×25％＋27.5万円＝112.5万円

3．（340万円＋650万円－400万円）×15％＋68.5万円＝157万円

4．（340万円＋650万円）×5％＋145.5万円＝195万円

問 18

事業所得者である馬場さんは、2022年の事業所得において他の所得と損益通算をしても、なお控除しきれない損失（純損失）が100万円くらい発生しそうである。前年度の所得が1,000万円あったので、FPで税理士でもある藤原さんに相談をした。馬場さんの所得税の申告に関する次の記述の空欄（ア）～（ウ）にあてはまる語句の組み合わせとして、最も適切なものはどれか。

> 一般的な話として、2022年に生じた純損失がある場合、2021年分の所得税について（　ア　）を受けられる制度があります。この制度は、その前年において（　イ　）を提出し、かつ、純損失が生じた年の（　イ　）を提出期限までに提出している場合に限り認められます。馬場さんは所得税の確定申告書（確定損失申告書）を、2023年（　ウ　）に申告することで期限内申告書を提出したことになります。

1．（ア）繰り戻しによる還付　　　（イ）白色申告書または青色申告書
　　（ウ）2月1日から3月15日まで

2．（ア）繰越控除　　　　　　　（イ）青色申告書
　　（ウ）2月1日から3月15日まで

3．（ア）繰り戻しによる還付　　　（イ）青色申告書
　　（ウ）2月16日から3月15日まで

4．（ア）繰越控除　　　　　　　（イ）白色申告書または青色申告書
　　（ウ）2月16日から3月15日まで

第 6 問 　下記の（問19）～（問21）について解答しなさい。

問 19

下記<資料>の宅地（貸家建付地）に係る路線価方式による相続税評価額の計算式として、正しいものはどれか。

<資料>

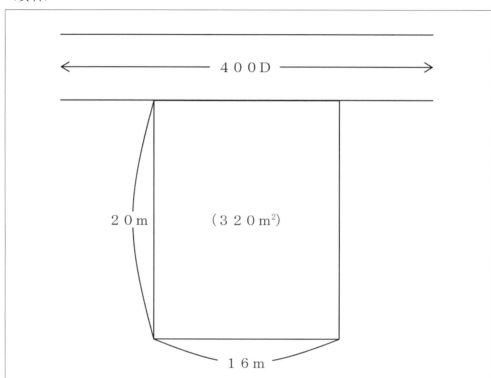

注１：奥行価格補正率　1.00

注２：借地権割合　60%

注３：借家権割合　30%

注４：この宅地には宅地所有者の所有する賃貸アパートが建っており、現在すべて賃貸中となっている。

注５：その他の記載のない条件は一切考慮しないものとする。

1．400,000円×1.00×320㎡

2．400,000円×1.00×320㎡×60%

3．400,000円×1.00×320㎡×（1－60%）

4．400,000円×1.00×320㎡×（1－60%×30%×100%）

　下記の相続事例（2022年8月30日相続開始）における相続税の課税価格の合計額として、正しいものはどれか。なお、記載のない条件については一切考慮しないこととする。

<課税価格の合計額を算出するための財産等の相続税評価額>

土地：4,000万円（「小規模宅地等についての相続税の課税価格の計算の特例」（以下、「小規模宅地等の特例」という）適用後：800万円）

建物：1,000万円

現預金：5,500万円

死亡保険金：2,500万円（生命保険金等の非課税限度額控除前）

債務および葬式費用：1,200万円

<親族関係図>

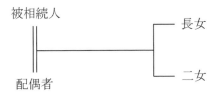

※「小規模宅地等の特例」の適用対象となる要件はすべて満たしており、その適用を受けるものとする。

※死亡保険金はすべて被相続人の配偶者が受け取っている。

※すべての相続人は、相続により財産を取得している。

※相続開始前3年以内に被相続人からの贈与により財産を取得した相続人はおらず、相続時精算課税制度を選択した相続人もいない。また、相続を放棄した者もいない。

※債務および葬式費用は被相続人の配偶者がすべて負担している。

1．7,100万円

2．8,300万円

3．8,600万円

4．10,300万円

　　下記の＜親族関係図＞の場合において、民法の規定に基づく法定相続分に関する次の記述の空欄（ア）～（ウ）に入る適切な語句または数値を語群の中から選び、解答欄に記入しなさい。なお、同じ語句または数値を何度選んでもよいこととする。

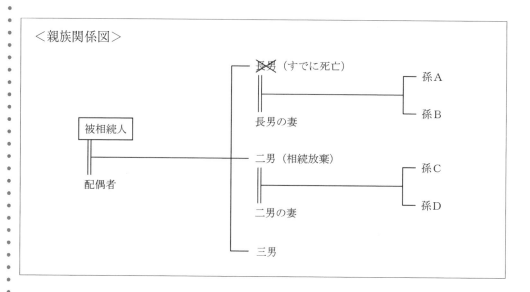

＜親族関係図＞

[相続人の法定相続分]

・被相続人の配偶者の法定相続分は（　ア　）。

・被相続人の孫Cおよび孫Dの各法定相続分は（　イ　）。

・被相続人の三男の法定相続分は（　ウ　）。

＜語群＞

| なし | 1／2 | 1／3 | 1／4 | 1／6 |
| 1／8 | 1／10 | 2／3 | 3／4 | 1／12 |

＜最上家の家族データ＞

氏名	続柄	生年月日	備考
最上　高広	本人	1985年11月9日	会社員
美香	妻	1986年5月16日	会社員
聖菜	長女	2016年8月2日	幼稚園児
太一	長男	2018年4月21日	

＜最上家のキャッシュフロー表＞　　　　　　　　　　　　　　（単位：万円）

経過年数			基準年	1年	2年	3年	4年
西暦（年）			2021年	2022年	2023年	2024年	2025年
家族構成／年齢	最上　高広	本人	36歳	37歳	38歳	39歳	40歳
	美香	妻	35歳	36歳	37歳	38歳	39歳
	聖菜	長女	5歳	6歳	7歳	8歳	9歳
	太一	長男	3歳	4歳	5歳	6歳	7歳
ライフイベント		変動率		住宅ローンの繰上げ返済	聖菜小学校入学		太一小学校入学
収入	給与収入（夫）	1%	418				
	給与収入（妻）	1%	362			（　ア　）	
	収入合計	－	780	788	795		812
支出	基本生活費	*%	283				
	住居費	－	185	185	185	185	185
	教育費	－			40	40	40
	保険料	－	48	48	60	60	60
	一時的支出	－					
	その他支出	*%	60				
	支出合計	－	606		640		653
年間収支		－	174			157	159
金融資産残高		1%	486	556	（　イ　）		1,049

※年齢および金融資産残高は各年12月31日現在のものとし、2021年を基準年とする。

※給与収入は可処分所得で記載している。

※記載されている数値は正しいものとする。

※問題作成の都合上、一部を空欄または＊としている。

問 22

　　最上家のキャッシュフロー表の空欄（ア）に入る数値を計算しなさい。なお、計算過程においては端数処理をせず計算し、計算結果については万円未満を四捨五入すること。

問 23

　　最上家のキャッシュフロー表の空欄（イ）に入る数値を計算しなさい。なお、計算過程においては端数処理をせず計算し、計算結果については万円未満を四捨五入すること。

最上さんは、現在居住している自宅の住宅ローン（全期間固定金利、返済期間35年、元利均等返済、ボーナス返済なし）の繰上げ返済を検討しており、FPの山田さんに質問をした。最上さんが住宅ローンを42回返済後に、100万円以内で期間短縮型の繰上げ返済をする場合、この繰上げ返済により短縮される返済回数を解答用紙に記入しなさい。なお、計算に当たっては、下記＜資料＞を使用し、繰上げ返済額は100万円を超えない範囲での最大額とすること。また、繰上げ返済に伴う手数料等は考慮しないものとし、解答に当たっては、解答用紙に記載されている単位に従うこと。

＜資料：最上家の住宅ローンの償還予定表の一部＞

返済回数 （回）	毎月返済額 （円）	うち元金（円）	うち利息（円）	残高（円）
41	115,592	65,398	50,194	33,397,452
42	115,592	65,496	50,096	33,331,956
43	115,592	65,595	49,997	33,266,361
44	115,592	65,693	49,899	33,200,668
45	115,592	65,791	49,801	33,134,877
46	115,592	65,890	49,702	33,068,987
47	115,592	65,989	49,603	33,002,998
48	115,592	66,088	49,504	32,936,910
49	115,592	66,187	49,405	32,870,723
50	115,592	66,286	49,306	32,804,437
51	115,592	66,386	49,206	32,738,051
52	115,592	66,485	49,107	32,671,566
53	115,592	66,585	49,007	32,604,981
54	115,592	66,685	48,907	32,538,296
55	115,592	66,785	48,807	32,471,511
56	115,592	66,885	48,707	32,404,626
57	115,592	66,986	48,606	32,337,640
58	115,592	67,086	48,506	32,270,554
59	115,592	67,187	48,405	32,203,367
60	115,592	67,287	48,305	32,136,080

下記の（問25）～（問27）について解答しなさい。

下記の係数早見表を乗算で使用し、各問について計算しなさい。なお、税金は一切考慮しないこととし、解答に当たっては、解答用紙に記載されている単位に従うこと。

［係数早見表（年利率1.0％）］

	終価係数	現価係数	減債基金係数	資本回収係数	年金終価係数	年金現価係数
1 年	1.010	0.990	1.000	1.010	1.000	0.990
2 年	1.020	0.980	0.498	0.508	2.010	1.970
3 年	1.030	0.971	0.330	0.340	3.030	2.941
4 年	1.041	0.961	0.246	0.256	4.060	3.902
5 年	1.051	0.951	0.196	0.206	5.101	4.853
6 年	1.062	0.942	0.163	0.173	6.152	5.795
7 年	1.072	0.933	0.139	0.149	7.214	6.728
8 年	1.083	0.923	0.121	0.131	8.286	7.652
9 年	1.094	0.914	0.107	0.117	9.369	8.566
10年	1.105	0.905	0.096	0.106	10.462	9.471
15年	1.161	0.861	0.062	0.072	16.097	13.865
20年	1.220	0.820	0.045	0.055	22.019	18.046
25年	1.282	0.780	0.035	0.045	28.243	22.023
30年	1.348	0.742	0.029	0.039	34.785	25.808

※記載されている数値は正しいものとする。

問 25

倉田さんは、自宅のリフォーム費用450万円をリフォームローンを利用して返済しようと考えている。今後10年間、年利1.0％で毎年借入応当日に元利均等返済をする場合、毎年の返済額はいくらになるか。

問 26

山本さんは、老後の生活資金として、毎年年末に240万円を受け取りたいと考えている。受取期間を25年とし、年利1.0％で複利運用をした場合、受取り開始年の初めにいくらの資金があればよいか。

落合さんは、定年後の世界一周旅行の資金として、15年後に800万円を用意しようと考えている。年利1.0％で複利運用しながら毎年年末に一定額を積み立てる場合、毎年いくらずつ積み立てればよいか。

<設例>

米田正人さんは、民間企業に勤務する会社員である。正人さんと妻の幸子さんは、今後の資産形成や家計の見直しなどについて、FPで税理士でもある浜松さんに相談をした。なお、下記のデータはいずれも2022年9月1日現在のものである。

[家族構成]

氏名	続柄	生年月日	年齢	備考
米田　正人	本人	1988年12月1日	33歳	会社員（正社員）
幸子	妻	1988年11月14日	33歳	会社員（正社員）
翼	長女	2017年9月26日	4歳	保育園児

[収入金額（2021年）]

正人さん：給与550万円（手取り額）。給与収入以外の収入はない。

幸子さん：給与450万円（手取り額）。給与収入以外の収入はない。

[自宅]

賃貸マンションに居住しており、家賃は月額10万円（管理費込み）である。

マイホームとして販売価格4,000万円（うち消費税180万円）のマンションを購入する予定である。

[金融資産（時価）]

正人さん名義

　　銀行預金（普通預金）：150万円

　　銀行預金（定期預金）：600万円

幸子さん名義

　　銀行預金（普通預金）：　50万円

　　銀行預金（定期預金）：500万円

[負債]

正人さんと幸子さんに負債はない。

［保険］

収入保障保険A：年金月額15万円。保険契約者（保険料負担者）および被保険者
　　　　　　　　は正人さん、年金受取人は幸子さんである。

団体定期保険B（加入検討中）：保険金額1,000万円。保険加入者（保険料負担者）
　　　　　　　　　　　　　　　およびは被保険者は幸子さんである。

問 28

　　米田さん夫妻は、2022年11月にマンションを購入する予定である。米田さん夫妻
が＜設例＞のマンションを購入する場合の販売価格のうち、土地（敷地の共有持分）
の価格を計算しなさい。なお、消費税の税率は10%とし、計算結果については万円未
満の端数が生じる場合は四捨五入すること。また、解答に当たっては、解答用紙に記
載されている単位に従うこと。

問 29

　　米田さん夫妻はマンション購入に当たり、夫婦での借入れを検討している。夫婦が
住宅ローンを借りる場合の主な組み方について、FPの浜松さんがまとめた下表にお
ける幸子さんの住宅借入金等特別控除（以下「住宅ローン控除」という）の適用につ
いて、空欄（ア）〜（ウ）にあてはまる語句の組み合わせとして、最も適切なものは
どれか。なお、借入方法以外の住宅ローン控除の適用要件はすべて満たしていること
とする。

| | | ペアローン | 収入合算 | |
			連帯債務	連帯保証
借入人等	正人さん	借入人	借入人	借入人
	幸子さん	借入人	連帯債務者	連帯保証人
住宅ローン控除	正人さん	受けられる	受けられる	受けられる
	幸子さん	（　ア　）	（　イ　）	（　ウ　）

1．（ア）受けられない　　（イ）受けられない　　（ウ）受けられる
2．（ア）受けられない　　（イ）受けられる　　　（ウ）受けられない
3．（ア）受けられる　　　（イ）受けられない　　（ウ）受けられる
4．（ア）受けられる　　　（イ）受けられる　　　（ウ）受けられない

正人さんは、公募投資信託やETF（上場投資信託）、J－REIT（上場不動産投資信託）の購入を検討しており、一般NISA（少額投資非課税制度）についてFPの浜松さんに質問をした。浜松さんが金融商品等について説明する際に使用した下表の空欄（ア）～（ウ）に入る適切な語句の組み合わせとして、最も適切なものはどれか。

	公社債投資信託	株式投資信託	ETF	J－REIT
一般NISAによる非課税の対象	対象にならない	対象になる	（　ア　）	対象になる
金融商品取引所への上場・非上場	非上場	（　イ　）	上場	上場
指値注文	（　ウ　）	できない	できる	できる

1．（ア）対象になる　　　（イ）上場　　　（ウ）できる
2．（ア）対象になる　　　（イ）非上場　　（ウ）できない
3．（ア）対象にならない　（イ）上場　　　（ウ）できない
4．（ア）対象にならない　（イ）非上場　　（ウ）できる

　　正人さんは、契約中の収入保障保険Ａの保障額について、FPの浜松さんに質問をした。浜松さんが説明の際に使用した下記＜イメージ図＞を基に、2022年10月１日に正人さんが死亡した場合に支払われる年金総額として、正しいものはどれか。なお、年金は毎月受け取るものとする。

＜イメージ図＞

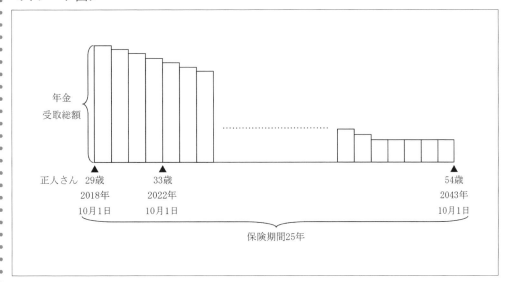

※正人さんは、収入保障保険Ａを2018年10月１日に契約している。

※保険期間は25年、保証期間は５年である。

1．5,400万円

2．4,500万円

3．3,780万円

4．　900万円

正人さんは、2022年8月から病気（私傷病）療養のため休業したことから、健康保険から支給される傷病手当金についてFPの浜松さんに相談をした。正人さんの休業に関する状況は下記＜資料＞のとおりである。＜資料＞に基づき、正人さんに支給される傷病手当金に関する次の記述の（ア）～（ウ）に入る適切な語句を語群の中から選び、その番号のみを解答欄に記入しなさい。なお、正人さんは、全国健康保険協会管掌健康保険（協会けんぽ）の被保険者である。また、記載のない条件については一切考慮しないこと。

＜資料＞

[正人さんの8月の出勤状況]

5日 （金）	6日 （土）	7日 （日）	8日 （月）	9日 （火）	10日 （水）	11日 （木）	12日 （金）	13日 （土）
休業	休業	出勤	休業	出勤	休業	休業	休業	休業

▲
休業開始日

※上記の休業した日については、労務不能と認められている。

・正人さんへの傷病手当金は、（　ア　）より支給が開始される。
・正人さんへ支給される1日当たりの傷病手当金の額は、次の算式で計算される。
　［支給開始日の以前12ヵ月間の各標準報酬月額を平均した額］÷30日×（　イ　）
・傷病手当金が支給される期間は、支給を開始した日から通算して、最長で
　（　ウ　）である。

＜語群＞
1．8月10日　　　　2．8月11日　　　　3．8月13日
4．1／2　　　　　5．2／3　　　　　6．3／4
7．1年間　　　　　8．1年6ヵ月　　　9．2年間

　　正人さんの兄の純也さん（38歳）は、これまで15年間勤務してきた会社を退職し、自営業者として飲食店を開業することを考えている。純也さんは現在、全国健康保険協会管掌健康保険（以下「協会けんぽ」という）の被保険者だが退職後の公的医療保険については、健康保険の任意継続被保険者になることを検討している。協会けんぽにおける任意継続被保険者に関する下図の空欄（ア）～（ウ）に入る適切な語句を語群の中から選び、その番号のみを解答欄に記入しなさい。

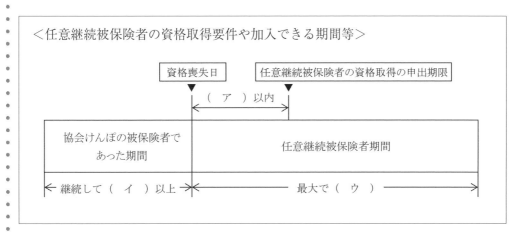

```
＜任意継続被保険者の資格取得要件や加入できる期間等＞
```

<語群>

1．10日	2．14日	3．20日
4．1ヵ月	5．2ヵ月	6．6ヵ月
7．1年間	8．2年間	9．4年間

問 34

正人さんの弟の秀和さん（30歳）は自営業者としてコンサルティング業を営んでおり、老後に備えた資産運用として個人型確定拠出年金（iDeCo）への加入を検討している。個人型確定拠出年金に関する次の（ア）～（エ）の記述について適切なものには○、不適切なものには×を解答欄に記入しなさい。

（ア）加入者が支払った掛金は、その全額が社会保険料控除として、所得控除の対象となる。

（イ）国民年金の第1号被保険者が個人型確定拠出年金と国民年金基金に加入している場合の掛金は、両方を合算して月額68,000円が限度となる。

（ウ）老齢給付金を60歳から受給するためには、60歳に達した時点で通算加入者等期間が15年以上なければならない。

（エ）一時金として受け取った老齢給付金は、退職所得となり、退職所得控除額の適用を受けることができる。

第10問 下記の（問35）～（問40）について解答しなさい。

<設例>

物品販売業（松尾商店）を営む自営業者（青色申告者）の松尾孝一さんは、今後の生活や事業などに関して、FPで税理士でもある沼田さんに相談をした。なお、下記のデータは2022年9月1日現在のものである。

Ⅰ．家族構成（同居家族）

氏名	続柄	生年月日	年齢	備考
松尾　孝一	本人	1966年7月21日	56歳	自営業
祥子	妻	1968年10月11日	53歳	パートタイマー（注1）
亜美	長女	2000年6月21日	22歳	大学生
和人	長男	2004年12月22日	17歳	高校生

注1：祥子さんは株式会社PW工業に勤務している。

Ⅱ．松尾家の親族関係図

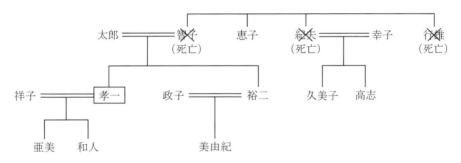

注2：智子さんと紀夫さんは数年前に、行雄さんは2022年8月に死亡している。

Ⅲ. 松尾家（孝一さんと祥子さん）の財産の状況

[資料1：保有資産（時価）]　　　　　　　　　　　　　　　　（単位：万円）

	孝一	祥子
金融資産		
現金および預貯金	2,850	360
投資信託	220	
生命保険（解約返戻金相当額）	［資料3］を参照	［資料3］を参照
事業用資産（不動産以外）（注3）		
商品・備品等	420	
不動産		
土地（店舗兼自宅の敷地）	2,300	
建物（店舗兼自宅の家屋）	3,680	
その他（動産等）	200	100

注3：記載以外の事業用資産については考慮しないこと。

[資料2：負債残高]

住宅ローン：　380万円（債務者は孝一さん。団体信用生命保険付き）

事業用借入：3,820万円（債務者は孝一さん）

[資料3：生命保険]　　　　　　　　　　　　　　　　　　　　（単位：万円）

保険種類	保険契約者	被保険者	死亡保険金受取人	保険金額	解約返戻金相当額
定期保険A	孝一	孝一	祥子	1,000	—
定期保険特約付終身保険B	孝一	孝一	祥子		
（終身保険部分）				200	120
（定期保険部分）				2,000	—
終身保険C	孝一	孝一	祥子	400	280
終身保険D	孝一	祥子	孝一	200	180
終身保険E	祥子	孝一	祥子	300	150

注4：解約返戻金相当額は、現時点（2022年9月1日）で解約した場合の金額である。

注5：終身保険Cには、主契約とは別に保険金額400万円の災害割増特約が付保されている。

注6：すべての契約において、保険契約者が保険料を全額負担している。

注7：契約者配当および契約者貸付については考慮しないこと。

Ⅳ. その他

上記以外の情報については、各設問において特に指示のない限り一切考慮しないこと。

問 35

FPの沼田さんは、まず現時点（2022年9月1日時点）における松尾家（孝一さんと祥子さん）のバランスシート分析を行うこととした。下表の空欄（ア）に入る数値を計算しなさい。

＜松尾家（孝一さんと祥子さん）のバランスシート＞　　　　　　　（単位：万円）

［資産］		［負債］	
金融資産		住宅ローン	×××
現金および預貯金	×××	事業用借入	×××
投資信託	×××		
生命保険（解約返戻金相当額）	×××	負債合計	×××
事業用資産（不動産以外）			
商品・備品等	×××		
不動産			
土地（店舗兼自宅の敷地）	×××	［純資産］	（　ア　）
建物（店舗兼自宅の家屋）	×××		
その他（動産等）	×××		
資産合計	×××	負債・純資産合計	×××

孝一さんは、現在加入している生命保険で十分な保障を得られているか不安を持っている。そこで、自分が交通事故等の不慮の事故で死亡したときに支払われる死亡保険金で負債を全額返済した場合、現金および預貯金がいくら残るのかについて、FPの沼田さんに試算してもらうことにした。この試算に関する沼田さんの次の説明の空欄（ア）に入る金額として、正しいものはどれか。なお、保有している投資信託は含めずに計算すること。

> 「現時点（2022年9月1日時点）で孝一さんが交通事故等の不慮の事故で死亡した場合、孝一さんの死亡により支払われる死亡保険金と松尾家（孝一さんと祥子さん）が保有する現金および預貯金の合計額から、返済すべき負債の全額を差し引いた金額は（　ア　）になります。」

1．3,290万円
2．3,310万円
3．3,690万円
4．3,890万円

孝一さんの父である太郎さんが保有する土地Aおよび土地Bの明細は、下記＜資料＞のとおりである。仮に孝一さんが土地Aおよび土地Bを相続により取得した場合、小規模宅地等に係る相続税の課税価格の計算の特例（小規模宅地等の特例）の適用対象となる面積の上限として、最も適切なものはどれか。なお、太郎さんは、土地Aおよび土地B以外に土地（借地権等を含む）は保有していない。

＜資料＞

土地A
　　面積：220㎡
　　用途：太郎さんの自宅の敷地（自宅家屋も太郎さんが所有）。なお、同居者はいない。
　　取得後の予定：相続税の申告後に売却する予定。
土地B
　　面積：300㎡
　　用途：賃貸アパートの敷地（アパート（建物）も太郎さんが所有）
　　取得後の予定：賃貸アパート経営を継続する予定

```
土地A        土地B
２２０m²     ３００m²
```

1．ゼロ（適用なし）
2．200㎡
3．300㎡
4．420㎡

問 38

孝一さんの弟である裕二さん（53歳）は、父の太郎さん（85歳）と叔母の恵子さん（78歳）から下記＜資料＞の贈与を受けた。裕二さんの2022年分の贈与税額を計算しなさい。なお、太郎さんからの贈与については、2021年から相続時精算課税制度の適用を受けている。また、解答に当たっては、解答用紙に記載されている単位に従うこと。

＜資料＞

> ［2021年中の贈与］
> ・太郎さんから贈与を受けた金銭の額：1,800万円
> ［2022年中の贈与］
> ・太郎さんから贈与を受けた金銭の額：1,500万円
> ・恵子さんから贈与を受けた金銭の額：500万円
> ※2021年中および2022年中に上記以外の贈与はないものとする。
> ※上記の贈与は、住宅取得等資金の贈与ではない。

＜贈与税の速算表＞

（イ）18歳以上の者が直系尊属から贈与を受けた財産の場合（特例贈与財産、特例税率）

基礎控除後の課税価格		税率	控除額
	200万円以下	10%	—
200万円超	400万円以下	15%	10万円
400万円超	600万円以下	20%	30万円
600万円超	1,000万円以下	30%	90万円
1,000万円超	1,500万円以下	40%	190万円
1,500万円超	3,000万円以下	45%	265万円
3,000万円超	4,500万円以下	50%	415万円
4,500万円超		55%	640万円

（ロ）上記（イ）以外の場合（一般贈与財産、一般税率）

基礎控除後の課税価格		税率	控除額
	200万円以下	10%	—
200万円超	300万円以下	15%	10万円
300万円超	400万円以下	20%	25万円
400万円超	600万円以下	30%	65万円
600万円超	1,000万円以下	40%	125万円
1,000万円超	1,500万円以下	45%	175万円
1,500万円超	3,000万円以下	50%	250万円
3,000万円超		55%	400万円

問 39

　　孝一さんは国民年金の第1号被保険者であり、20歳から6年間、国民年金保険料の未納期間がある。このため、今後60歳になるまで国民年金保険料を納付し続けても老齢基礎年金は満額に達しないので、FPの沼田さんに年金額を増やす方法について相談をした。孝一さんの老齢年金に関する次の記述の空欄（ア）～（ウ）にあてはまる数値の組み合わせとして、最も適切なものはどれか。

＜沼田さんの説明＞

「孝一さんが老齢年金の額を増やすには、まず60歳から（　ア　）歳になるまでの間、国民年金に任意加入し、保険料を納付する方法が考えられます。
また、国民年金保険料に加えて付加保険料を納付すると、付加年金を受給することができます。付加年金の受給額は、（　イ　）円に付加保険料を納付した月数を乗じた額となります。
さらに孝一さんが66歳に達した日以降、老齢年金の支給繰下げの申し出をすると、年金額を増やして受給することができます。支給繰下げを申し出た場合の年金額の増額率は、（　ウ　）％に繰り下げた月数を乗じた率となります。」

1．（ア）65　　（イ）200　　（ウ）0.7
2．（ア）65　　（イ）400　　（ウ）0.5
3．（ア）66　　（イ）200　　（ウ）0.5
4．（ア）66　　（イ）400　　（ウ）0.7

問 40

祥子さんは今の職場で長く働き続けたいと考えており、雇用保険制度について、FPの沼田さんに質問をした。沼田さんの次の説明について、空欄（ア）～（ウ）に入る適切な語句を語群から選び、その番号のみを解答欄に記入しなさい。

「パートタイマーとして働いている人も、1週間の所定労働時間が（　ア　）以上で、継続して31日以上雇用される見込みがある人は、雇用保険に加入しなければなりません。

雇用保険の加入年齢に上限はなく、（　イ　）未満の人は一般被保険者とされ、（　イ　）以上の人は高年齢被保険者とされます。

被保険者が失業した場合に支給される求職者給付も、離職したときの年齢により内容が異なります。（　イ　）に達する前に離職した一般被保険者には、離職理由や雇用保険の加入期間により原則として90日～330日にわたる基本手当が支給され、（　イ　）以後に離職した高年齢被保険者には基本手当の30日分または50日分の（　ウ　）が一時金で支給されます。」

<語群>

1．8時間　　　　2．20時間　　　　3．30時間

4．60歳　　　　5．65歳　　　　6．70歳

7．高年齢求職者給付金　　　　8．高年齢雇用継続基本給付金

9．高年齢再就職給付金

解答・解説編

2024年1月試験（資産設計提案業務）

模範解答

第 1 問	
問1	（ア）× （イ）○ （ウ）○ （エ）×
問2	4

第 2 問	
問3	（ア）2 （イ）5 （ウ）7 （エ）10
問4	（ア）× （イ）○ （ウ）○ （エ）×
問5	0.989 （%）
問6	（ア）○ （イ）× （ウ）○

第 3 問	
問7	210 （㎡）
問8	3
問9	1
問10	（ア）× （イ）× （ウ）○ （エ）○

第 4 問	
問11	（ア）22 （万円） （イ）72 （万円） （ウ）30 （万円）
問12	1
問13	（ア）× （イ）○ （ウ）○ （エ）×
問14	3

第 5 問	
問15	1
問16	75 （万円）
問17	（ア）× （イ）× （ウ）× （エ）×

第 6 問	
問18	（ア）1 （イ）4 （ウ）6
問19	4

第 7 問（続き）	
問20	1
問21	2

第 7 問	
問22	595 （万円）
問23	729 （万円）
問24	4

第 8 問	
問25	14,365,000 （円）
問26	1,710,000 （円）
問27	288,000 （円）

第 9 問	
問28	（ア）○ （イ）○ （ウ）× （エ）×
問29	1
問30	3
問31	2
問32	3
問33	（ア）3 （イ）4 （ウ）8
問34	（ア）1 （イ）4 （ウ）8

第 10 問	
問35	12,550 （万円）
問36	2
問37	3
問38	1
問39	2
問40	4

● **試験問題の難易度**（各問題について、ＡＢＣで難易度を判定しています）

A	易しいレベルの問題、点数をとりやすい問題	24問
B	2級の試験として通常レベルの問題	15問
C	難しい問題、新しい傾向の問題	1問

第1問

問 1 正解 （ア）× （イ）○ （ウ）○ （エ）× ［難易度 A］

（ア）不適切。司法書士の独占業務には、登記・供託に関する手続きの代理がある。弁護士は同手続きの代理を含む、法律事務全般を取り扱うことができる。資格を有しない者は不動産の登記申請の代行を行うことはできず、不適切。

（イ）適切。税理士の独占業務である「税理士業務」は、税務代理、税務書類の作成、税務相談を業として行うことである。一般的な税制度の説明や仮定の事例に基づく税金の計算手順の解説は税務相談に該当しないため適切。

（ウ）適切。社会保険労務士の独占業務には、年金事務所や労働基準監督署などに提出する書類の作成、および提出手続きの代行などがある。社会保険労務士の資格を有しない者が報酬を得て独占業務を行ってはならない。設問の内容は独占業務にあたらず、適切。

（エ）不適切。生命保険募集人・保険仲立人の登録を有していない者は、生命保険の募集行為を行ってはならない。設問にある保険募集を目的とする生命保険商品の説明等は募集行為に該当するため、不適切。

問 2 正解 4 ［難易度 B］

1．適切。金融サービス仲介業は、内閣総理大臣の登録を受けた者でなければ行うことができない。

2．適切。金融商品販売業者等は、顧客に対し重要事項について説明をしなければならない場合において当該重要事項について説明をしなかったとき、または不確実な事項について断定的判断の提供等を行ったときは、これによって生じた当該顧客の損害を賠償する責任を負う。

3．適切。金融サービス提供法は幅広い金融商品を対象としており、デリバティブ取引や外国為替証拠金取引（FX）も適用対象となっている。

4．不適切。金融サービス提供法による保護の対象は、個人に限らず、原則として事業者も保護の対象となっている。

第2問

問 3 正解 （ア）2 （イ）5 （ウ）7 （エ）10 ［難易度 B］

（ア）時価表示のGDP（国内総生産）を名目GDP、物価変動（物価の上昇・下落）の影響を取り除いたGDPを「実質」GDPという

（イ）マネーストック統計は、「日本銀行」が毎月発表している。

（ウ）日本銀行の全国企業短期経済観測調査（日銀短観）は、年4回、「四半期ごとに」実施されている（3月、6月、9月、12月に調査を実施）。

（エ）生産、雇用など様々な経済活動での重要かつ景気に敏感に反応する指標の動きを統合することによって、景気の現状把握および将来予測に資するために作成されている指標は「景気動向指数」である。コンポジット・インデックス（CI）とディフュージョン・インデックス（DI）があり、2008年4月分以降はCI中心の公表形態に移行している。

問 4 正解 （ア）× （イ）○ （ウ）○ （エ）× 難易度 A

（ア）不適切。NISA口座内の譲渡損失は、所得税および住民税の計算上ないものと見なされる。このため、その譲渡損失を、課税口座（一般口座や特定口座）で受け取った配当金、分配金、譲渡益等と通算することはできない。損失の繰越控除もできない。

（イ）適切。2023年までの旧NISA制度で投資した商品は、2024年以降の新NISA制度の外枠となり、投資した時点の非課税措置が適用される（別枠で管理される）。旧NISA口座で投資した商品は、新NISA口座に移管することはできないため、非課税期間内に売却するか、非課税期間内に売却しなかったものは課税口座（原則は特定口座、別途の届出により一般口座も可）に移管され、運用が継続されることになる。

（ウ）適切。2024年以降の新NISAでは、成長投資枠で年間240万円、つみたて投資枠で年間120万円まで投資できる。成長投資枠とつみたて投資枠は併用でき、併用した場合、年間360万円までの投資が可能である。ただし、非課税保有限度額（生涯投資枠）が1,800万円と定められており、うち成長投資枠は最大1,200万円までとされている。

（エ）不適切。2024年以降の新NISAのつみたて投資枠の投資対象商品は、つみたてNISAの投資対象商品と同じである。成長投資枠の投資対象商品は、基本的に一般NISAを引き継いでいるが、資産形成に適さない商品は除外されている。具体的には、上場株式については、上場廃止のおそれがある監理銘柄と上場廃止が決まった整理銘柄が対象外となっている。株式投資信託については、①信託期間が20年未満、②毎月分配型、③高レバレッジ型、が対象外となっている。

問 5 正解 0.989（％） 難易度 A

所有期間利回りの計算式は次のとおり。

$$所有期間利回り（％）＝\frac{表面利率＋\dfrac{売却価格－購入価格}{所有期間}}{購入価格}×100$$

本問の場合、表面利率：0.8％、売却価格：98.85円、購入価格：98.00円、所有期間：5年なので、所有期間利回りは次のとおりとなる。

$$所有期間利回り（％）＝\frac{0.8＋\dfrac{98.85－98.00}{5}}{98.00}×100＝0.9897…$$

$$≒0.989（％）（小数点以下第4位切り捨て）$$

問 6 正解 （ア）○ （イ）× （ウ）○ 難易度 B

（ア）適切。YX米国成長株ファンドの税込みの購入時手数料は、＜資料＞より「購入価額の3.3％」である。したがって、10万円購入した場合の税込購入時手数料は、10万円×3.3％＝3,300円となる。

（イ）不適切。運用管理費用（信託報酬）は、信託財産から日々控除される費用であり、基準価額は運用管理費用（信託報酬）を差し引いた後で計算されている。つまり、日々の基準価額に対してマイナスに影響していることになる。

（ウ）適切。投資信託の「その他の費用・手数料」としては、監査費用や株式等の売買委託手数料などが代表的だが、これ以外にも、有価証券を海外で保管している場合に海外の保管機関に支払う費用などがある。また、法定書面等の作成や基準価額の算出等は投資信託委託会社（運用会社）が行う業務だが、これらの費用を運用管理費用（信託報酬）内で賄っている会社と、「その他の費用」として別途投資家の負担としている会社とがある。

　このように「その他の手数料・費用」は、ファンドによって投資者が負担する項目や内容が違うことがある。

第 3 問

問 7 正解 210（㎡） 難易度 B

　建物の建築面積の最高限度を求める場合には、建蔽率を用いて計算する。都市計画区域および準都市計画区域内の建築物の敷地は、原則として建築基準法上の道路（自動車道路のみの交通の用に供する道路等は除かれる）に2m以上接しなければならな

い。

建築基準法上の道路とは、原則幅員4m以上の道路である。ただし、建築基準法が施行された当時すでに存していた幅員4m未満の道路も道路とみなすことにして、建築物の建築を可能とした。設例においては、道路中心線から2mの線が道路境界線とされ、敷地をその分後退しなければならない。これをいわゆるセットバックといい、建築基準法42条2項に規定されている。

甲土地の場合、3m市道の中心に道路の中心線があり、道路中心線から道路境界線まで1.5m（3m÷2）であるため、道路境界線からさらに0.5m（2m－1.5m）後退する必要がある。

建蔽率の上限となる建築面積や容積率の上限となる延べ面積は、セットバックした敷地を基にして決められる。よって、建蔽率の上限となる建築面積や容積率の上限となる延べ面積を求めるにあたっては、10㎡（20m×0.5m）が敷地面積から除かれる。

また、角地や防火地域に耐火建築物を建てる場合などは、建蔽率が緩和されるが、設問の場合、そのような条件はない。

以上より、敷地面積に建蔽率を乗じ、甲土地の建築面積の最高限度を計算する。

（360㎡－10㎡）×6／10＝210㎡

問 8) 正解 3 難易度 A

不動産所得の計算において、必要経費と認められるのは、ローン返済金額のうち利息部分のみであり、元金部分は必要経費として認められない。設問におけるそれ以外の支出および減価償却費は、すべて必要経費として認められるため、不動産所得の金額は、以下のとおりとなる。

126万円 － （23万円（ローン返済利息）＋18,000円（管理費等）＋63,000円（管理業務委託費）＋7,000円（火災保険料）＋125,000円（固定資産税）＋38,500円（修繕費）＋246,000円（減価償却費））＝532,500円

問 9) 正解 1 難易度 B

不動産の譲渡所得は分離課税で、税額は次のようにして計算される。

譲渡価額－（取得費（注1）＋譲渡費用）－特別控除額（注2）＝課税譲渡所得金額

課税譲渡所得金額×税率（注3）＝税額

（注1）取得費が不明のときや実際の取得費が少額のときは、譲渡価額の5％を概算取得費とすることができる。

（注2）居住用財産を譲渡した場合、所有期間の長短にかかわらず、「居住用財産を

譲渡した場合の3,000万円の特別控除の特例」を利用することができる。

（注3）不動産の譲渡所得の場合、譲渡の年の1月1日現在において、所有期間が5年以下なら短期譲渡、5年超なら長期譲渡となり、居住用財産で10年超なら「居住用財産を譲渡した場合の長期譲渡所得の課税の特例（軽減税率の特例）」を受けることができる。それぞれの税率は次のとおり。

	課税譲渡所得金額	所得税	住民税
短期譲渡	―	30%　（30.63%）	9%
長期譲渡	―	15%（15.315%）	5%
10年超所有の居住用財産の譲渡（軽減税率）	6,000万円以下の部分 6,000万円超の部分	10%　（10.21%） 15%（15.315%）	4% 5%

（注）カッコ内は、復興特別所得

設問の場合、

・取得費：4,800万円

・譲渡価額：8,300万円

・譲渡費用：290万円

※居住用財産を譲渡した場合の3,000万円特別控除の特例の適用を受けるものとするとあるので、課税譲渡所得の金額は、次のようになる。

$$\underset{\text{譲渡価額}}{8,300万円} - (\underset{\text{取得費}}{4,800万円} + \underset{\text{譲渡費用}}{290万円}) - \underset{\text{特別控除}}{3,000万円} = 210万円（ア）$$

また、設問の場合、＜資料＞より、譲渡の年の1月1日現在において、所有期間が5年以下となるため、本件譲渡所得の金額は課税短期譲渡所得金額（イ）として扱われる。

問10 正解 （ア）× （イ）× （ウ）○ （エ）○ 　難易度 A

（ア）不適切。最寄駅等までの徒歩所要時間は、道路距離80mにつき1分として計算し、1分未満の端数は必ず切り上げる。よって、徒歩9分の場合の道路距離は640m超720m以下である。

（イ）不適切。壁芯面積は、壁その他の区画の中心線で囲まれた部分の水平投影面積により算出され、登記簿上の内法面積よりも大きくなる。

（ウ）適切。バルコニーは専有部分ではなく共用部分である。

（エ）適切。宅地建物取引業者は売主であり、仲介ではないため、宅地建物取引業者に仲介手数料を支払う必要はない。

第4問

問11 正解 （ア）22（万円）（イ）72（万円）（ウ）30（万円）　難易度 B

井上さんが保険契約者および被保険者として提案を受けている生命保険の保障内容は、次のとおりである。

＜資料／生命保険提案書＞

①就業不能保険	就業不能給付金：30万円
②定期保険	死亡したとき1,000万円
③３大疾病保険	３大疾病保険金：500万円
④軽度３大疾病保険	上皮内がんと診断確定された場合、心疾患・脳血管疾患で公的医療保険対象の手術を受けた場合：50万円
⑤総合医療保険 （一時金タイプ）	総合入院給付金：20万円（１回の入院日数が１日以上） 手術給付金：２万円（所定の公的医療保険対象の手術を受けたとき） 通院給付金：日額3,000円（総合入院給付金が支払われる入院前後に通院したとき・最大30日）

（ア）井上さんが骨折により８日間継続して入院し、その間に約款所定の公的医療保険の対象となる手術を受け、退院から１ヵ月後に肺炎で５日間継続して入院した場合、保険会社から支払われる保険金・給付金の合計額は、以下のとおりとなる。

⑤総合医療保険：＜資料＞の最下部（※２）に、「支払事由に該当する入院を60日以内に２回以上したときは継続した『１回に入院』とみなします。」と記載されている。本事例では60日（１回目の退院後再入院までの１ヵ月を含む）に骨折で８日間、肺炎で５日間入院しているため、１回の入院とみなされ、総合入院給付金は20万円となる。

手術給付金は、所定の公的医療保険の対象となる手術を受けているため、２万円となる。入院日数はいずれも30日以上継続していないため、就業不能給付金は支払われない。

したがって、20万円＋２万円＝22万円となる。

（イ）井上さんが初めて上皮内がん（上皮内新生物）と診断され、治療のため５日間継続して入院し、その間に約款所定の公的医療保険の対象となる手術を１回受けた場合、保険会社から支払われる保険金・給付金の合計額は、以下のとおりとなる。

④軽度３大疾病保障保険：軽度３大疾病保険金50万円

⑤総合医療保険：総合入院給付金は入院日数（５日）が１日以上なので20万円。

229

手術給付金は、公的医療保険の対象となる手術を受けているため、2万円となる。

入院日数は5日（30日未満）であるため、就業不能給付金は支払われない。

したがって、50万円＋20万円＋2万円＝72万円となる。

（ウ）井上さんがケガにより医師の指示に基づき自宅で40日間療養し、当該期間について公的医療保険の在宅患者診療・指導料が算定されている場合、保険会社から支払われる保険金・給付金の合計額は、以下のとおりとなる。

①就業不能保険：＜資料＞最下部の（※1）にある就業不能状態（40日）が30日以上継続している。したがって、就業不能給付金は30万円となる。これ以外の保険金・給付金の支払いはない。

問 12 　**正解　1**　　難易度 B

文章中の（ア）～（エ）にあてはまる適切な語句は、以下のとおりとなる。

・少額短期保険業者が、1人の被保険者について引き受ける死亡保険金額および疾病を原因とする重度障害保険の保険金額の上限はそれぞれ（ア）300万円で、低発生率保険を除いたすべての保険契約の保険金額を合計して1,000万円を超えてはならない。

・保険期間の上限は、生命保険・医療保険が（イ）1年、損害保険は（ウ）2年である。

・保険料は、生命保険料控除・地震保険料控除の対象と（エ）ならない。

最も適切な語句の組み合わせは、1. となる。

問 13 　**正解　（ア）× （イ）○ （ウ）○ （エ）×**　　難易度 B

（ア）不適切。本事例の自動車保険証券には、運転者家族限定割引が適用されており、加瀬さんの友人は被保険者に含まれていない。したがって、加瀬さんの友人が被保険自動車を運転して他人にケガをさせ、法律上の損害賠償責任を負った場合は、補償の対象とならない。

（イ）適切。本事例の自動車保険には一般車両保険が付保されている。被保険自動車が飛び石により窓ガラスが破損して、車両保険のみが支払われた場合は、ノンフリート等級別料率制度における1等級ダウン事故に該当する。その他のケースとして、車へのいたずらや落書き、盗難、台風・竜巻・洪水・高潮による損害などで車両保険からのみ保険金が支払われた場合が該当する。

なお、他人の車との衝突、自損事故、当て逃げなどにより修理し、車両保険

から保険金が支払われた場合は、3等級ダウン事故に該当する。

（ウ）適切。本事例の自動車保険には人身傷害保険が付保されている。これは、被保険者の過失割合にかかわらず、被保険自動車の運転中の事故におけるケガによる損害額を補償し、治療費用等による損害額に相当する保険金が、所定の保険金額を上限に、事故の相手との示談を待たずに支払われる。よって本肢のケースでは、加瀬さんは過失割合にかかわらず治療費用の補償を受けることができる。

（エ）不適切。本事例の自動車保険にはファミリーバイク特約が付保されている。40歳の加瀬さんの妻は、家族限定の被保険者であり、運転者年齢条件を満たしているため、加瀬さんが所有する原動機付自転車を加瀬さんの妻が運転中に対人事故を起こした場合、補償の対象となる。

問 14　正解　3　難易度 A

生命保険料控除額を問う設問である。設問の＜所得税の生命保険料控除額の速算表＞にあるように、生命保険料控除は、2011年12月31日以前に締結した保険契約（旧契約）等に係る控除額と、2012年1月1日以後に締結した保険契約（新契約）等に係る控除額とでは算式が異なる。

羽田涼介さんが2023年中に保険料を支払った終身保険は契約日が2010年5月1日であるため旧契約扱いとなり、2023年の年間支払保険料は129,600円なので、生命保険料控除額は50,000円と算定される。

一方、2023年中に保険料を支払った終身医療保険は契約日が2019年3月1日であり、新契約扱いとなる。2023年の年間支払保険料は75,120円なので、生命保険料控除額は、

$$75,120円 \times \frac{1}{4} + 20,000円 = 38,780円$$

と算定される。よって、

50,000円（旧契約分）＋38,780円（新契約分）＝88,780円

が、生命保険料控除額として、正しい。

第 5 問

問 15　正解　1　難易度 A

総所得金額を問う設問である。設問や＜資料＞によると、西山さん（67歳）の収入の内容は老齢基礎年金：70万円、遺族厚生年金：110万円、生命保険の満期保険金（一時金）250万円であるので、それぞれの取扱いについてみていくことにする。

まず、老齢基礎年金70万円であるが、これは公的年金等にかかる雑所得の区分にあ

てはめて所得金額を計算する。西山さんの年齢が67歳であることを考慮すると、＜公的年金等控除額の速算表＞の資料の330万円以下に該当するので、公的年金等にかかる雑所得の金額を求める算式は以下のようになる。

70万円（公的年金等の収入金額）－110万円（公的年金等控除額）

結果、老齢基礎年金に係る公的年金等にかかる雑所得の金額はない。

また、遺族厚生年金110万円を得ているが、国民年金法、厚生年金保険法等に基づく遺族年金や遺族恩給には所得税が課されないので総所得金額に算入すべき所得はない。

最後に生命保険の満期保険金（一時金）250万円の取扱いであるが、これについての資料の注記に「保険期間20年、保険契約者および満期保険金受取人は西山さん」とあり、かつ、西山さんが全額負担している既払込保険料は160万円であることが与えられているので、一時所得の算式にあてはめることになる。

250万円（総収入金額）－160万円（収入を得るために支出した金額）－50万円（特別控除額）＝40万円（一時所得の金額）

ただし、総所得金額に算入するための一時所得の金額は上記算式に$\frac{1}{2}$が乗じられるため、40万円（一時所得の金額）$\times \frac{1}{2}$＝20万円（総所得金額に算入される一時所得の金額）となる。

したがって、最終的に総所得金額となるのは

0円（公的年金等にかかる雑所得の金額）＋20万円（総所得金額に算入される一時所得の金額）＝20万円

となる。

問 16　　正解　75（万円）　　難易度 B

必要経費に算入すべき減価償却費の金額を問う設問である。対象となる減価償却資産は、2023年4月1日に取得したものの、事業の用に供したのは2023年10月1日である建物である。法定耐用年数は25年。償却率は定額法、定率法ともに与えられているが1998年4月1日以後に取得した建物の償却方法は定額法とされているので、定額法（償却率0.040）で償却する。また、減価償却の始点については、事業の用に供した日であるので、2023年分の減価償却の対象月は10月から12月までの3ヵ月間となる。結果、次のように算出される。

7,500万円$\times 0.040 \times \dfrac{3ヵ月}{12ヵ月}$＝75万円

問 17 正解 （ア）× （イ）× （ウ）× （エ）× 〔難易度 A〕

　役員等以外の退職所得の仕組みについて問う設問である。適否の理由については以下のとおり。

（ア）不適切。退職所得控除額の計算に当たり、勤続年数に1年未満の端数がある場合、その端数は切り上げて勤続年数を計算する。このように処理することによりわずかながらも納税者有利の処理となる。

（イ）不適切。勤続年数30年で退職した場合の退職所得控除額は、勤続年数20年以下は毎年40万円、勤続年数20年を超える部分は70万円で算定されるので、800万円＋70万円×（勤続年数－20年）という算式により計算する。

（ウ）不適切。退職所得の金額は、勤続年数が5年以下である場合、退職金の額から退職所得控除額を差し引いた額のうち300万円を超える部分については、計算式の2分の1は考慮されない。

（エ）不適切。退職一時金を受け取り「退職所得の受給に関する申告書」を提出した場合、勤続年数に応じた退職所得控除額等が考慮された退職所得に対して所得税・住民税が源泉徴収されるので、原則として確定申告する必要はない。

第6問

問 18 正解 （ア）1 （イ）4 （ウ）6 〔難易度 A〕

（ア）被相続人の孫Aおよび孫Bの各法定相続分は、ゼロである。相続放棄をした者は、その相続に関しては最初から相続人ではなかったことになるため、放棄者の子に代襲相続は発生しない。

（イ）被相続人の配偶者の法定相続分は1／2なので、遺留分はその半分の1／4となる。

（ウ）被相続人の孫C（代襲相続人）の法定相続分は、二男の法定相続分である1／4で、遺留分はその半分の1／8となる。

問 19 正解 4 〔難易度 A〕

　貸家建付地の評価は、「路線価×奥行価格補正率×地積×（1－借地権割合×借家権割合×賃貸割合）」にて算出する。資料の土地は290Dと路線価が示されているが、これは土地1㎡当たりの価格が290,000円で、借地権割合が60％であることを示している。また、注4に「現在すべて賃貸中」とあるため、賃貸割合は100％、よって、選択肢4が正解となる。

問 20 　正解　1　　難易度 A

相続税の課税価格の合計額は、以下の合計となる。

- 土　　地　：小規模宅地等の特例適用後1,400万円
- 建　　物　：　　1,000万円
- 現預金　：　　3,200万円
- 死亡保険金：　　　300万円（※）
- 債務控除　：▲1,200万円
- 合　　計　：　　4,700万円

（※）生命保険金等の非課税限度額は、法定相続人が３人（配偶者、長男、長女）で
　　　500万円×３人＝1,500万円なので、相続税の課税価格に含まれる死亡保険金の
　　　額は、1,800万円－1,500万円＝300万円

問 21 　正解　2　　難易度 C

（ア）配偶者居住権は、遺贈により、配偶者に取得させることが<u>できる</u>。この場合、
　　　相続が発生した時点でその建物に配偶者が居住していたことが必要である。

（イ）配偶者居住権を有する者が死亡した場合、配偶者居住権は、その者の相続に係
　　　る相続財産と<u>ならない</u>。配偶者の死亡により存続期間は終了し、第三者に譲渡
　　　することもできない。

（ウ）配偶者居住権の存続期間は、原則として<u>配偶者の死亡時</u>までとされる。ただし、
　　　一定期間（10年、20年まで）を定めることも可能である。

（エ）配偶者居住権を取得した者はその建物の所有者に対して、配偶者居住権の登記
　　　を請求することが<u>できる</u>。なお、配偶者居住権は配偶者の居住を目的とする権
　　　利なので、配偶者が家族や家事使用人と同居することも可能である。

第 7 問

問 22 　正解　595（万円）　　難易度 A

４年後の基本生活費を求める問い。

（ア）＝572万円×（１＋0.01）^{4} ≒595.2254→ <u>595</u>万円（万円未満を四捨五入）

問 23 　正解　729（万円）　　難易度 A

２年後の金融資産残高を求める問い。

当年の金融資産残高＝前年の金融資産残高×変動率＋当年の年間収支

したがって、

$$（イ）＝781万円×（1＋0.01）＋（763万円－823万円）$$
$$＝788.81万円－60万円$$
$$＝728.81万円→\underline{729万円}（万円未満を四捨五入）$$

問 24　正解　4　難易度 B

1．不適切。父母がいる場合は、原則として父母を生計維持者とみなす。

2．不適切。給付型奨学金の「予約採用」の学力基準は、「高等学校等における全履修科目の認定平均値が、5段階評価で3.5以上であること」とされるが、それだけでなく、進学先における学習意欲を有することが面談やレポート提出で確認できれば対象となる。

3．不適切。貸与型奨学金では、無利息の「第一種」と利息が付く「第二種」がある。そのため、審査基準は「第二種」よりも「第一種」の方が厳しめとなっている。

4．適切。設問のとおりで、「第一種」と「第二種」を併用することは可能である。

第 8 問

問 25　正解　14,365,000（円）　難易度 A

終価係数の「10年」を使用する。
13,000,000円×1.105＝\underline{14,365,000円}

問 26　正解　1,710,000（円）　難易度 A

資本回収係数の「25年」を使用する。
38,000,000円×0.045＝\underline{1,710,000円}

問 27　正解　288,000（円）　難易度 A

減債基金係数の「10年」を使用する。
3,000,000円×0.096＝\underline{288,000円}

第 9 問

問 28　正解　（ア）○　（イ）○　（ウ）×　（エ）×　難易度 A

（ア）適切。納税者が一般の生命保険料、介護医療保険料および個人年金保険料を支払った場合には、一定の金額の所得控除を受けることができる。これを生命保険料控除というが、収入保障保険の保険料を支払った場合、一般の生命保険料

控除に該当し、所得控除を算定する。

（イ）適切。医療費を支払ったことにより受けられる医療費控除は、所得控除として、一定金額を所得金額から差し引くことができる。

（ウ）不適切。納税者がふるさと納税をしたことにより受けられる寄附金控除は、住民税では税額控除として差し引くのであるが、所得税では所得控除として、一定金額を所得金額から差し引くことができる。

（エ）不適切。雑損控除は、所得控除として、一定金額を所得金額から差し引くことができるのであるが、雑損控除の対象となる原因は災害、盗難、横領に限られ、詐欺や恐喝の場合には、雑損控除の対象とはならない。

問 29 　正解　1　難易度 A

1．不適切。財形年金貯蓄の契約締結は、満「55」歳未満の勤労者に限られている。

2．適切。財形年金貯蓄の要件として、「5」年以上の期間にわたって定期的に積立を行うこと、がある。

3．適切。財形年金貯蓄の貯蓄型の非課税限度額は、財形住宅貯蓄と合算して元利合計「550」万円までである。財形年金貯蓄の保険型の非課税限度額は、払込保険料累計額385万円まで、かつ財形住宅貯蓄と合算して払込保険料累計額「550」万円までである

4．適切。財形年金貯蓄の目的外の払出時の原則的取扱いは、貯蓄型は過去「5」年間に支払われた利息について、さかのぼって所得税および住民税が源泉徴収される（5年の遡及課税）。

問 30 　正解　3　難易度 A

1．適切。個人向け国債は、原則として、発行から1年経過すればいつでも中途換金ができる。発行後1年未満の中途換金は、保有者本人が死亡した場合、または災害救助法の適用対象となった大規模な自然災害により被害を受けた場合に限られる。

2．適切。個人向け国債は、全額、または額面1万円単位で一部の中途換金ができる。

3．不適切。個人向け国債は政府が額面金額で中途換金に応じるので、値上がり・値下がりといった価格変動リスクはない。

4．適切。個人向け国債を中途換金する場合の換金額は、原則として、額面金額と経過利子相当額から中途換金調整額を差し引いた額となる。中途換金調整額は、「直前2回分（半年ごと利払いなので過去1年分）の税引き前の各利子相当額×0.79685」となる。

問31 正解 **2** 　難易度 B

定期保険の解約返戻金は保険期間の経過とともに増加していくが、保険期間の後半でピークを迎え、その後減少していき、保険期間満了時にゼロとなる。したがって、定期保険Aの解約返戻金相当額の推移に係る図は2．である。

なお、1．は個人年金保険（10年確定年金）、3．は養老保険、4．は終身保険における解約返戻金相当額の推移を示したものである。

問32 正解 **3** 　難易度 B

1．適切。リビング・ニーズ特約に保険料はかからない。

2．適切。リビング・ニーズ特約は、医師により被保険者の余命が6ヵ月以内と診断された場合に、死亡保険金の一部または全部を生前に受け取れる特約である。保険料払込期間中に保険金の一部が支払われたことにより保険金額が減額された場合は、保険期間の残存期間の保険料はそれに応じて少なくなる。

3．不適切。リビング・ニーズ特約の請求により被保険者が受け取った生前給付金は、傷病を原因とする給付金となり、非課税である。

4．適切。リビング・ニーズ特約により請求できる金額は、一般的に、保険金額の範囲内で1被保険者当たり3,000万円が限度である。なお、実際に受け取れる金額から、受け取る保険金額に対応する利息と、6ヵ月分の保険料が差し引かれる。

問33 正解 （ア）**3** （イ）**4** （ウ）**8** 　難易度 B

・耕治さんへの傷病手当金は、（ア　3．1月21日）より支給が開始される。

・耕治さんへ支給される傷病手当金の額は、1日当たり（イ　4．9,000円）である。

・耕治さんに同一の疾病に係る傷病手当金が支給される期間は、支給を始めた日から通算して（ウ　8．1年6ヵ月間）である。

【解説】

（ア）について

健康保険の傷病手当金は、被保険者が病気やけがのために働くことができず、休業した日が連続して3日間あったうえで、4日目以降、休業した日に対して支給される。

したがって、耕治さんへの傷病手当金は、1月18日から連続して3日間休業したあとの、4日目に当たる1月21日より支給が開始される。

（イ）について

耕治さんへ支給される傷病手当金の額は、【支給開始月以前の直近の継続した12ヵ月間の各月の標準報酬月額の平均額】 $\times \dfrac{1}{30} \times \dfrac{2}{3}$ で計算することができる。

ただし、休業した日について、給与の支払いがある場合、傷病手当金は支給されない。なお、その給与の日額が、傷病手当金の日額より少ない場合、傷病手当金と給与の差額が支給される。

耕治さんへ支給される1日当たりの傷病手当金の額は、$540,000 円 \times \dfrac{1}{30} \times \dfrac{2}{3} = 12,000$ 円であるが、休業した日について1日当たり3,000円の給与が支給されている。

したがって、耕治さんへ支給される傷病手当金の額は、1日当たりの傷病手当金の額12,000円から1日当たりの給与の額3,000円を差し引い額となるため、1日当たり支給される傷病手当金の額は、9,000円となる。

（ウ）について

傷病手当金は、病気やけがで休んだ期間のうち、最初の3日を除き（これを「待期」という。）4日目から支給される。

法改正により、2022年1月1日以降、支給期間は、支給を開始した日から通算して1年6ヵ月になった。したがって、耕治さんに同一の疾病に係る傷病手当金が支給される期間は、支給を始めた日から通算して1年6ヵ月間である。

問 34 正解 （ア）1 （イ）4 （ウ）8 　難易度 A

・基本手当を受給する場合、離職後、住所地を管轄する公共職業安定所（ハローワーク）において求職の申込みをしたうえで、勤務先から受領した（ア　1．離職票）を提出しなければならない。

・耕治さんが受給することができる基本手当の所定給付日数は（イ　4．120日）であり、求職の申込みをした日から7日間の待期期間および原則として（ウ　8．2ヵ月）の給付制限期間を経て支給が開始される。

【解説】

（ア）について

雇用保険の基本手当を受給するには、ハローワークに出向き、求職の申込みをしたうえで、勤務先から受領した離職票を提出しなければならない。

離職票は、「雇用保険被保険者離職票」といい、離職したことを公的に証明する書類のことである。離職票には、勤務先の情報、雇用保険被保険者番号、加入期間、賃金支払状況、退職理由等が記載されている。離職票にしたがって、基本手当の受給資格の有無、受給期間等を決定する。

離職票は、離職した勤務先で退職後、1～2週間ほどで発行される。

（イ）について

自己都合退職や定年退職等の場合には、一般の受給資格者に該当する。耕治さんは、

自己都合による退職のため、一般の受給資格者で基本手当の所定給付日数は、被保険者として雇用された期間が10年以上20年未満のため、<u>120日</u>となる。

（ウ）について

正当な理由がなく自己都合により退職し、基本手当の受給を申請した場合、7日間の待期期間経過後、2020年10月1日以降に離職した人は、5年間のうち2回までは給付制限期間が2ヵ月となる。さらに3回目以降は、給付制限期間が3ヵ月となる。

したがって、耕治さんは、7日間の待期期間経過後、原則として<u>2ヵ月</u>の給付制限期間を経て支給が開始される。

第10問

問35　正解　12,550（万円）　難易度 A

資料より、バランスシートを作成する。

＜池谷家（雅之さんと博子さんのバランスシート）＞

［資産］		［負債］	
金融資産		住宅ローン	680万円
現金・預貯金	4,420万円	自動車ローン	70万円
株式・投資信託	1,350万円		
生命保険	620万円	負債合計	750万円
（解約返戻金相当額）			
不動産			
土地（自宅の敷地）	6,000万円	［純資産］	（ア）12,550万円
建物（自宅の家屋）	520万円		
その他（動産等）	390万円		
資産合計	13,300万円	負債・純資産合計	13,300万円

純資産（ア）＝資産－負債　であることから、

13,300万円－750万円＝<u>12,550万円</u>

問36　正解　2　難易度 B

源泉徴収票の記載内容をもとに、博子さんの夫の雅之さんが2023年分の所得税の計算において、適用を受けることのできる配偶者特別控除の額を問う設問である。設問には、博子さんには、RX株式会社からの給与以外に申告すべき所得はない旨が記載されているので、給与所得金額がそのまま合計所得金額となり、これをもとに配偶者

特別控除の額を判定する。

給与所得者の場合、収入金額から給与所得控除額を差し引いたものが給与所得金額となるのであるが、博子さんのRX株式会社からの給与収入は1,880,000円であることが源泉徴収票から読み取れるので、給与所得金額は収入金額×30％＋8万円の算式をあてはめて算定する。

よって、博子さんの給与所得金額は、以下のように算定される。

1,880,000円（給与収入金額）－｛1,880,000円×30％＋8万円｝＝1,236,000円

これを、＜配偶者特別控除額（所得税）の早見表＞にあてはめると、「120万円超125万円以下」にあてはまるので、博子さんの夫の雅之さんに適用できる配偶者特別控除の金額は11万円と算定される。

問37 正解 3 難易度 A

3．が正しい。

投資信託の譲渡所得は、「譲渡による収入金額－取得費」により求められる。取得費は購入時手数料を加えたものとなる。本問の場合、購入時の基準価額が1万口当たり8,950円、購入時手数料が2.2％なので、1万口当たりの取得費は、8,950円＋8,950円×0.022（2.2％）＝9,146.9円となる。

1万口につき9,146.9円で取得したRRファンドを、1万口につき9,752円の基準価額で120万口解約したので、譲渡所得は

$$\frac{9,752円 - 9,146.9円}{1万口} \times 120万口 = 72,612円、となる。$$

問38 正解 1 難易度 B

1．が正しい。

同じ投資信託を異なる基準価額で追加購入した場合の個別元本は、「（追加購入前の個別元本×追加購入前の保有口数＋追加購入時の基準価額×追加購入口数）÷（追加購入前の保有口数＋追加購入口数）」で求められる。なお、個別元本の計算に当たっては、購入時手数料は考慮に入れないが、元本払戻金（特別分配金）が支払われると、そのつど、個別元本は元本払戻金（特別分配金）の分だけ下方に修正される。

本問の場合、RQファンドを2021年5月に1万口当たり10,000円の基準価額で250万口購入しているので、当初の個別元本は10,000円（1万口当たり）である。その後、2022年9月に100万口売却したので、この時点での保有口数は150万口となっている（＝追加購入前の個別元本10,000円、追加購入前の保有口数150万口）。2023年3月に1万口当たり12,000円の基準価額で50万口購入したので、2023年末時点における個別元本

（1万口当たり）は次のようになる。

$$\frac{\dfrac{10,000円}{10,000口}\times150万口+\dfrac{12,000円}{10,000口}\times50万口}{150万口+50万口}\times10,000口$$

$$=\frac{1,500,000円+600,000円}{200万口}\times10,000口$$

$$=10,500円$$

問 39　正解　2　難易度 A

在職老齢年金制度とは、60歳以降に厚生年金保険に加入しながら受け取る「老齢厚生年金」または「特別支給の老齢厚生年金」について、老齢厚生年金の額（基本月額）と給与や賞与の額（総報酬月額相当額）の合計額によって、年金額の一部または全額が支給停止となる仕組みである。

＜資料＞により、雅之さんの給与、賞与、年金額は、次のとおりである。

・65歳以降の給与（標準報酬月額）38万円

・65歳以降の賞与（1年間の標準賞与額）108万円　※6月と12月にそれぞれ54万円

・老齢厚生年金の受給額（年額）120万円、老齢基礎年金の受給額（年額）78万円

［在職老齢年金に係る計算式］に雅之さんの給与、賞与、年金額を入れて計算する。

なお、老齢基礎年金については、在職老齢年金の計算の対象外である。

基本月額　　　　：老齢厚生年金（報酬比例部分）120万円÷12＝10万円

総報酬月額相当額：その月の標準報酬月額38万円＋（その月以前の1年間の標準賞与額の合計108万円÷12）＝47万円

支給停止額　　　：（基本月額10万円＋総報酬月額相当額47万円－48万円）× $\dfrac{1}{2}$ ＝45,000円

支給調整後の老齢厚生年金の受給額（年額）：

（基本月額10万円－支給停止額45,000円）×12＝<u>660,000円</u>

したがって、雅之さんが受給できる老齢厚生年金の額は、年額<u>660,000円</u>である。

なお、支給停止額の計算で用いている48万円（支給停止調整額）は、2024年度から50万円に引き上げられている。本問は2023年10月1日現在施行の法令等に基づいて解答するものとされているため、支給停止調整額は48万円で計算している。

「博子さんがパートタイマーとしてPE株式会社で働く場合、週の所定労働時間および月の所定労働日数が通常の労働者の（ア　（ア）4分の3）以上となるときは、健康保険の被保険者とされます。

　また、健康保険の被扶養者となるには、主に被保険者の収入により生計を維持していること および原則として日本国内に住所を有していることが必要です。生計維持の基準としては、被扶養者となる人が被保険者と同一世帯に属している場合、原則として、被扶養者となる人の年間収入が（イ　（イ）130）万円未満（60歳以上の者や一定の障害者は＊＊＊万円未満）で、かつ、被保険者の収入の（ウ　（ウ）2分の1）未満であることとされています。」

【解説】

（ア）について

　健康保険・厚生年金保険の被保険者資格の取得基準は、週の所定労働時間および月の所定労働日数が通常の労働者の4分の3以上となっている。

　パートタイマーやアルバイトであっても、事業所と常用的使用関係にある場合は、被保険者となる。

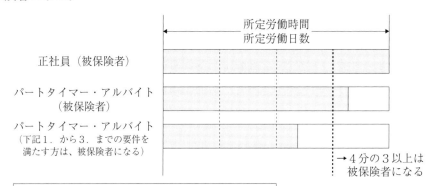

（出典：日本年金機構）

（イ）と（ウ）について

　生計維持関係は生活の実態に合わせて判定する。

同一世帯の有無	収入要件
認定対象者が被保険者と同一世帯	認定対象者の年間収入が<u>130万円未満</u>（認定対象者が60歳以上または障害者の場合は年間収入が180万円未満）であって、かつ、被保険者の年間収入の<u>2分の1</u>未満であること（注）
認定対象者が被保険者と同一世帯に属していない	認定対象者の年間収入が130万円未満（認定対象者が60歳以上または障害者の場合は年間収入が180万円未満）、かつ、原則として被保険者のからの援助（仕送り）による収入額より少ないこと

（注）認定対象者の年間収入が130万円未満（認定対象者が60歳以上または障害者の場合は年間収入が180万円未満）であって、かつ、被保険者の年間収入を上回らない場合は、その被保険者に生計が維持されていると認められれば被扶養者となることができる。

解答・解説編

2023年9月試験（資産設計提案業務）

模範解答

第 1 問	
問1	（ア）○ （イ）× （ウ）× （エ）○
問2	1

第 2 問	
問3	2
問4	（ア）1 （イ）10 （ウ）6 （エ）2
問5	4
問6	1

第 3 問	
問7	3
問8	3
問9	（ア）2 （イ）6 （ウ）7 （エ）11
問10	（ア）× （イ）× （ウ）○ （エ）○

第 4 問	
問11	2
問12	（ア）33（万円） （イ）580（万円） （ウ）1,900（万円）
問13	（ア）× （イ）○ （ウ）× （エ）○
問14	（ア）× （イ）○ （ウ）× （エ）○

第 5 問	
問15	3
問16	45（万円）
問17	1
問18	1

第 6 問	
問19	1

問20	（ア）2 （イ）5 （ウ）7
問21	4

第 7 問	
問22	518（万円）
問23	396（万円）
問24	1,136（万円）

第 8 問	
問25	46,454,400（円）
問26	3,219,400（円）
問27	244,500（円）

第 9 問	
問28	3
問29	4
問30	5,110（円）
問31	（ア）○ （イ）× （ウ）× （エ）○
問32	4
問33	（ア）3 （イ）5 （ウ）8
問34	（ア）2 （イ）5 （ウ）7

第 10 問	
問35	12,380（万円）
問36	1
問37	1
問38	0.148（％）
問39	1
問40	4

●**試験問題の難易度**（各問題について、ＡＢＣで難易度を判定しています）

A	易しいレベルの問題、点数をとりやすい問題	23問
B	2級の試験として通常レベルの問題	16問
C	難しい問題、新しい傾向の問題	1問

第1問

問1 正解 （ア）○ （イ）× （ウ）× （エ）○ ［難易度 A］

（ア）適切。生命保険募集人・保険仲立人の登録を有していない者であっても、顧客のライフプランに基づいて必要保障額を計算することは可能である。

（イ）不適切。税理士の独占業務である「税理士業務」は、税務代理、税務書類の作成、税務相談を業として行うことである。一般的な税制度の解説は税務相談に該当しないが、具体的な相続税額を計算し、税務相談に対応している本問のケースは不適切。

（ウ）不適切。「投資助言行為」を行うには、金融商品取引業の登録を受ける必要がある。特定企業の株式に関して具体的な投資時期の判断や助言を行うことは「投資助言行為」にあたり、不適切。

（エ）適切。公的年金の説明や受給見込み額を計算することは、社会保険労務士の独占業務には該当しないため、適切。社会保険労務士の独占業務には、年金事務所や労働基準監督署などに提出する書類の作成、および提出手続きの代行などがある。

問2 正解 1 ［難易度 A］

1．適切。「個人情報の保護に関する法律（個人情報保護法）」では、生存する個人に関する情報を「個人情報」としている。

2．不適切。音声記録であっても、それにより特定の個人を識別することができれば、「個人情報」に該当する。

3．不適切。新聞記事の著作権は、当該記事を執筆した記者が所属する新聞社に属すると考えられ、講演会の資料として使用する場合は、新聞社の許諾が必要とされる。

4．不適切。「引用」とは、論文執筆などの際、自説を補強するために他人の論文の一部を用いるなどして、自身の著作物の中に他人の著作物を利用することをいう。この場合、著作権者の許諾なしに当該著作物を利用することができる。ただし、一定の条件を満たすことが必要であり、引用部分とそれ以外の部分の「主従関係」を明確にすることとされる。設問では主従関係が逆となっている。

問 3 正解 **2** 〔難易度 B〕

1. 不適切。特定口座に関しては年間取引報告書が交付されるが、一般口座に関しては交付されない。このため、一般口座の譲渡損益については、投資家本人が「株式等に係る譲渡所得等の金額の計算明細書」を作成する必要がある。

2. 適切。特定口座には「源泉徴収なし」と「源泉徴収あり」の2つのタイプがあるが、源泉徴収方法の変更は、その年最初の売却時まで可能である。一度どちらかを選択すると、その年の途中で変更することはできない。

3. 不適切。特定口座の開設は、1金融機関につき1口座に限られるが、複数の金融機関で特定口座を開設していて、それらの損益を合計すると損失のほうが大きく、利益が出ていた特定口座で源泉徴収されていた税金について還付を受けたいといった場合は、確定申告をすることによって、他の金融機関で開設している特定口座における損益と通算することができる。

4. 不適切。NISA口座の非課税投資枠を超えた取引は、一般口座でも特定口座でも行うことができる。

問 4 正解 （ア）**1** （イ）**10** （ウ）**6** （エ）**2** 〔難易度 B〕

（ア）10年個人向け国債の金利は、「半年」ごとに見直される。

（イ）10年個人向け国債の金利は、10年長期国債の金利を基準金利とし、基準金利×「0.66」で決定されている。

（ウ）10年個人向け国債の金利は、基準金利がどれほど低下しても、年「0.05」％が下限金利となる。

（エ）10年個人向け国債は、原則として、発行から「1年」経過すれば、額面1万円単位で全額あるいは一部の中途換金ができる。発行後1年未満の中途換金は、本人が死亡した場合、または災害救助法の適用対象となった大規模な自然災害により被害を受けた場合に限られる。

問 5 正解 **4** 〔難易度 B〕

4. が最も適切である。

追加型株式投資信託の収益分配金は、投資家の個別元本により、普通分配金と元本払戻金（特別分配金）に区分される。普通分配金は、投資家にとって利益となっている部分からの分配金なので課税対象になる。

一方、元本払戻金（特別分配金）は、文字どおり、投資家の元本の一部が払い戻されたものであり、利益ではないので、必ず非課税扱いになる。また、元本払戻金（特

別分配金）が支払われると、投資家の個別元本は元本払戻金（特別分配金）の分だけ下方に修正される。

普通分配金と元本払戻金（特別分配金）との区分は次のとおり。

① （収益分配後の基準価額）≧（投資家の個別元本）

→全額が普通分配金

② （収益分配後の基準価額）＜（投資家の個別元本）

→個別元本を下回る部分に相当する分配金が元本払戻金（特別分配金）、残余の金額が普通分配金

（ア）収益分配後の基準価額（13,600円）が個別元本（14,300円）を700円下回っているので、収益分配金200円はすべて元本払戻金（特別分配金）となる。元本払戻金（特別分配金）が支払われたので、個別元本は元本払戻金（特別分配金）の分だけ下方に修正され、14,100円（＝14,300円－200円）になる。

（イ）馬場さんが受け取った分配金は、すべて元本払戻金（特別分配金）なので、所得税・住民税は課税されない。

問 6）　正解　1　　難易度 B

1．不適切。確定拠出年金では、1つの商品だけで運用することも可能であり、複数の商品を組み合わせて運用することも可能である。

2．適切。確定拠出年金における運用商品は、加入中、いつでも変更できる。毎月の掛金で購入する商品およびその運用割合はいつでも変更でき、保有中（運用中）の商品についてもタイミングをみて自由に他の商品に預け替え（スイッチング）ができる。

3．適切。投資信託については、国内株式型や国内債券型など単一資産で運用されるタイプの他に、複数の資産を組み合わせて運用するバランス型（資産複合型）も用意されているのが一般的である。

4．適切。確定拠出年金用の保険商品は、保険会社が満期までの金利を保証してくれる貯蓄型の保険商品である。確定拠出年金では、これら保険商品や定期預金等を元本確保型商品と呼ぶ。いずれも、満期時には所定の利息が支払われる。

一方、満期前に解約をする場合、定期預金は元本保証の商品なので、中途解約利率が適用されるものの元本割れをすることはない。しかし、保険商品を満期前に他の運用商品に預け替え（スイッチング）するために解約をすると、その時の金利情勢によっては、手数料（＝解約控除）が徴収され、この手数料がそれまでの預入期間で付いた利息の額より大きい場合は、元本割れをする。

なお、老齢給付金を一時金などで受け取るために保険商品を解約する場合、お

よび離職・転職にともなって保険商品を解約する場合は、手数料（＝解約控除）
は徴収されず、預入期間に応じた利息が支払われる。

第3問

問7　正解　3　[難易度 A]

1．建蔽率の判定

　　対象土地は防火地域であるため、耐火建築物を建てる場合、上限となる建蔽率は、指定建蔽率の60%（6／10）に10%を加えた70%となる。

2．建築面積の最高限度（ア）

　　120（㎡）×70（%）＝84㎡

3．容積率の判定

　　幅員12m未満の道路に接する敷地では、（ア）「指定容積率」と（イ）「前面道路幅員×6／10（住居系用途地域では4／10）」のいずれか低い方の容積率が適用される。なお、敷地が2以上の道路に接面している場合でそれぞれの道路の幅員が異なる場合は、幅員が最大のものが前面道路となる。

　　指定容積率：400%（40／10）

　　前面道路幅員による容積率の制限：6（m）×4／10＝240%

　　したがって、対象土地において上限となる容積率は240%である。

4．延べ面積の最高限度（イ）

　　120（㎡）×240（%）＝288㎡

問8　正解　3　[難易度 A]

1．適切。登記事項証明書の権利部甲区には、所有権の保存、移転、差押え等の処分の制限等、所有権に関する事項が記載される。

2．適切。一つの不動産に対して複数の抵当権を設定することができる。

3．不適切。当該抵当権を抹消するには、所有者および抵当権者による抹消登記申請が必要である。

4．適切。だれでも、法務局などにおいて、手数料を納付して、登記事項証明書の交付を請求することができる。

問9　正解　（ア）2　（イ）6　（ウ）7　（エ）11　[難易度 B]

　　不動産取得税は、原則として不動産の所有権を取得した者に対して、その不動産が所在する<u>都道府県</u>が課税するものであるが、相続や<u>法人の合併</u>等を原因とする取得の

場合は非課税となる。課税標準は、原則として<u>固定資産税評価額</u>である。

また、一定の条件を満たした新築住宅を取得した場合、課税標準から1戸当たり<u>1,200万円</u>（認定長期優良住宅の場合は1,300万円）を控除することができる。

問 10　正解　（ア）×　（イ）×　（ウ）○　（エ）○　[難易度 A]

（ア）不適切。居住用財産を譲渡した年の前年または前々年に3,000万円特別控除の適用を受けていた場合、この特例の適用を受けることはできないが、2020年は3年前であり、適用を受けることができる。

（イ）不適切。3,000万円特別控除は、合計所得金額による制限はない。

（ウ）適切。3,000万円特別控除は、居住用財産を配偶者や直系血族に譲渡した場合には適用を受けることができない。

（エ）適切。譲渡益が3,000万円に満たない場合は、譲渡益相当額まで控除を受けることができる。

第 4 問

問 11　正解　2　[難易度 B]

文章中の（ア）～（エ）にあてはまる適切な語句は、以下のとおりとなる。

・「終身保険A、特定疾病保障保険Bともに払込期日までに保険料の払込みができなかった場合でも<u>（ア）払込猶予</u>期間内に保険料を払い込めば、保険契約を継続させることができます。」

・「終身保険Aは<u>（ア）払込猶予</u>期間内に保険料の払込みができなかった場合でも、<u>（イ）自動振替貸付</u>によって解約返戻金の範囲内で保険会社が保険料を立て替えることにより契約は継続します。」

・「特定疾病保障保険Bは<u>（ア）払込猶予</u>期間内に保険料の払込みができなかった場合、保険契約は<u>（ウ）失効</u>となります。ただし、<u>（ウ）失効</u>となった場合でも保険会社が定める期間内に<u>（エ）復活</u>の手続きを取り、保険会社の承諾を得て未払いの保険料と保険会社によっては利息を払い込むことで契約を有効に戻すことができます。」

適切な語句の組み合わせは2．となる。

正解 （ア）33（万円）　（イ）580（万円）　（ウ）1,900（万円）　難易度 B

　　山岸さんが保険契約者および被保険者として提案を受けている生命保険の保障内容は、次のとおりである。

<資料／生命保険提案書>

①終身保険	100万円
②定期保険	1,400万円
③新３大疾病保障保険	３大疾病保険金：500万円　特定疾病診断保険金：50万円 死亡保険金：50万円
④身体障害保障保険	身体障害保険金400万円　死亡保険金400万円
⑤入院総合保険	入院給付金：１日、30日、60日、90日に達したとき各30万円 外来手術給付金：３万円　先進医療給付金：技術料と同額 先進医療一時金：20万円（技術料と同額上限）
⑥リビング・ニーズ 　特約	特約保険金：死亡保険金の範囲内かつ3,000万円以内の金額（③は対象外）

（ア）山岸さんが虫垂炎で８日間継続して入院し、その入院中に公的医療保険制度の対象となる所定の手術を１回受け、退院後にケガで公的医療保険制度の対象となる所定の手術を入院せずに１回受けた場合、保険会社から支払われる保険金・給付金の合計額は、以下のとおりとなる。

　　⑤入院総合保険：入院給付金は入院日数（８日）が１日以上30日未満なので30万円。外来手術給付金は退院後にケガで入院を伴わない手術を受けたものが支払いの対象となり、30万円×10％＝３万円。したがって、30万円＋３万円＝33万円となる。

（イ）山岸さんが初めてがん（悪性新生物）と診断され、治療のため20日間継続して入院し、その入院中に公的医療保険制度の対象となる所定の手術を１回受けた場合、保険会社から支払われる保険金・給付金の合計額は、以下のとおりとなる。

　　③新３大疾病保障保険：３大疾病保険金500万円＋特定疾病診断保険金500万円×10％＝50万円＝550万円

　　⑤入院総合保険：入院給付金は入院日数（20日）が１日以上30日未満なので30万円。

　　したがって、③＋⑤＝550万円＋30万円＝580万円となる。

（ウ）山岸さんが余命６ヵ月以内と判断された場合、リビング・ニーズ特約の請求において指定できる最大金額は、①終身保険の死亡保険金、②定期保険の死亡保

険金、④身体障害保険金の死亡保険金の合計額となる。

　なお、提案書の最後の（※）に記載されているように、③の新3大疾病保障保険の死亡保険金は、リビング・ニーズ特約による保険金支払いの対象とならない。

　したがって、①100万円＋②1,400万円＋④400万円＝1,900万円となる。

問 13　正解　（ア）×　（イ）○　（ウ）×　（エ）○　　難易度 C

（ア）不適切。法人契約の養老保険おいて、被保険者を部課長等の役職者のみとする契約は、ハーフタックプランの要件である普遍的に設けられた格差とは認められない。したがって、このような契約では、YC社が支払う養老保険の保険料は、その全額が当該役職者の給与となる。

（イ）適切。記述のとおり。なお、この場合の養老保険の保険料の残りの2分の1は、「保険料積立金」として資産計上する。

（ウ）不適切。養老保険に入院特約等を付加した場合でも、普遍的加入であれば、YC社が支払った養老保険部分の保険料の2分の1を福利厚生費として損金の額に算入することができる。

（エ）適切。ハーフタックスプランにおいては、保険料の2分の1を保険料積立金として資産計上する。被保険者の死亡により死亡保険金は被保険者の遺族に直接支払われるため、死亡保険金に関する経理処理は不要である。ただし、それまでに積み上げた資産計上額は、取り崩して同額を損金の額に算入する。

問 14　正解　（ア）×　（イ）○　（ウ）×　（エ）○　　難易度 B

（ア）不適切。被保険者の過失割合にかかわらず、被保険自動車の運転中の事故によるケガの治療費を補償するものは、人身傷害保険である。治療費用等による損害額に相当する保険金が示談を待たずに支払われる。おすすめプランAとおすすめプランBには人身傷害保険が付帯されているが、前年同等プランには付帯されていない。

（イ）前年同等プランでは、エコノミー型（車対車＋A）の車両保険が付帯されている。この車両保険において補償されないものは、地震・噴火・津波を除き、当て逃げ、単独事故等である。被保険自動車の盗難については補償の対象となる。

（ウ）不適切。おすすめプランAにおいて運転者限定は「なし」となっている。運転者の年齢条件は「35歳以上補償」となっているが、運転者年齢条件に含まれる人は、記名被保険者、記名被保険者の配偶者、記名被保険者またはその配偶者の同居の親族となる。したがって、別居の親族や本肢のような友人については、

運転者年齢条件の影響は受けない。

（エ）適切。おすすめプランＢではファミリーバイク特約が付帯されている。被保険者が、川野さんが所有する原動機付自転車を運転中に対物事故を起こした場合、補償の対象となる。

問 15　正解　3　難易度 A

医療費控除の適用額を問う設問である。医療費控除の対象となる医療費は、自己または自己と生計を一にする配偶者やその他の親族のために医療費を支払った場合であって、診療または治療の対価であり、その年の1月1日から12月31日までの間に支払った医療費であることが要件となっている。

したがって、未払いの医療費は、現実に支払った年の医療費控除の対象となるのであるから、2022年12月分の入院代および治療費が含まれていたとしても全額2023年の医療費控除の対象となる。

また、健康診断等の費用は、疾病の治療を行うものではないので、原則として医療費控除の対象とはならないのであるが、健康診断等の結果、重大な疾病が発見され、かつ、その診断等に引き続きその疾病の治療を行った場合には、その健康診断等は治療に先立って行われる診察と考えらえることから医療費控除の対象となるので、榎田さん本人が受けた人間ドックは医療費控除の対象となる。

また、インプラント治療であるが、（注3）の前半に「虫歯が悪化したため抜歯し、医師の診断により」とあることから、診療または治療の対価となり、医療費控除の対象となる。

したがって、本問では

63,000円（2022年分も含む入院治療費）＋47,000円（重大な疾病が発見された人間ドック）＋33,000円（榎田さん本人の通院治療）＋450,000円（虫歯の治療）－100,000円（給与所得の5％と10万円のいずれか低い金額）

＝493,000円

が医療費控除の対象となる。

問 16　正解　45（万円）　難易度 B

給与所得と損益通算できる損失の金額を問う設問である。

不動産所得の金額の計算上生じた損失の金額のうち、土地の取得に係る負債の利子がある場合、その負債の利子の金額を限度として、損益通算の対象とすることができな

い。

　したがって、設問の場合、不動産所得は▲70万円であるが不動産所得の金額の計算上生じた損失の金額のうち、土地の取得に係る負債の利子が25万円あるので、損益通算の対象とできる不動産所得の金額は▲45万円と算定できる。

　上場株式の売却に係る譲渡所得は、上場株式間等などでの内部通算はできるが、その損失を給与所得と損益通算することはできない。損益通算の対象となるのは、申告分離課税を選択した上場株式等に係る配当所得など一部のものに限られる。したがって、この設問では給与所得との損益通算の対象にはならない。

　また、ゴルフ会員権の譲渡が営利を目的として継続的に行われている場合には、その実態に応じて事業所得となり、事業所得で損失が生じている場合には、給与所得との損益通算が可能ではあるが、本問では、所得の種類として譲渡所得と＜資料＞に与えられているので、損益通算の対象とならない。

　なお、税法上、譲渡損失の他の所得との損益通算および雑損控除を適用することができない生活に通常必要でない資産の範囲に、主として趣味、娯楽、保養または鑑賞の目的で所有する不動産以外の資産の例示としてゴルフ会員権が加わった。他にもリゾート会員権などが同様の取扱いとなる。

　したがって、給与所得と損益通算できる損失の金額は、不動産所得の金額の計算上生じた損失の金額のうち▲45万円だけである。

問 17　　正解　**1**　　難易度 B

　総所得金額を問う設問である。＜資料＞によると、広尾さん（66歳）の収入の内容はアルバイト収入55万円、老齢年金および企業年金350万円、不動産収入130万円であるので、それぞれ所得の区分にあてはめてみていくことにする。

　まず、アルバイト収入55万円であるが、給与収入金額が162万5,000円までの場合、給与所得控除額は55万円を差し引くことができるので

　55万円（アルバイトの収入金額）－55万円（給与所得控除額）

　という算式にあてはまるため、アルバイト収入に係る給与所得の金額は存しない。

　まず、老齢年金および企業年金350万円であるがこれは公的年金等に該当し、広尾さんの年齢が66歳であることを考慮すると、＜公的年金等控除額の速算表＞の資料の「330万円超 410万円以下」に該当するので、以下の算式で公的年金等にかかる雑所得の金額を求める。

　350万円（公的年金等の収入金額）－（350万円×25％＋27.5万円）（公的年金等控除額）＝235万円（公的年金等にかかる雑所得の金額）

　最後に不動産所得の金額であるが、不動産収入130万円で、地代収入に係る必要経

費は年間20万円、青色申告特別控除10万円の適用を受ける旨が記されているので、

130万円（総収入金額）－20万円（必要経費金額）－10万円（青色申告特別控除額）

＝100万円（不動産所得の金額）

となる。したがって、最終的に総所得金額となるのは

0円（給与所得の金額）＋235万円（公的年金等にかかる雑所得の金額）＋100万円

（不動産所得の金額）＝335万円

と算定される。

問 18 正解　1 難易度 A

総所得金額に算入すべき一時所得の金額を問う設問である。一時所得の金額は

（収入金額）－（その収入を得るために支出した金額）－（特別控除額）

で求めるのであるが、総所得金額に算入される一時所得の金額は上記で求めた金額に $\frac{1}{2}$ が乗じられるので、これらの要素を計算過程ですべて含めることがポイントである。

　本問では、この満期保険金以外に一時所得の対象となるものはなく、「満期保険金500万円」「払込保険料の総額430万円」と資料に与えられているので一時所得の算式は以下のとおり。

500万円（収入金額）－430万円（その収入を得るために支出した金額）－50万円（特別控除額）＝20万円

　なお、上記のとおり、総所得金額算入される一時所得の金額をもとめる際に $\frac{1}{2}$ が乗じられるので

20万円 $\times \frac{1}{2}$ ＝10万円

が、総所得金額に算入される一時所得の金額となる。

第 6 問

問 19 正解　1 難易度 A

相続税の課税価格の合計額は、以下の合計となる。

- ・土地　　　：小規模宅地等の特例適用後1,000万円
- ・建物　　　：300万円
- ・現預金　　：5,000万円
- ・死亡保険金：1,500万円（※）
- ・債務控除　：▲200万円
- 　合計　　　：7,600万円

※生命保険金等の非課税限度額は、法定相続人が3人（配偶者、長男、二男）で500万円×3人＝1,500万円なので、相続税の課税価格に含まれる死亡保険金の額は、3,000万円－1,500万円＝1,500万円

問20　正解　（ア）2　（イ）5　（ウ）7　難易度 A

（ア）：被相続人の配偶者の法定相続分は1／2

（イ）：被相続人の二男の法定相続分は1／6

（ウ）：被相続人の孫Aの法定相続分は1／12

問21　正解　4　難易度 A

1．不適切。相続人が相続放棄をする場合、自己のために相続の開始があったことを知った時から、原則として、3ヵ月以内に家庭裁判所にその旨の申述をしなければならない。

2．不適切。遺産分割協議書の作成に期限はない。とはいえ、別の期限や権利の消滅時効があるので、相続の開始があったら早々に作成したほうがよい。

3．不適切。法定相続情報証明制度に基づき、法定相続情報一覧図を作成した場合、遺産の相続手続きを行う際には、被相続人の出生時から死亡時までの戸籍謄本の原本は必要なく、法定相続情報一覧図の写しを提出すればよい。

4．適切。記述のとおり。

第7問

問22　正解　518（万円）　難易度 A

基準年における本人の可処分所得を求める問い。

可処分所得（年）

＝年収－（税金＋社会保険料）

＝年収－（所得税＋住民税＋厚生年金保険料＋健康保険料＋介護保険料＋雇用保険料）

したがって、

（ア）＝684万円－（25万円＋34万円＋63万円＋41万円＋3万円）

＝684万円－166万円

＝518万円

問 23 正解 396（万円） 難易度 A

3年後の基本生活費を求める問い。

（イ）＝373万円×（1＋0.02)^3≒395.8305→396万円（万円未満を四捨五入）

問 24 正解 1,136（万円） 難易度 A

2年後の金融資産残高を求める問い。

当年の金融資産残高＝前年の金融資産残高×変動率＋当年の年間収支
したがって、

（ウ）＝1,046万円×（1＋0.01）＋（1,001万円−921万円）

＝1,056.46万円＋80万円＝1,136.46万円→1,136万円（万円未満を四捨五入）

第 8 問

問 25 正解 46,454,400（円） 難易度 A

年金現価係数の「30年」を使用する。

1,800,000円×25.808＝46,454,400円

問 26 正解 3,219,400（円） 難易度 A

年金終価係数の「15年」を使用する。

200,000円×16.097＝3,219,400円

問 27 正解 244,500（円） 難易度 A

減債基金係数の「6年」を使用する。

1,500,000円×0.163＝244,500円

問 28 　正解　3　　難易度 B

返済回数 (回)	毎月返済額 (円)		うち元金 (円)	うち利息 (円)	残高 (円)
120	104,326		66,393	37,933	15,107,049
⋮	⋮		⋮	⋮	⋮
134	104,326		68,755	35,571	14,159,930
135	104,326		68,927	35,399	14,091,003

100万円
差し引く

14,107,049

　期間短縮型の繰上げ返済の場合、償還予定表の「うち元金」部分に繰上げ返済額が充当され、それぞれに相応する「うち利息」の合計額が、繰上げ返済による利息軽減額となる。

　したがって、120回返済後の「残高」から100万円を差し引き、繰上げ返済額が100万円を超えない範囲、かつ最大額に該当する「残高」を求め、該当する「返済回数」が分かれば、短縮された期間を求めることができる。

　15,107,049円 − 1,000,000円 = 14,107,049円

　この額は「返済回数」134回と135回の「残高」の間に位置する。問いは繰上返済額が100万円を超えない範囲で最大とあるため、134回まで期間が短縮することとなる。

　したがって、

　134回 − 120回 = 14回 → <u>1 年 2 ヵ月</u>

問 29 　正解　4　　難易度 A

1．適切。借換えを行う場合、基本的には新規の借入時と同様に諸費用が必要となる。また、設問にあるように、完済させる側の住宅ローンの抵当権は抹消させる必要があるため、抹消に伴う費用もかかる。

2．適切。設問のとおり。したがって、繰上げ返済を行う経済的効果は、「利息軽減効果 − 繰上返済手数料」となる。

3．適切。設問のとおり。なお、住宅ローンの返済条件を変更させる場合、条件変更手数料がかかるのが一般的である。

4．不適切。期間選択型固定金利のベースは変動金利であり、所定の固定期間が終了すると、元の変動金利となるが、再度固定期間を選択することもできる。

問 30 正解 5,110 (円) 難易度 B

地震保険の保険料は、建物の所在地（都道府県）、建物の構造区分によって算出する。

本問の建物の所在地は京都府、建物の構造区分は「イ構造」であるため、地震保険金額100万円当たりの地震保険料は、＜資料＞から730円である。

問題文より、火災保険（自宅建物）の保険金額は1,400万円となっている。地震保険は火災保険の保険金額の最大50％、建物の場合は5,000万円を上限に付保することができる。本問の地震保険の保険金額は700万円となる。

したがって、本問の地震保険の保険料は、100万円当たりの保険料730円×7＝5,110円となる。本問では地震保険料の各種割引制度は考慮しないため、そのまま5,110円となる。

問 31 正解 （ア）○ （イ）× （ウ）× （エ）○ 難易度 B

（ア）適切。契約者（＝保険料負担者）・被保険者が同一の場合、死亡保険金受取人が受け取る保険金は、相続税の課税対象となる。なお、相続人が受け取る場合は、500万円×法定相続人数に相当する金額が相続税の課税対象とならない。

（イ）不適切。リビング・ニーズ特約の生前給付金を被保険者が受け取ったときは非課税である。しかし、受け取った被保険者がその後死亡したときに、その残額がある場合、当該金額は現金資産として相続税の課税対象となる。

（ウ）不適切。自宅が隣家からの延焼で全焼した場合に受け取る損害保険金は非課税である。

（エ）適切。自宅が地震による火災で全焼した場合に受け取る火災保険の地震火災費用保険金は、非課税である。

問 32 正解 4 難易度 B

○高額療養費

1ヵ月（同じ月内）に支払った医療費の自己負担額を合算し、自己負担限度額を超えた場合は、申請することで、自己負担限度額を超えた額が「高額療養費」として払い戻される。

●京介さんのケース

①窓口での自己負担額21万円＝総医療費×3割（自己負担割合）

→総医療費＝21万円÷3割＝700,000円

②京介さんの標準報酬月額は30万円であり、自己負担限度額の所得区分は〈資料〉の③標準報酬月額28〜50万円に該当し、自己負担限度額は『80,100円＋（総医療費－267,000円）×1％』で計算する。

259

京介さんの自己負担限度額＝80,100円＋（総医療費700,000円－267,000円）×１％

$$= 84,430円$$

したがって、高額療養費＝窓口負担額－自己負担限度額

$$= 210,000円 － 84,430円 = 125,570円$$

問 33 正解 （ア）３ （イ）５ （ウ）８ 〔難易度 A〕

> 「京介さんが2023年９月に死亡した場合、秋穂さんには遺族基礎年金と遺族厚
> 生年金が支給されます。秋穂さんに支給される遺族基礎年金の額は、老齢基礎
> 年金の満額に相当する額に翔太さんを対象とする子の加算額を加えた額です。翔
> 太さんが18歳到達年度の末日（３月31日）を経過すると遺族基礎年金は支給さ
> れなくなります。
> 　また、遺族厚生年金の額は、原則として京介さんの被保険者期間に基づく老
> 齢厚生年金の報酬比例部分に相当する額の（ア　3.４分の３）相当額ですが、
> 秋穂さんに支給される遺族厚生年金は短期要件に該当するものであるため、被
> 保険者期間が（イ　5.300月）に満たない場合は（イ　5.300月）として計
> 算されます。
> 　なお、京介さんが死亡したとき秋穂さんは40歳以上であるため、秋穂さんに
> 支給される遺族厚生年金には、遺族基礎年金が支給されなくなった以後、秋穂
> さんが（ウ　8.65歳）に達するまでの間、中高齢寡婦加算額が加算されます。」

【解説】

（ア）について

　遺族厚生年金の額は、夫（京介さん）の老齢厚生年金の報酬比例部分の<u>４分の３</u>
に相当する金額となっている。

（イ）について

　遺族厚生年金に関して、次の①～③のいずれかに該当する場合、報酬比例部分の
計算において、厚生年金保険の被保険者期間が300月（25年）未満の場合は、<u>300月</u>
とみなして計算する。

　①厚生年金保険の被保険者である間に死亡したとき

　②厚生年金保険の被保険者期間に初診日がある病気やけがが原因で初診日から５
　　年以内に死亡したとき

　③１級・２級の障害厚生（共済）年金を受けとっている人が死亡したとき

（ウ）について

長男（翔太さん）が18歳到達年度の末日を迎えた時点で、遺族基礎年金の支給が打ち切られる。その代わり、中高齢寡婦加算として、子どもが18歳到達年度の末日を過ぎた時点で、妻（秋穂さん）が40歳以上であれば、40歳から65歳になるまでの間、年額596,300円（2023年度）加算される。

　なお、遺族基礎年金を受給している間は、支給停止される。

問 34　正解　（ア）2　（イ）5　（ウ）7　[難易度 B]

> 「被扶養者になるには、主として被保険者により生計を維持していることおよび原則として、日本国内に住所を有していることが必要です。生計維持の基準は、被扶養者となる人が被保険者と同一世帯に属している場合、原則として、被扶養者となる人の年間収入が（ア　2．130万円）未満（60歳以上の人または一定の障害者は〈＊＊＊〉未満）で、被保険者の収入の（イ　5．2分の1）未満であることとされています。
>
> 　被扶養者となる人の年間収入については、過去の収入、現時点の収入または将来の収入の見込みなどから、今後1年間の収入を見込むものとされています。なお、雇用保険の失業給付や公的年金等は、収入に（ウ　7．含まれます）。」

【解説】

（ア）について

　健康保険では、被保険者の収入で生計を維持されている人を「被扶養者」というが、被扶養者の範囲は次のようになっている。

【被扶養者になれる人の範囲】

1．主として被保険者に生計を維持されている人（注1）	被保険者の直系尊属、配偶者（事実婚でも可）、子、孫、兄姉弟妹
2．被保険者と同一の世帯（注2）で主として被保険者の収入により生計を維持されている人	①被保険者の三親等以内の親族（1．に該当する人を除く） ②被保険者の配偶者で、戸籍上婚姻の届出はしていないが事実上婚姻関係と同様の人の父母および子 ③②の配偶者が亡くなった後における父母および子（当該配偶者の死亡後、引き続き同居する場合を含む）

（注1）「主として被保険者に生計を維持されている人」とは、被保険者の収入により、その人の暮らしが成り立っている人のことをいい、かならずしも、被保険者と一緒に生活をしていなくても構わない。

261

（注2）「同一の世帯」とは、同居して家計を共にしている状態のことをいう。

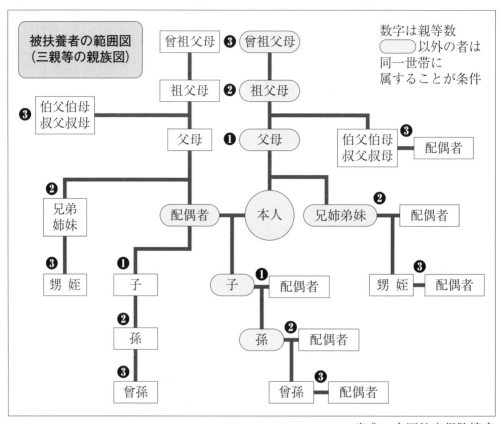

出典：全国健康保険協会

（イ）について

　　生計維持関係は生活の実態に合わせて判定する。

同一世帯の有無	収入要件
認定対象者が 被保険者と同一世帯	認定対象者の年間収入が130万円未満（認定対象者が60歳以上または障害者の場合は年間収入が180万円未満）であって、かつ、被保険者の年間収入の2分の1未満であること（注）
認定対象者が 被保険者と同一世帯に 属していない	認定対象者の年間収入が130万円未満（認定対象者が60歳以上または障害者の場合は年間収入が180万円未満）、かつ、原則として被保険者のからの援助（仕送り）による収入額より少ないこと

（注）認定対象者の年間収入が130万円未満（認定対象者が60歳以上または障害者の場合は年間収入が180万円未満）であって、かつ、被保険者の年間収入を上回らない場合は、その被保険者に生計を維持されていると認められれば被扶養者となることができる。

（ウ）について

年間収入とは、過去の収入のことではなく、被扶養者に該当する時点および認定された日以降の年間の見込み収入額のことをいう。（給与所得等の収入がある場合、月額108,333円以下、雇用保険等の受給者の場合、日額3,611円以下であれば要件を満たす。）

　なお、被扶養者の収入には、雇用保険の失業等給付、公的年金、健康保険の傷病手当金や出産手当金等も含まれる。

第10問

問35　正解　12,380（万円）　難易度 A

資料より、バランスシートを作成する。

＜関根家（克典さんと晶子さんのバランスシート＞

[資産]			[負債]	
金融資産			住宅ローン	300万円
現金・預貯金		3,820万円	事業用借入	2,250万円
株式・債券等		1,300万円		
生命保険（解約返戻金相当額）		670万円	負債合計	2,550万円
不動産				
土地（自宅の敷地）		3,600万円		
建物（自宅の家屋）		320万円		
土地（事務所の敷地）		3,400万円	[純資産]	（ア）12,380万円
建物（事務所の建物）		850万円		
その他				
事業用資産（不動産以外）		580万円		
動産等		390万円		
資産合計		14,930万円	負債・純資産合計	14,930万円

純資産（ア）＝資産－負債　であることから、

14,930万円－2,550万円＝<u>12,380万円</u>

問36　正解　1　難易度 B

　事業所得の金額を問う設問である。事業所得の金額は青色申告特別控除額の適用を受ける場合、

　（総収入金額）－（必要経費金額）－（青色申告特別控除額）

　で求めるのであるが、これを所得税の確定申告書に添付される損益計算書に置き換えると

（売上金額）－（売上原価）－（経費）±（各種引当金・準備金等の繰戻額等、繰入額等）－（青色申告特別控除額）

のように細分化される。ひとつひとつみていくことにしよう。

売上（収入）金額は（雑収入を含む）とあるので、実務上は持続化補助金等の助成金を含んだ金額を記載することになるのだが、本問では①に40,000,000円と与えられている。

売上原価は期首商品棚卸高②に仕入金額③を加え、そこから期末商品棚卸高⑤を差し引くことによって求めるのであるが、本問では差引原価が売上原価となり⑥23,500,000円がすでに与えられているので、この段階で

40,000,000円（売上金額）－23,500,000円（売上原価）＝16,500,000円

が差引金額⑦、つまり、売上総利益として算定される

経費については本問では、詳細は省略されているが、㉜に経費の計として5,000,000円が与えられているので

16,500,000円（売上総利益）－5,000,000円円（経費の計）＝11,500,000円

が差引金額㉝、つまり、営業利益として算定される

ここから各種引当金・準備金等の繰戻額等、繰入額等を加算、減算して青色申告特別控除前の所得金額を求めるのであるが、本問では専従者給与の額1,800,000円を上記11,500,000円から差し引けばいいので、

11,500,000円（営業利益）－1,800,000円（専従者給与の額）＝9,700,000円

が青色申告特別控除前の所得金額㊸になる。

最後に青色申告特別控除額は650,000円と㊹に与えられているので、

9,700,000円（青色申告特別控除前の所得金額）－650,000円（青色申告特別控除額）＝9,050,000円

が、この設問で求められている事業所得の金額となる。

問 37 　正解　1　［難易度 A］

空欄に入る数値は以下のとおりである。

宅地等の区分	適用限度面積	減額割合	備考
特定事業用宅地等	400㎡	（ウ：80）%	（注）
特定同族会社事業用宅地等			——
特定居住用宅地等	（ア：330）㎡		——
貸付事業用宅地等	（イ：200）㎡	50%	（注）

（注）一定の場合に該当しない限り、相続開始前（エ：3）年以内に新たに（貸付）事業の用に供された宅地等を除く。

問 38　　正解　0.148（%）　　難易度 A

最終利回りの計算式は次のとおり。

$$最終利回り（\%）= \frac{表面利率 + \dfrac{額面金額 - 買付価格}{残存期間}}{買付価格} \times 100$$

　本問の場合、償還までの残存期間が8年の債券を、額面100円につき99.62円で購入した場合の最終利回りとなるので、表面利率：0.10%、額面金額：100円、買付価格：99.62円、残存期間：8年となり、最終利回りは次のとおり0.148%となる。

$$最終利回り（\%）= \frac{0.10 + \dfrac{100 - 99.62}{8}}{99.62} \times 100 = 0.1480\cdots$$
$$≒0.148（\%）（小数点以下第4位切捨て）$$

問 39　　正解　1　　難易度 A

〈資料〉
[克典さんの国民年金保険料納付済期間]
　1988年4月〜2025年6月（447月）
[克典さんが付加保険料を納めた期間]
　2005年7月〜2025年6月（240月）
[その他]
　老齢基礎年金の額（満額）：795,000円
　克典さんの加入可能年数：40年
　繰上げ受給による年金額の減額率：繰上げ請求月から65歳に達する日の属す
　　　　　　　　　　　　　　　　　　る月の前月までの月数×0.4%

【克典さんの老齢基礎年金の額】
　795,000円×447月（国民年金保険料納付済期間）／480月≒740,344円（端数処理後）
【克典さんの付加年金の額】
　200円×付加年金保険料納付済期間240月＝48,000円
　繰上げにより減額される年金額は、老齢基礎年金の額（振替加算額を除く）および老齢厚生年金の額（加給年金額を除く）に、下記の減額率を乗じることにより計算する（全部繰上げ）。
　減額率＝0.4%×繰上げ請求月から65歳に達する日の前月までの月数60月＝24%
【克典さんが60歳で繰上げ請求した場合の年金額】
　（老齢基礎年金740,344円＋付加年金48,000円）×（1−24%）≒599,141円（端数処理後）

したがって、599,141円となる。

公的介護保険のサービスを受けたときは、原則としてサービス費用の１割（一定以上の所得のある人は２割または３割）を利用者が負担する。ただし、居宅サービスや施設サービスの利用額は要介護度によって異なる。

一郎さんは、要介護３の認定を受けている。また、〈資料〉より公的介護保険サービスの１ヵ月間の利用限度額は、27,048単位で、１単位は10円である。

１ヵ月間の利用限度額＝27,048単位×１単位10円＝270,480円

１ヵ月間の利用限度額270,480円を超えた部分は「全額自己負担」となる。

自己負担（負担割合分）＝270,480円×１割＝27,048円…①

自己負担（全額）＝290,000円－270,480円＝19,520円…②

したがって、１ヵ月間の負担額＝①27,048円＋②19,520円＝46,568円

解答・解説編

2023年5月試験（資産設計提案業務）

模範解答

第 1 問	
問1	（ア）○ （イ）× （ウ）○ （エ）○
問2	4

第 2 問	
問3	2
問4	3
問5	0.95（%）
問6	2

第 3 問	
問7	288（㎡）
問8	36（万円）
問9	2
問10	2

第 4 問	
問11	1
問12	（ア）29（万円） （イ）152（万円） （ウ）262（万円）
問13	（ア）5 （イ）3 （ウ）4 （エ）1
問14	6,000（万円）

第 5 問	
問15	4
問16	（ア）× （イ）○ （ウ）× （エ）○
問17	2

第 6 問	
問18	331（万円）
問19	（ア）10 （イ）8 （ウ）1

第 7 問	
問20	2
問21	1
問22	564（万円）
問23	262（万円）
問24	4

第 8 問	
問25	4,525,000（円）
問26	975,000（円）
問27	930,000（円）

第 9 問	
問28	1,800（万円）
問29	（ア）○ （イ）× （ウ）× （エ）○
問30	3
問31	2
問32	（ア）4 （イ）1 （ウ）8 （エ）10
問33	（ア）× （イ）× （ウ）○ （エ）○
問34	（ア）2 （イ）4 （ウ）7

第 10 問	
問35	8,660（万円）
問36	1
問37	1,158,000（円）
問38	（ア）4 （イ）9 （ウ）4
問39	2
問40	2

●**試験問題の難易度**（各問題について、ＡＢＣで難易度を判定しています）

A	易しいレベルの問題、点数をとりやすい問題	25問
B	2級の試験として通常レベルの問題	15問
C	難しい問題、新しい傾向の問題	0問

問1 正解 (ア) ○ (イ) × (ウ) ○ (エ) ○ 難易度 A

(ア) 適切。税理士の独占業務である「税理士業務」は、税務代理、税務書類の作成、税務相談を業として行うことである。仮定の事例に基づく一般的な説明は独占業務に該当しない。

(イ) 不適切。社会保険労務士の独占業務には、年金事務所や労働基準監督署などに提出する書類の作成、および提出手続きの代行などがある。社会保険労務士の資格を有しない者が報酬を得て独占業務を行ってはならない。したがって、不適切。

(ウ) 適切。顧客のライフプランに基づいて必要保障額を計算することや生命保険商品の一般的な説明を行うことは募集行為に該当せず、生命保険募集人等の資格は必要としない。

(エ) 適切。公正証書遺言の証人になるには、一定の判断能力が必要で、遺言の内容を知る立場となるため、遺言者や公証人と利害関係があってはならないとされる。この要件を満たせば、FPも証人になることは可。

問2 正解 4 難易度 B

1. 適切。事業者が消費者に重要事項について事実と異なることを告げ、消費者がそれを事実であると誤認して締結した契約は、取り消すことができる。

2. 適切。消費者の判断力が著しく低下し、生計、健康その他現在の生活の維持に過大な不安を抱いていることを知りながら、その不安をあおり、裏付けとなる合理的な根拠がないのに、契約を締結しなければ現在の生活の維持が困難となる旨を告げて契約を締結させた場合、当該契約は取り消すことができる。

3. 適切。消費者契約法は、事業者と消費者の間で交わされる契約全般を対象としており、保護の対象となる消費者とは、個人（事業として、または事業のために契約する個人は除く）とされており、法人は対象外とされている。

4. 不適切。事業者が契約の締結について勧誘をしている場所から、消費者が退去する旨の意思を示したにもかかわらず、その場所から当該消費者を退去させない（退去妨害）で締結された契約は取り消すことができる。購入場所は限定されない。

問3 正解 **2** 難易度 A

1. 適切。預金保険制度は円建ての預金等を対象としており、外貨預金は預金保険制度の対象外である。

2. 不適切。外貨預金の利息に対しては、税率20％の源泉分離課税が適用される。

3. 適切。為替手数料が1円と記載されているので、預入時に適用される為替レートは、仲値＋1円＝140円＋1円＝141円となる。1万米ドルの外貨定期預金に預ける場合の円建ての預入金額は、1万米ドル×141円＝1,410,000円となる。

4. 適切。NISA（少額投資非課税制度）は、上場株式や公募株式投資信託等を対象とした制度であり、外貨預金に限らず、預金は対象外である。また、国債や社債、公社債投資信託なども対象外である。

問4 正解 **3** 難易度 A

3. が最も適切である。

（ア）一般に、PER（株価収益率）の数値が小さいほうが利益水準と比べて株価は割安、数値が高いほど利益水準と比べて株価は割高と判断される。

　　PER（倍）＝株価÷1株当たり当期純利益

　　PA株式会社のPER（倍）＝7,220円÷274円＝26.35…（倍）

　　PB株式会社のPER（倍）＝13,470円÷685円＝19.66…（倍）

　　PB株式会社のPERのほうが小さいので、PB株式会社のほうが割安といえる。

（イ）一般に、ROE（自己資本当期純利益率）の数値が高いほうが資本効率性（経営の効率性）が高いと判断され、数値が小さいほど資本効率性は低いと判断される。

　　ROE（％）＝1株当たり当期純利益÷1株当たり自己資本×100

　　PA株式会社のROE（％）＝274円÷3,240円×100＝8.45…（％）

　　PB株式会社のROE（％）＝685円÷9,873円×100＝6.93…（％）

　　PA株式会社のROEのほうが高いので、PA株式会社のほうが効率的に利益を上げているといえる。

問5 正解 **0.95（％）** 難易度 A

所有期間利回りの計算式は次のとおり。

$$所有期間利回り（％）＝\frac{表面利率＋\dfrac{売却価格－購入価格}{所有期間}}{購入価格}×100$$

本問の場合、表面利率：0.60％、売却価格：101.75円、購入価格：100.00円、所有期間：5年なので、所有期間利回りは次のとおりとなる。

$$\text{所有期間利回り（％）} = \dfrac{0.60 + \dfrac{101.75 - 100.00}{5}}{100.00} \times 100 = 0.95\ （％）$$

問 6 正解 2 　難易度 A

1. 適切。金は、国際的には1トロイオンス（＝31.1035グラム）当たりの米ドル建て価格で取引されている。国内では、1グラム当たりの円建て価格で取引されている。

2. 不適切。国内の金価格は、海外市場の米ドル建て価格を基に、対ドルレートで円価格に換算し、さらに1トロイオンス当たりから1グラム当たりに換算して決定されている。このため、円安米ドル高は国内金価格の上昇要因、円高米ドル安は国内金価格の下落要因になる。

3. 適切。ドルコスト平均法とは、価格変動商品に定期的に毎回一定金額（定額）で投資していく手法をいう。一定金額で投資していくため、価格が高いときには買付数量が少なくなり、価格が安いときには買付数量が多くなる。このため、平均的な買付価格を安くできるという効果が期待できる。ドルコスト平均法の効果とは、この平均買付価格の引下げ効果をいう。金現物価格は日々変動するので、定額積立を実行すると、ドルコスト平均法の効果が期待できることになる。

4. 適切。個人が金地金や純金積立を売却した場合の所得は、譲渡所得として総合課税の対象となる。購入後5年以内に売却した場合は短期譲渡所得となり、「（売却額－購入額）－50万円」が課税対象額となる。保有期間5年超の場合は長期譲渡所得となり、「｛（売却額－購入額）－50万円｝×1／2」が課税対象額となる。

第 3 問

問 7 正解 288 (㎡) 　難易度 A

幅員12m未満の道路に接する敷地では、（ア）「指定容積率」と（イ）「前面道路幅員×6／10（住居系用途地域では4／10）」のいずれか低い方の容積率が適用される。

なお、敷地が2以上の道路に接面している場合でそれぞれの道路の幅員が異なる場合は、幅員が最大のものが前面道路となる。

• 指定容積率：300％

• 前面道路幅員による容積率の制限：6（m）×4／10＝240％

したがって、対象土地において上限となる容積率は240％である。

延べ面積の最高限度：120（㎡）×240（％）＝288㎡

問 8 正解 36（万円） 難易度 A

不動産所得の計算において、必要経費と認められるのは、ローン返済金額のうち利息部分のみであり、元金部分は必要経費として認められない。設問におけるそれ以外の支出および減価償却費は、すべて必要経費として認められるため、不動産所得の金額は、

180万円－（60万円（ローン返済利息）＋15万円（管理費等）

＋9万円（管理業務委託費）＋1万円（火災保険料）

＋13万円（固定資産税）＋6万円（修繕費）＋40万円（減価償却費））＝36万円

となる。

問 9 正解 2 難易度 A

不動産の譲渡所得は分離課税で、税額は次のようにして計算される。

譲渡価額－（取得費(注1)＋譲渡費用）－特別控除額(注2)＝課税譲渡所得金額

課税譲渡所得金額×税率（注3）＝税額

（注1）取得費が不明のときや実際の取得費が少額のときは、譲渡価額の5％を概算取得費とすることができる。

（注2）居住用財産を譲渡した場合、所有期間の長短にかかわらず、「居住用財産を譲渡した場合の3,000万円の特別控除の特例」を利用することができる。

（注3）不動産の譲渡所得の場合、譲渡の年の1月1日現在において、所有期間が5年以下なら短期譲渡、5年超なら長期譲渡となり、居住用財産で10年超なら「居住用財産を譲渡した場合の長期譲渡所得の課税の特例(軽減税率の特例)」を受けることができる。それぞれの税率は次のとおり。

	課税譲渡所得金額	所得税	住民税
短期譲渡	―	30%（30.63%）	9%
長期譲渡	―	15%（15.315%）	5%
10年超所有の居住用財産の譲渡（軽減税率）	6,000万円以下の部分	10%（10.21%）	4%
	6,000万円超の部分	15%（15.315%）	5%

（注）カッコ内は、復興特別所得税（基準所得税額×2.1%）を加算した税率

設問の場合、

• 取得費（概算取得費）：5,000万円×5％＝250万円

- 譲渡価額（合計）　：5,000万円
- 譲渡費用（合計）　：　200万円

注記として「※居住用財産を譲渡した場合の3,000万円特別控除の特例の適用を受けるものとする」とあるので、課税譲渡所得の金額は、次のようになる。

$$\underset{\text{譲渡価額}}{5,000万円} - (\underset{\text{取得費}}{250万円} + \underset{\text{譲渡費用}}{200万円}) - \underset{\text{特別控除}}{3,000万円} = 1,550万円$$

問 10　正解　2　難易度 A

1．不適切。バルコニーは専有部分ではなく共用部分である。

2．適切。壁芯面積は、壁その他の区画の中心線で囲まれた部分の水平投影面積により算出されるが、登記簿上の内法面積よりも大きくなる。

3．不適切。分譲マンションなど区分所有建物の各区分所有者は、全員で、建物ならびにその敷地および附属施設の管理を行うための団体（管理組合）を構成するため、必ず構成員となる。

4．不適切。集会の決議は、原則として、当該決議後に区分所有権を譲り受けた者に対してもその効力を有する。

第 4 問

問 11　正解　1　難易度 B

1．不適切。自動車損害賠償責任保険（自賠責保険）は、自動車損害賠償保障法により、原動機付自転車・電動キックボードを含むすべての車両に加入が義務付けられている。

2．適切。自賠責保険では、交通事故の被害者が保険会社に保険金を直接することができる。また、加害者が請求することもできる。

3．適切。自賠責保険において、死亡による損害に対する保険金の支払限度額は、被害者1人につき3,000万円である。なお、後遺障害による損害に対する保険金の支払限度額は、被害者1人につき、障害の程度により75万円～4,000万円である。また、死亡に至るまでの傷害に対する保険金の支払限度額は、被害者1人につき120万円である。

4．適切。自賠責保険では、被保険者の配偶者・父母・子に損害を与えた場合でも、それらの者が運行供用者（運転者・自動車の所有者）でなければ、補償の対象となる。

正解 （ア）29（万円）（イ）152（万円）（ウ）262（万円）　難易度 B

馬場さんが保険契約者および被保険者として加入している生命保険の保障内容は、次のとおりである。

＜資料＞無解約返戻金型医療総合保険（保険期間10年）

①医療総合保険	・疾病入院給付金・災害入院給付金：日額10,000円（入院１日目から保障） ・手術給付金：入院給付金の５倍・10倍・20倍・40倍 ・放射線治療給付金：入院給付金の10倍
②５疾病就業不能特約	就業不能給付金：１回100万円 （所定の場合、以降１年に１回限度）
③がん診断特約	診断給付金：１回につき100万円 （２年に１回限度。上皮内新生物では保険期間で１回）
④通院特約	通院給付金：日額6,000円
⑤先進医療特約	先進医療給付金：通算2,000万円

（ア）馬場さんが交通事故により事故当日から継続して９日間入院し、その間に約款に定められた所定の手術（公的医療保険制度の給付対象、給付倍率20倍）を受けたが死亡した場合、保険会社から支払われる給付金の合計額は、以下のとおりとなる。

　　①医療総合保険：災害入院給付金は10,000円×９日＝９万円。手術給付金は10,000円×20倍＝20万円。合計は、９万円＋20万円＝29万円。

したがって、29万円となる。

（イ）馬場さんが急性心筋梗塞で継続して31日間入院し、その間に約款所定の手術（公的医療保険制度の対象、給付倍率10倍）と公的医療保険制度における先進医療に該当する治療（技術料５万円）を受け、検査等のため退院後３ヵ月間で10日間通院して治癒した場合、保険会社から支払われる給付金の合計額は、以下のとおりとなる。

　　①医療総合保険：疾病入院給付金は10,000円×31日＝31万円。手術給付金は10,000円×10倍＝10万円。合計41万円。

　　②５疾病就業不能特約：第１回就業不能給付金100万円

　　④通院特約：通院給付金6,000円×10日＝６万円

　　⑤先進医療特約：先進医療給付金５万円

　　①＋②＋④＋⑤＝41万円＋100万円＋６万円＋５万円＝152万円

したがって、152万円となる。

（ウ）馬場さんが初めてがん（悪性新生物）と診断され、治療のために継続して22日
間入院し、その間に約款に定められた所定の手術（公的医療保険制度の給付対
象、給付倍率40倍）を受けた後に死亡した場合、保険会社から支払われる保険
金・給付金の合計額は、以下のとおりとなる。

①医療総合保険：疾病入院給付金は10,000円×22日＝22万円。手術給付金は
10,000円×40倍＝40万円。合計62万円。

②5疾病就業不能特約：第1回就業不能給付金100万円

③がん診断特約：診断給付金100万円

①＋②＋③＝62万円＋100万円＋100万円＝262万円

したがって、262万円となる。

問 13 正解 （ア）5 （イ）3 （ウ）4 （エ）1 　難易度 B

（ア）現時点で三郎さんが死亡した場合、みなし相続財産として相続税の課税対象と
なる死亡保険金に係る非課税限度額は、「500万円×法定相続人の数」である。
本事例では法定相続人は、妻の紀子さん、長男の晴彦さん、長女の美鈴さん、
二男の雄太さんの合計4人となる。したがって500万円×4人＝2,000万円とな
る。

（イ）被保険者が受け取る特定疾病保障保険の特定疾病保険金は、非課税である。

（ウ）保険契約者（＝保険料負担者）と死亡保険金受取人が同一の場合、被保険者が
死亡して受取人が受け取った死亡保険金は、所得税・住民税の課税対象となる。
受け取った保険金額から既払込保険料相当額と最高50万円の特別控除を差し引
き、その2分の1を他の所得と合算して総合課税される。

（エ）養老保険において、保険契約者（＝保険料負担者）と満期保険金受取人が異な
っている場合、当該満期保険金は贈与税の対象となる。

問 14 正解 6,000（万円） 　難易度 A

〈前提条件〉

・入社時年齢：45歳

・退任時年齢：70歳（役員在任年数25年間）

・退任時の最終報酬月額：80万円

・入社から退任までの役位は継続して代表取締役

〈資料より〉

・最終報酬月額×役員在任年数×功績倍率（役位別係数）＝役員退職慰労金

・代表取締役の功績倍率 3.0

役員退職慰労金は、株式会社QSの役員退職慰労金規程第3条金額の算定に基づき、次のとおり計算する。

役員退職慰労金＝最終報酬月額80万円×役員在任年数25年×功績倍率（役位別係数3.0＝6,000万円

第5問

問15　正解　4　［難易度 B］

事業所得と損益通算できる対象となる金額を問う設問である。不動産所得の金額の計算上生じた損失の金額のうち、土地の取得に係る負債の利子がある場合、その負債の利子の金額を限度として、損益通算の対象とすることはできない。

したがって、設問の場合、不動産所得は▲80万円であるが不動産所得の金額の計算上生じた損失の金額のうち、土地の取得に係る負債の利子が60万円あるので、損益通算の対象とできる不動産所得の金額は▲20万円と算定できる。

譲渡所得の損失は上場株式の売却に係る損失とされているが、上場株式等の譲渡損失との損益通算の対象となるのは申告分離課税を選択した上場株式等に係る配当所得の金額など一部のものに限られる。したがって、事業所得との損益通算の対象にはならない。また、損益通算の対象となる所得は、不動産所得、事業所得、譲渡所得、山林所得における所得の金額の計算上損失が生じた場合なので、雑所得の金額の計算上生じた損失があっても、損益通算の対象とならない。

問16　正解　（ア）×　（イ）○　（ウ）×　（エ）○　［難易度 B］

（ア）不適切。2022年分の住宅ローン控除可能額が所得税から控除しきれない場合は、その差額を翌年度の住民税から控除することができるが、この場合、市区町村への住民税の申告は必要ない。

（イ）適切。住宅ローン控除の適用を受ける方が給与所得者である場合、居住の用に供した年分は確定申告を行い住宅ローン控除を受けなければならないが、次年分以降は勤務先における年末調整により適用を受けることができる。

（ウ）不適切。住宅ローン控除の対象となる家屋は、店舗や事務所などと併用になっている住宅の場合、床面積の2分の1以上に相当する部分がもっぱら自己の居住用であり、店舗や事務所などの部分も含めた建物全体の床面積が50㎡以上かどうかによって判断する。したがって、この設問の建物は、床面積の内訳が居住用40㎡、店舗部分30㎡であるので、建物全体の床面積が50㎡以上、床面積の2分の1以上に相当する部分がもっぱら自己の居住の用という要件を満たして

いる。

（エ）適切。住宅ローン控除の対象となる借入金は、契約による償還期間が10年以上のものに限られる。したがって、この設問のように、住宅ローンの繰上げ返済を行った結果、すでに返済が完了した期間と繰上げ返済後の返済期間の合計が8年となる場合には、上記の償還期間が10年以上の要件から外れるので、繰上げ返済後の住宅ローンは住宅ローン控除の適用を受けることができなくなる。

問 17 正解 **2** 難易度 B

医療費控除の対象となる額を問う設問である。医療費控除の対象となる医療費は、自己または自己と生計を一にする配偶者やその他の親族のために医療費を支払った場合であって、診療または治療の対価であることが要件となるので、美容のためのスキンケア施術費用は含まれない。

また、健康診断等の費用は、疾病の治療を行うものではないので、原則として医療費控除の対象とはならないのであるが、健康診断等の結果、重大な疾病が発見され、かつ、その診断等に引き続きその疾病の治療を行った場合には、その健康診断等は治療に先立って行われる診察と考えらえることから医療費控除の対象となる。

なお、タクシー代については、一般的にはそのすべての金額が医療費控除の対象となるわけではないが、病状からみて急を要する場合や、電車、バス等の利用ができない場合には、医療費控除の対象となる。

一方、自家用自動車を利用した場合の駐車場代金は医療費控除の対象とならない。

したがって、本問では

11,000円（重大な疾病が発見された健康診断）＋150,000円（本人の治療費）

＋25,000円（長女の治療費）＋2,200円（歩行が困難であったためのタクシー代）

－100,000円（給与所得の5％と10万円のいずれか低い金額）

＝88,200円

が医療費控除の対象となる。

第 6 問

問 18 正解 **331（万円）** 難易度 A

・父からの贈与は、相続時精算課税制度を適用させるため、以下のとおり。

2021年中の贈与：1,500万円－1,500万円（特別控除2,500万円のうちの1,500万円を適用）＝0

2022年中の贈与：1,500万円－1,000万円（特別控除の残りの分）＝500万円

特別控除を超える部分については、一律20％の税率が適用されるため、500万円×20％＝100万円の贈与税が発生。

・叔父からの贈与は、暦年課税で一般贈与財産に該当するため、贈与税の速算表の「（ロ）上記（イ）以外の場合」の表を使用して計算する。

∴1,000万円－110万円_{基礎控除}＝890万円、890万円×40％－125万円＝231万円_{贈与税の速算表より}

以上のことから、2022年分の贈与税額は、100万円＋231万円＝331万円となる。

問 19 正解 （ア）10 （イ）8 （ウ）1　[難易度 A]

（ア）被相続人に子も直系尊属もいないこのケースでは、配偶者の法定相続分は　3／4

（イ）被相続人の甥の法定相続分は1／16（1／4×1／2×1／2）

（ウ）兄弟姉妹には遺留分はないので、被相続人の弟の遺留分はない

問 20 正解 2　[難易度 A]

普通借地権の相続税評価額の計算式は、「自用地評価額×借地権割合」にて算出する。資料の土地は200Dと路線価格が示されているが、これは、土地1㎡当たりの価格が200千円で、借地権割合が60％であることを示している。

自用地評価額＝200千円×1.00（奥行価格補正率）×300㎡（対象地の面積）

普通借地権の相続税評価額＝200千円×1.00×300㎡×60％

よって、選択肢2が正解となる。

問 21 正解 1　[難易度 A]

1．適切。記述のとおり。

2．不適切。公正証書遺言の場合、家庭裁判所の検認は不要である。検認が必要なのは、自筆証書遺言（法務局保管の自筆証書遺言を除く）と秘密証書遺言である。

3．不適切。自筆証書遺言を作成する場合において、財産目録を添付するときは、その目録はパソコン等での作成が可能である。

4．不適切。自筆証書遺言については、法務局での保管制度を利用することができる。

第 7 問

問 22 正解 564（万円）　[難易度 A]

基準年における本人の可処分所得を求める問い。

可処分所得（年）

　＝年収－（税金＋社会保険料）

　＝年収－（所得税＋住民税＋厚生年金保険料＋健康保険料＋介護保険料＋雇用保険料）

したがって、

（ア）＝800万円－（59万円＋52万円＋73万円＋48万円＋4万円）

　　　＝800万円－236万円

　　　＝<u>564万円</u>

問 23　正解　262（万円）　難易度 A

4年後の基本生活費を求める問い。

（イ）＝242万円×（1＋0.02)^4≒261.9485 → <u>262万円</u>（万円未満を四捨五入）

問 24　正解　4　難易度 A

1．不適切。申し込みは進学前のみならず、進学後でも可能である。

2．不適切。貸与型奨学金の選考には、本人の学業基準とともに、家計（生計維持者）の収入基準が設けられている。

3．不適切。返還の必要な貸与型奨学金には、無利子の「第一種」と有利子の「第二種」がある。

4．適切。設問のとおり。奨学金は、学生・生徒本人名義の普通預金口座に原則毎月振り込まれる。

第 8 問

問 25　正解　4,525,000（円）　難易度 A

現価係数の「10年」を使用する。

5,000,000円×0.905＝<u>4,525,000円</u>

問 26　正解　975,000（円）　難易度 A

資本回収係数の「30年」を使用する。

25,000,000円×0.039＝<u>975,000円</u>

問 27　正解　930,000（円）　難易度 A

減債基金係数の「15年」を使用する。

$15,000,000円 \times 0.062 = \underline{930,000円}$

問 28   正解   1,800 （万円）   難易度 A

マンションの販売価格のうち200万円が消費税である。消費税はマンションのうち建物部分にのみかかるため、建物の価格（税抜き）は、

200万円 ÷ 0.1 = 2,000万円

となる。

よって、マンションの販売価格のうち土地の価格は、

4,000万円 − （2,000万円 + 200万円） = 1,800万円

となる。

問 29   正解 （ア）○ （イ）× （ウ）× （エ）○   難易度 B

（ア）適切。納税者が一般の生命保険料、介護医療保険料および個人年金保険料を支払った場合には、一定の金額の所得控除を受けることができる。これを生命保険料控除というが、収入保障保険の保険料を支払った場合、一般の生命保険料控除に該当し、所得控除を算定する。

（イ）不適切。納税者がふるさと納税をしたことにより受けられる寄附金控除は、所得税では所得控除として、住民税では税額控除として差し引くことができる。

（ウ）不適切。納税者やその年の総所得金額等が48万円以下の生計を一にする配偶者やその他の親族が、空き巣に入られ盗難被害を受けた場合、雑損控除を受けられるのであるが、所得税では所得控除として差し引かれ、税額控除として差し引かれるのではない。

（エ）適切。同一生計の親族がケガで入院し入院費を支払ったことにより受けられる医療費控除は、所得控除として、一定金額を所得金額から差し引くことができる。

問 30   正解   3   難易度 B

低解約返戻金型終身保険は、他の契約条件が同じで低解約返戻金型ではない終身保険と比較して、保険料払込期間中の解約返戻金が低く抑えられている。保険料払込期間経過後の解約返戻金は、低解約返戻金型ではない終身保険と同額となる。終身保険の形を示したものは2．と3．であり、このうち低解約返戻金型終身保険の解約返戻金相当額の推移を示したものは、3．である。

なお、1. は平準定期保険、2. 低解約返戻金型ではない一般的な終身保険、4. は養老保険の解約返戻金相当額の推移を示したものである。

問 31 正解 2 〔難易度 B〕

<イメージ図>より、本問の収入保障保険では、被保険者である義博さんが死亡した場合、契約日から25年経過後まで年金が受取人に支払われる。

年金額は<設例>より月額15万円となっている。義博さんが2023年6月1日に死亡した場合に支払われる年金総額は、15万円×12ヵ月×18年＝3,240万円となる。

問 32 正解 （ア）4 （イ）1 （ウ）8 （エ）10 〔難易度 B〕

●イメージ図

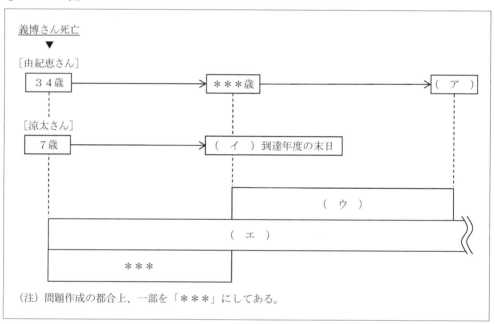

(注) 問題作成の都合上、一部を「＊＊＊」にしてある。

【解説】

義博さんが在職中に死亡した場合、由紀恵さんには、死亡当時、遺族基礎年金と遺族厚生年金が支給される。

（ア）について

由紀恵さんが65歳になるまで、義博さんの遺族年金を受給する。

65歳以降は、老齢年金と遺族年金が併給される。この場合、由紀恵さんの老齢厚生年金が優先して支給され、老齢厚生年金の額が夫の遺族厚生年金の額を下回るときは、遺族厚生年金の額と老齢厚生年金の額との差額が遺族厚生年金として支給される。

老齢基礎年金は、遺族年金との調整はない。

（イ）について

涼太さんが18歳到達年度の末日を迎えた時点で、子に対する遺族基礎年金は、支給が打ち切られる。

（ウ）について

涼太さんが18歳到達年度の末日を迎えた時点で、遺族基礎年金は、支給が打ち切られる。その代わり、中高齢寡婦加算といい、子どもが18歳到達年度の末日を過ぎた時点で、妻が40歳以上であれば、40歳から65歳になるまでの間、加算される。

なお、遺族基礎年金を受給している間は、支給停止される。

また、中高齢寡婦加算は、妻が65歳になると自分の老齢基礎年金が受けられるようになるため、中高齢寡婦加算は消滅する。

（エ）について

遺族厚生年金は、義博さんの老齢厚生年金の報酬比例部分の４分の３に相当する額が支給される。

なお、遺族年金は、由紀恵さんが再婚など遺族年金の失権事由に該当した場合、その権利は失権する。

問 33　**正解　（ア）×　（イ）×　（ウ）○　（エ）○**　　難易度 A

（ア）について

「毎月の給与に係る健康保険料のうち、義博さんの負担分は15,000円である。」

下線部分が誤り。健康保険の保険料は、「標準報酬月額×保険料率」で計算する。

報酬月額には、基本給のほか、通勤手当、家族手当、能率給、役付手当なども含まれる。義博さんの報酬月額は、基本給300,000円＋通勤手当15,000円＝315,000円であり、〈資料〉より標準報酬月額320,000円に該当することがわかる。また、義博さんは35歳であり、介護保険第２号被保険者に該当しない。

したがって、320,000円（標準報酬月額）×10.00％（介護保険第２号被保険者に該当しない場合の健康保険料率）×２分の１（労使折半）＝16,000円。

よって、義博さんの負担分は、16,000円である。

（イ）について

「年２回支給される賞与に係る健康保険料については、義博さんの負担分はない。」

下線部分が誤り。健康保険料は、毎月の給与（標準報酬月額）と賞与（標準賞与額）に共通の保険料率を乗じて計算され、事業主と被保険者とが２分の１ずつ負担する。

（ウ）について

「義博さんが負担した健康保険料は、所得税の計算上、全額が社会保険料控除の対象となる。」

社会保険料控除の対象となる社会保険料は、次のようなものがある（国税庁ホームページより一部抜粋して掲載）。

・健康保険、国民年金、厚生年金保険および船員保険の保険料で被保険者として負担するもの
・国民健康保険の保険料または国民健康保険税
・高齢者の医療の確保に関する法律の規定による保険料
・介護保険法の規定による介護保険料
・雇用保険の被保険者として負担する労働保険料
・国民年金基金の加入員として負担する掛金

（エ）について

「協会けんぽの一般保険料率は都道府県支部単位で設定され、全国一律ではない。」

全国健康保険協会管掌健康保険（協会けんぽ）の一般保険料率は、2009年9月から都道府県単位保険料率に変更となった。保険料は、原則として、労使で折半して負担する。

2024年度の一般保険料率（2024年3月分から適用）は、最高が佐賀県の10.42％、最低は新潟県の9.35％である。

なお、介護保険料率は全国一律で、2024年度（2024年3月分から適用）は1.60％である。

問 34 　正解　（ア）2　（イ）4　（ウ）7　[難易度 A]

> 老齢基礎年金を繰下げ受給した場合は、65歳に達した月から支給繰下げの申し出を行った日の属する月の前月までの月数に応じて、次の増額率によって年金額が増額されます。
>
> 増額率＝（65歳に達した月から繰下げ申出月の前月までの月数）×0.7％
>
> 従って、仮に68歳に達した月に支給繰下げの申し出をすると、65歳から支給される額の（　ア　）に増額され、この支給率は（　イ　）継続して適用されます。
>
> なお、老齢基礎年金と併せて付加年金を受給できる場合、付加年金は（　ウ　）。

【解説】

（ア）について

老齢厚生年金および老齢基礎年金の繰下げ支給による年金の増額率は、65歳に達した月から繰下げ申出月の前月までの月数×0.7％で、最大84％となる。

したがって、68歳に達した月に支給繰下げの申し出をすると、65歳から支給される額の（ア）2．125.2％（36月×0.7％＝25.2％増額）となる。

ただし、昭和27年4月1日以前生まれの人は、繰下げの上限年齢が70歳（権利が発生してから5年後）までとなり、増額率は最大で42%である。

●繰下げ増額率

請求時の年齢	増額率
66歳0ヵ月～66歳11ヵ月	8.4%～16.1%
67歳0ヵ月～67歳11ヵ月	16.8%～24.5%
68歳0ヵ月～68歳11ヵ月	25.2%～32.9%
69歳0ヵ月～69歳11ヵ月	33.6%～41.3%
70歳0ヵ月～70歳11ヵ月	42.0%～49.7%
71歳0ヵ月～71歳11ヵ月	50.4%～58.1%
72歳0ヵ月～72歳11ヵ月	58.8%～66.5%
73歳0ヵ月～73歳11ヵ月	67.2%～74.9%
74歳0ヵ月～74歳11ヵ月	75.6%～83.3%
75歳0ヵ月	84.0%

（イ）について

繰り下げた期間によって年金額が増額された場合、その増額率は一生涯変わらない。

（ウ）について

老齢基礎年金を繰下げ受給する場合は、付加年金も同時に繰下げ受給が行われる。その際の増額率は、老齢基礎年金と同じである。

第10問

問35 正解 8,660（万円） 〔難易度 A〕

資料より、バランスシートを作成する。

＜西山家（裕子さん）のバランスシート（名義変更中の遺産を含む）＞

［資産］		［負債］	
金融資産		住宅ローン	380万円
現金・預貯金	1,850万円	自動車ローン	70万円
株式・投資信託	2,600万円	相続税・税理士報酬	80万円
生命保険（解約返戻相当額）	500万円	負債合計	530万円
不動産			
土地（自宅の敷地）	3,500万円	［純資産］	（ア）8,660万円
建物（自宅の家屋）	560万円		
その他（動産等）	180万円		
資産合計	9,190万円	負債・純資産合計	9,190万円

純資産（ア）＝資産－負債　であることから、

9,190万円－530万円＝8,660万円

問 36　正解　**1**　難易度 B

　源泉徴収票に記載されている所得税額を問う設問である。給与所得者の場合、給与所得控除後の金額から所得控除の額の合計額を差し引き、その金額に資料で与えられている＜所得税の速算表＞で与えられている税率を乗じ、控除額を差し引き、税額控除を差し引くことによって算定する。

　したがって、この設問では、所得控除の額の合計額を求めることがポイントとなる。

　所得控除の額は社会保険料控除や生命保険料控除といった物的控除額と配偶者控除や扶養控除といった人的控除から構成されるのであるが、物的控除額は社会保険料控除額が社会保険料等の金額1,040,000円、生命保険料控除額が生命保険料の控除額40,000円、地震保険料控除額が地震保険料の控除額20,000円と記載されているので、それを集計する。

　1,040,000円（社会保険料控除額）＋40,000円（生命保険料控除額）＋20,000円（地震保険料控除額）＝1,100,000円（物的控除額）

と算定される。

　次に人的控除額であるが、源泉徴収票の控除対象配偶者の有無等、配偶者（特別）控除の額、控除対象扶養親族の数、障害者の数といった欄に記載がないことから、配偶者控除、配偶者特別控除、扶養控除、障害者控除といった適用がなく、基礎控除だけ適用されることがわかる。なお、設問の西山裕子さんの給与所得控除後の金額は5,380,000円であり、給与所得以外に申告すべき所得はない旨が設問から与えられているので、基礎控除が減額されることはなく

　480,000円（基礎控除）＝480,000円（人的控除額）

と算定される。

　したがって、

　1,100,000円（物的控除額）＋480,000円（人的控除額）＝1,580,000円（所得控除の合計額）

と算定されるので、

　5,380,000円（給与所得控除後の金額）－1,580,000円（所得控除の合計額）
　＝3,800,000円（課税される所得金額）

が、＜所得税の速算表＞にあてはめるべき金額となる。

　ゆえに、3,300,000円から6,949,000円までの欄に該当するので

　3,800,000円（課税される所得金額）×20％－427,500円＝332,500円

が、税額控除前の所得税額となるのであるが、この設問では住宅借入金等特別控除の額40,000円が源泉徴収票に記載されているので、これが税額控除に該当し

　332,500円（税額控除前の所得税額）－40,000円（税額控除額）＝292,500円

が、源泉徴収票（ア）欄の源泉徴収税額となる。

問 37 　正解　**1,158,000（円）**　［難易度 A］

　退職一時金にかかる退職所得税額を問う設問である。退職所得控除額の算定方法は「退職所得の受給に関する申告書」が提出された場合

・勤続年数が20年以下の場合……1年あたり40万円

・勤続年数が20年を超える場合……20年以下の部分に1年あたり40万円＆20年を超えた部分に70万円

・勤続年数1年未満の端数は切り上げ

・退職所得の金額の算式は、「（収入金額－退職所得控除額）$\times \frac{1}{2}$」

で算定されることとなっている。本問の場合、裕子さんの勤続年数21年4ヵ月であるので22年で算定することとなる。したがって

　$\{2{,}500万円 － （40万円 \times 20年 ＋ 70万円 \times 2年）\} \times \frac{1}{2} = 780万円$

と退職所得金額が算定される。なお、勤続年数5年以下の法人役員等の場合には上記算式から$\frac{1}{2}$がなくなり、障害者になったことが直接の原因で退職した場合の退職所得控除額は100万円加算されるのであるが、本問では「勤務先の役員であったことはない」および「退職は障害者になったことに基因するものではない」と資料にあるので、これらの要件について考慮することはない。

　ここまで算定されたら、あとは問36で与えられているのと同様に＜所得税の速算表＞をあてはめることになるので、この設問では、6,950,000円から8,999,000円までの区分をあてはめることになる。

　したがって、

　7,800,000円（課税される退職所得金額）×23％－636,000円＝1,158,000円

と、退職一時金にかかる退職所得税額が算定される。

　この設問では＜資料＞が万円単位、＜所得税の速算表＞が円単位で与えられているので、誤りなく算定することもポイントである。

問 38 　正解　**（ア）4　（イ）9　（ウ）4**　［難易度 B］

　源泉徴収ありの特定口座（源泉徴収選択口座）で上場株式等の配当等を受け取った場合、特定口座内で配当所得と譲渡損失との損益通算が行われる。具体的には、配当等は20％（所得税15％＋住民税5％）の税金が源泉徴収されて特定口座内に算入され、

年間の配当所得が計算される。

一方、年間を通して上場株式等の譲渡損失が生じた場合には、年末に配当所得との損益通算が行われ、配当所得に対する源泉徴収税額の過納分が翌年の年初に還付される。

（ア）本問の場合、年間の配当所得は300,000円（＝＜資料＞の「⑨合計」の金額）である。この300,000円の配当所得に対して、所得税15％（＝300,000円×0.15＝45,000円）、住民税5％（＝300,000円×0.05＝「15,000」円）が源泉徴収されたことになる。

（イ）＜資料＞の一番上の表を見ると、「①譲渡の対価の額」が2,800,000円、「②取得費及び譲渡に要した費用の額等」が3,000,000円なので、「③差引金額（譲渡所得等の金額）」は▲200,000円となる（200,000円の譲渡損失＝＜資料＞の③および⑯の金額）。したがって、年間の配当所得300,000円から譲渡損失200,000円を差し引くと、「⑰差引金額」は「100,000」円になる。

（ウ）年間の配当所得から譲渡損失を差し引いた100,000円に対して、所得税15％、住民税5％を掛けた金額が納付税額となる。したがって、（ウ）は100,000円×0.15＝「15,000」円となる。住民税は、100,000円×0.05＝5,000円となる。

問 39　正解　**2**　難易度 B

「雇用保険の一般被保険者または高年齢被保険者が、配偶者や父母など対象となる家族を介護するために会社を休業した場合、一定の要件を満たせば介護休業給付金を受給することができます。

介護休業給付金は、（ ア 対象となる同じ家族 ）について、通算（ イ 93日 ）を限度に支給されます。

また、この介護休業は（ ウ 3回 ）を限度に分割して取得することが可能で、そのたびに給付金を受給することができます。

1日当たりの給付金の支給額は、該当する被保険者が休業を開始した日の前日に離職したものとみなして計算する休業開始時賃金日額の（ エ 67％ ）となりますが、この賃金日額には上限があるほか、対象期間中に会社から一定額以上の賃金が支給されると、給付金が減額されたり不支給となったりする場合もあるので注意が必要です。」

【解説】

（ア）と（イ）について

雇用保険の一般被保険者や高年齢被保険者が、一定の状態にある家族を介護するために休業する場合、(ア) 対象となる同じ家族について、通算 (イ) 93日の介護休業を限度とし、介護休業給付金が支給される。

（ウ）について

　介護休業給付金は、次の①および②を満たす介護休業について、同一の対象家族について通算93日を限度に (ウ) 3回まで分割して取得することができ、そのたびに給付金を受給できる。

①負傷、疾病または身体上もしくは精神上の障害により、2週間以上にわたり常時介護（歩行、排泄、食事等の日常生活に必要な便宜を供与すること）を必要とする状態にある家族を、介護するための休業であること

②被保険者が、その期間の初日および末日とする日を明らかにして事業主に申し出を行い、これによって被保険者が実際に取得した休業であること

（エ）について

　1日当たりの介護休業給付金の支給額は、該当する被保険者が休業を開始した日の前日に離職したものとみなして計算する休業開始時賃金日額の (エ) 67% となる。

　介護休業給付金の支給額は、休業開始時賃金日数×支給日数×67%である。

　支給上限額は、341,298円（2023年8月1日現在）で、毎年8月1日に見直されている。

●介護休業期間を対象として事業主から賃金が支払われた場合

支払われた賃金の額	支給額
休業開始時賃金日額×休業期間の日数の13%以下の場合	休業開始時賃金日額×休業期間の日数×67%
休業開始時賃金日額×休業期間の日数の13%超～80%未満の場合	休業開始時賃金日額×休業期間の日数×80%－賃金額
休業開始時賃金日額×休業期間の日数の80%以上の場合	支給されない

<資料>

［2023年3月分の高額療養費の算定］

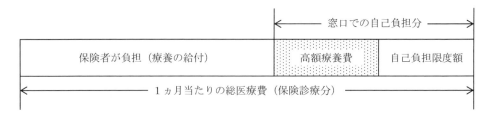

［医療費の1ヵ月当たりの自己負担限度額（70歳未満の人）］

標準報酬月額	自己負担限度額（月額）
①83万円以上	252,600円＋（総医療費－842,000円）×1％
②53万～79万円	167,400円＋（総医療費－558,000円）×1％
③28万～50万円	80,100円＋（総医療費－267,000円）×1％
④26万円以下	57,600円
⑤市区町村民税非課税者等	35,400円

【解説】

　高額療養費は、同一月（1日から月末まで）にかかった医療費の自己負担額が高額になった場合、一定の金額（自己負担限度額）を超えた分が、申請することで後から払い戻される。

<裕子さんの窓口負担額>

　2023年3月の保険診療分＝入院180,000円＋通院30,000円＝210,000円

　総医療費＝210,000円÷3割＝700,000円

　裕子さんの標準報酬月額は44万円であるので、1ヵ月の当たりの自己負担限度額は、③80,100円＋（総医療費－267,000円）×1％で計算する。

　裕子さんの自己負担限度額＝80,100円＋（700,000円－267,000円）×1％

　　　　　　　　　　　　　　＝84,430円

　したがって、高額療養費＝2023年3月の保険診療分210,000円－自己負担限度額84,430円＝125,570円

　なお、入院時の食事代や保険診療適用外の差額ベッド代などは、高額療養費の対象とならない。

解答・解説編

2023年1月試験（資産設計提案業務）

模範解答

<table>
<tr><th colspan="2">第 1 問</th></tr>
<tr><td>問 1</td><td>（ア）○　（イ）○　（ウ）○　（エ）×</td></tr>
<tr><td>問 2</td><td>4</td></tr>
<tr><th colspan="2">第 2 問</th></tr>
<tr><td>問 3</td><td>3</td></tr>
<tr><td>問 4</td><td>0.148（％）</td></tr>
<tr><td>問 5</td><td>（ア）1　（イ）4　（ウ）6　（エ）8</td></tr>
<tr><td>問 6</td><td>4</td></tr>
<tr><th colspan="2">第 3 問</th></tr>
<tr><td>問 7</td><td>（ア）×　（イ）×　（ウ）×　（エ）×</td></tr>
<tr><td>問 8</td><td>156（㎡）</td></tr>
<tr><td>問 9</td><td>（ア）1　（イ）4　（ウ）7　（エ）6</td></tr>
<tr><td>問10</td><td>3.52（％）</td></tr>
<tr><th colspan="2">第 4 問</th></tr>
<tr><td>問11</td><td>（ア）1,506（万円）　（イ）300（万円）
（ウ）390（万円）</td></tr>
<tr><td>問12</td><td>1</td></tr>
<tr><td>問13</td><td>138（日分）</td></tr>
<tr><td>問14</td><td>（ア）×　（イ）○　（ウ）×　（エ）○</td></tr>
<tr><th colspan="2">第 5 問</th></tr>
<tr><td>問15</td><td>540（万円）</td></tr>
<tr><td>問16</td><td>2</td></tr>
<tr><td>問17</td><td>（ア）55（万円）（イ）65（万円）（ウ）10（万円）</td></tr>
<tr><td>問18</td><td>4</td></tr>
<tr><th colspan="2">第 6 問</th></tr>
<tr><td>問19</td><td>2</td></tr>
<tr><td>問20</td><td>（ア）1　（イ）2　（ウ）1　（エ）4</td></tr>
<tr><td>問21</td><td>3</td></tr>
<tr><td>問22</td><td>1</td></tr>
<tr><th colspan="2">第 7 問</th></tr>
<tr><td>問23</td><td>197（万円）</td></tr>
<tr><td>問24</td><td>176（万円）</td></tr>
<tr><td>問25</td><td>729（万円）</td></tr>
<tr><th colspan="2">第 8 問</th></tr>
<tr><td>問26</td><td>2,837,700（円）</td></tr>
<tr><td>問27</td><td>21,655,200（円）</td></tr>
<tr><td>問28</td><td>3,863,280（円）</td></tr>
<tr><th colspan="2">第 9 問</th></tr>
<tr><td>問29</td><td>2</td></tr>
<tr><td>問30</td><td>2</td></tr>
<tr><td>問31</td><td>（ア）○　（イ）○　（ウ）×　（エ）×</td></tr>
<tr><td>問32</td><td>（ア）2　（イ）3　（ウ）7</td></tr>
<tr><td>問33</td><td>（ア）×　（イ）○　（ウ）○　（エ）○</td></tr>
<tr><td>問34</td><td>（ア）×　（イ）×　（ウ）○　（エ）×</td></tr>
<tr><th colspan="2">第 10 問</th></tr>
<tr><td>問35</td><td>10,470（万円）</td></tr>
<tr><td>問36</td><td>2</td></tr>
<tr><td>問37</td><td>（ア）4　（イ）1　（ウ）9</td></tr>
<tr><td>問38</td><td>32,000（円）</td></tr>
<tr><td>問39</td><td>4</td></tr>
<tr><td>問40</td><td>（ア）3　（イ）5　（ウ）9</td></tr>
</table>

●**試験問題の難易度**（各問題について、ＡＢＣで難易度を判定しています）

A	易しいレベルの問題、点数をとりやすい問題	26問
B	２級の試験として通常レベルの問題	12問
C	難しい問題、新しい傾向の問題	2問

問1 正解 （ア）○ （イ）○ （ウ）○ （エ）× 難易度 A

（ア）適切。生命保険商品の一般的な説明を行うことは募集行為に該当せず、生命保険募集人等の資格は必要としない。

（イ）適切。公正証書遺言の証人になるには、一定の判断能力が必要であり、また、遺言の内容を知る立場となるため、遺言者や公証人と利害関係があってはならないとされる。この要件を満たせば、FPも証人になることは可。

（ウ）適切。税理士の独占業務である「税理士業務」は、税務代理、税務書類の作成、税務相談を業として行うことである。仮定の事例に基づく一般的な解説は独占業務に該当しない。

（エ）不適切。投資助言行為を行うには、金融商品取引業の登録を受ける必要がある。本問で提供される投資情報は、個別の投資信託について具体的な解約時期を示しており、それに対する報酬も発生していることから、これには金融商品取引業の登録が必要とされる。一般的な景気動向や業界動向、企業業績などの情報提供に関しては、業法に抵触しない。

問2 正解 4 難易度 B

1．適切。金融サービス提供法第1条では、法律の目的を次のように定めている。

「この法律は、金融商品販売業者等が金融商品の販売等に際し顧客に対して説明をすべき事項、金融商品販売業者等が顧客に対して当該事項について説明をしなかったこと等により当該顧客に損害が生じた場合における金融商品販売業者等の損害賠償の責任その他の金融商品の販売等に関する事項を定めるとともに、金融サービス仲介業を行う者について登録制度を実施し、その業務の健全かつ適切な運営を確保することにより、金融サービスの提供を受ける顧客の保護を図り、もって国民経済の健全な発展に資することを目的とする。」

なお、「金融商品の販売等」とは、金融商品の販売またはその代理もしくは媒介をいう。

2．適切。2020年6月5日、金融サービス仲介業を新設する改正金融商品販売法が国会で可決・成立し、6月12日に公布された（2021年11月1日施行）。この改正法により、金融商品販売法は「金融サービス提供法（金融サービスの提供に関する法律）」と改称されることになった。

3．適切。金融サービス提供法における金融商品販売業者等とは、金融商品の販売等を業として行う者をいうので、IFAに対しても金融サービス提供法が適用される。

4．不適切。金融商品販売業者等は、顧客に対し重要事項について説明をしなければ

ならない場合において当該重要事項について説明をしなかったとき、または不確実な事項について断定的判断の提供等を行ったときは、これによって生じた当該顧客の損害を賠償する責任を負う。

第2問

問3 正解 3 難易度 A

3．が正しい。

2回以上にわたって買い付けた同一銘柄を売却した場合の1株当たりの取得価額は、取得費用等を含んだ金額により「総平均法に準ずる方法」で算出する（ただし本問では、売買委託手数料や消費税については考慮しないこととする、とされている）。

具体的には、最初の取得から売却までの期間（または前回の売却から今回の売却までの期間）に取得した取得価額を平均し、1株当たりの取得価額を算出する。計算式は、1株当たり取得価額＝取得費の合計÷株数の合計、となる。

2023年1月10日に売却した200株の1株当たり取得価額は次のとおりとなる。

$$1株当たり取得価額 = \frac{3,660円 \times 300株 + 3,410円 \times 200株 + 4,390円 \times 100株}{300株 + 200株 + 100株}$$

$$= \frac{2,219,000円}{600株} = 3,698.33\cdots円 ≒ 3,699円（円未満切り上げ）$$

問4 正解 0.148（%） 難易度 A

最終利回りの計算式は次のとおり。

$$最終利回り（\%） = \frac{表面利率 + \dfrac{額面金額 - 買付価格}{残存期間}}{買付価格} \times 100$$

本問の場合、表面利率：0.10%、額面金額：100円、買付価格：99.62円、残存期間：8年なので、最終利回りは次のとおり0.148%となる。

$$最終利回り（\%） = \frac{0.10 + \dfrac{100 - 99.62}{8}}{99.62} \times 100 = 0.1480\cdots$$
$$≒ 0.148（\%）（小数点以下第4位切り捨て）$$

問5 正解 （ア）1 （イ）4 （ウ）6 （エ）8 難易度 A

（ア）戦争や紛争など地政学的リスクの高まりは、一般的に金価格の上昇要因となる。

（イ）純金積立では、毎月3,000円以上1,000円単位といった一定金額で、金を積立式

に購入していく。

（ウ）取扱機関によっては、純金積立で積み立てた金を、金地金、地金型金貨で受け取ることができる。

（エ）個人が金地金や純金積立を売却した場合の所得は、譲渡所得として総合課税の対象となる。購入後5年以内に売却した場合は短期譲渡所得となり、「(売却額－購入額) －50万円」が課税対象額となる。保有期間5年超の場合は長期譲渡所得となり、「｛(売却額－購入額) －50万円｝×1／2」が課税対象額となる。

問 6 　正解　4　難易度 A

4．が最も適切である。

（ア）PBR（倍）＝株価÷1株当たり純資産

　　　PX株式のPBR＝840円÷800円＝1.05（倍）

（イ）配当利回り（％）＝1株当たり年間配当金÷株価×100

　　　PX株式の配当利回り＝10円÷840円×100＝1.190…（％）

　　　PY株式の配当利回り＝80円÷5,200円×100＝1.538…（％）

　　　∴PY株式の方が配当利回りが高い。

第 3 問

問 7 　正解　（ア）×（イ）×（ウ）×（エ）×　難易度 A

（ア）不適切。所有権に関する事項が記載されている欄は権利部の甲区である。

（イ）不適切。一つの不動産に対して複数の抵当権を設定することができる。

（ウ）不適切。当該抵当権を抹消するには、所有者および抵当権者による抹消登記申請が必要である。

（エ）不適切。だれでも、法務局などにおいて、手数料を納付して、登記事項証明書の交付を請求することができる。

問 8 　正解　156（㎡）　難易度 A

　建築物の敷地が異なる2つの用途地域にわたる場合の建築面積の最高限度は、用途地域ごとに建蔽率を乗じて求めた建築面積の最高限度を合計する。

（1）近隣商業地域の部分

　　　60㎡×80％＝48㎡

（2）準住居地域の部分

　　　180㎡×60％＝108㎡

（3）建築面積の最高限度

   $48\text{m}^2 + 108\text{m}^2 = 156\text{m}^2$

問 9 正解 （ア）1 （イ）4 （ウ）7 （エ）6 難易度 A

 固定資産税は、毎年1月1日現在の土地や家屋などの所有者に課される税金である。新築住宅が一定の要件を満たす場合、新築後3年間（マンション等の場合は5年間）、一戸当たり120㎡相当分の固定資産税が2分の1に減額される。また、住宅用地で一戸当たり200㎡以下の小規模宅地については、固定資産税の課税標準額を固定資産税評価額の6分の1とする特例がある。

問 10 正解 3.52（％） 難易度 A

 投資用マンションの実質利回りは、「純利益／購入費用の総額」で算出される。

 純収益は、年間の賃料から諸経費（管理費や固定資産税など）を差し引いた金額である。

 設問の場合、

- ・年間の賃料：60,000円×12＝720,000円
- ・諸経費（年額）

 管理費／修繕積立金等：10,000円×12月＝120,000円

 管理業務委託費：60,000円×5％×12月＝36,000円

 固定資産税・都市計画税：36,000円

 120,000円＋36,000円＋36,000円＝192,000円

- ・純収益：720,000円－192,000＝528,000円
- ・実質利回り：528,000円÷1,500万円＝0.0352（3.52％）

第 4 問

問 11 正解 （ア）1,506（万円）（イ）300（万円）（ウ）390（万円） 難易度 B

 荒木さんが保険契約者および被保険者として加入することとした生命保険の保障内容は、次のとおりである。

＜資料／生命保険提案書＞利率変動型積立保険

①利率変動型積立保険	病気死亡のとき：積立金額 事故で死亡のとき：積立金額の1.5倍
②長期生活保障保険	死亡・高度障害のとき毎年120万円×10年間
③普通定期保険	死亡・高度障害のとき300万円

④医療保険	入院給付金　日額10,000円 　　　　　　　（入院1日目から・1入院120日限度） 手術給付金　入院中：20万円　外来：5万円 がん・脳・心臓に対する所定の手術：プラス20万円
⑤入院サポート特約	1日以上入院で10万円
⑥生活習慣病保険	生活習慣病入院給付金　日額10,000円 （入院1日目から・1入院120日限度）
⑦リビング・ニーズ特約	死亡保険金の範囲内（通算3,000万円限度）
⑧7大疾病一時金特約	7大疾病で所定の診断・入院・手術のとき　300万円

（ア）2023年3月に、荒木さんが交通事故で死亡（入院・手術なし）した場合、保険
　　会社から支払われる保険金・給付金の合計額は、以下のとおりとなる。
　　①利率変動型積立保険：事故で死亡したので積立金額（問題文より4万円）×
　　　1.5倍＝6万円
　　②長期生活保障保険：120万円×10年間＝1,200万円
　　③普通定期保険：300万円
　　したがって、①＋②＋③＝1,506万円となる。

（イ）2023年5月に、荒木さんが余命6ヵ月以内と判断された場合、リビング・ニー
　　ズ特約の請求において指定できる最大金額は、死亡保険金の合計額で3,000万
　　円が限度である。また、問題文より、利率変動型積立保険と長期生活保障保険
　　のリビング・ニーズ特約の請求はしないものとしているため、普通定期保険の
　　300万円のみとなる。

（ウ）2023年6月に、荒木さんが初めてがん（悪性新生物）と診断され、治療のため
　　20日間入院し、その間に約款所定の手術を1回受けた場合、保険会社から支払
　　われる保険金・給付金の合計は、以下のとおりとなる。
　　④医療保険：入院給付金は、10,000円×20日＝20万円。手術給付金は、入院中
　　　の所定の手術のため20万円に、がんに対する手術なので20万円がプラスされ
　　　40万円。したがって、20万円＋20万円＋20万円＝60万円となる。
　　⑤入院サポート特約：1日以上入院しているので、10万円
　　⑥生活習慣病保険：生活習慣病入院給付金は10,000円×20日＝20万円
　　⑧7大疾病一時金特約：300万円
　　したがって、④＋⑤＋⑥＋⑧＝390万円となる。

問 12 正解 1 難易度 B

地震保険の保険料は、建物の所在地（都道府県）、建物の構造区分によって算出する。

本問の建物の所在地は愛媛県、建物の構造区分は「イ構造」であるため、地震保険金額100万円当たりの地震保険料は、＜資料＞から1,160円である。

問題文より、火災保険（自宅建物）の保険金額は1,000万円となっている。地震保険は火災保険の保険金額の最大50％、建物の場合は5,000万円を上限に付保することができる。本問の地震保険の保険金額は500万円となる。

したがって、本問の地震保険の保険料は、100万円当たりの保険料1,160円×5＝5,800円となる。本問では各種割引制度は考慮しないため、そのまま5,800円となる。

問 13 正解 138（日分） 難易度 C

1回目の入院は糖尿病によるもの、2回目の入院は心疾患によるものである。双方の入院の原因は異なるため、それぞれ1入院の限度日数まで入院給付金が支払われる。

1回目は36日分支払われる。2回目は78日で60日を超えているが、資料より3大疾病（がん、心疾患、脳血管疾患）は支払日数無制限となっているため、78日分支払われる。

3回目の入院の原因となった疾病は、1回目と同一である。1回目に糖尿病による入院をして退院後180日以内（172日）に1回目と同一の疾病で再入院したため、1回目の入院と3回目の入院は1入院とみなされる。したがって、3回目の入院は、60日－36日＝24日分が支払われることになる。

したがって、36日（1回目）＋78日（2回目）＋24日（3回目）＝138日分が支払われる。

問 14 正解 （ア）× （イ）○ （ウ）× （エ）○ 難易度 B

（ア）不適切。特定疾病保障保険は、がん（悪性新生物）と診断され、特定疾病保険金が支払われるとその時点で契約は終了となる。その後当該保険金が支払われた人が死亡した場合、死亡保険金は支払われない。本肢のように生前に特定疾病保険金を受け取っていない場合でも、同時に両方の保険金が支払われることはない。

（イ）適切。リビング・ニーズ特約の保険料は不要である。

（ウ）不適切。自動振替貸付は、解約返戻金の範囲内で保険会社が契約者に保険料相当額の貸付を行い、契約者はそれを保険料として支払う制度である。資料1より、介護保障定期保険Bは無解約返戻金型である。したがって、自動振替貸付を受けることはできず、所定の時期に保険料の払い込みが行われない場合は、

解答編 2023.1月

契約が失効する。

（エ）適切。資料２の介護保障定期保険Ｂの介護保険金の支払事由を見ると、保険期間中に①と②のいずれかに該当したときに支払われることとなっている。①において、「公的介護保険制度に定める要介護２以上の状態」であることが記載されている。本肢の場合は要介護３であり、①の要件を満たしているため、介護保険金を受け取ることができる。

第 5 問

問 15 　正解　540（万円）　　難易度 A

退職所得金額を問う設問である。退職所得控除額の算定方法は「退職所得の受給に関する申告書」が提出された場合

・勤続年数が20年以下の場合……１年あたり40万円

・勤続年数が20年を超える場合……20年以下の部分に１年あたり40万円、20年を超えた部分に70万円

・勤続年数１年未満の端数は切り上げ

・退職所得の金額の算式は、「（収入金額−退職所得控除額）× $\frac{1}{2}$ 」

で算定されることとなっている。本問の場合、小田さんの勤続年数35年４ヵ月であるの36年で算定することとなる。したがって

$$\{3{,}000万円−（40万円×20年＋70万円×16年）\}×\frac{1}{2}=540万円$$

と算定される。なお、勤続年数５年以下の法人役員等の場合には上記算式から $\frac{1}{2}$ がなくなり、障害者になったことが直接の原因で退職した場合の退職所得控除額は100万円加算されるのであるが、本問では「勤務先の役員であったことはない」および「退職は障害者になったことに基因するものではない」旨の記載が設問にあるので、これらの要件について考慮することはない。

問 16 　正解　2　　難易度 B

1．適切。小規模企業共済の共済金や確定拠出年金の老齢給付金は、年金形式で受け取る場合、公的年金等に係る雑所得の収入金額となる。

2．不適切。公的年金等に係る雑所得の金額の計算は、「公的年金等の収入金額−公的年金等控除額」により計算されるのであるが、公的年金等控除額は、受給者の年齢が65歳以上か65歳未満かにより、控除額が異なる。

3．適切。公的年金等以外の総合課税となる雑所得の金額に、赤字が生じた場合、その赤字の金額と公的年金等に係る雑所得の金額を通算し、雑所得の金額を計算す

ることができる。これは、雑所得という同一の所得の区分内なので、通算できることとされている。

4．適切。公的年金等の収入金額が400万円以下であり、かつ、その公的年金等の全部が源泉徴収の対象となる場合において、公的年金等に係る雑所得以外の所得金額の合計が20万円以下であるときは、確定申告は不要である。

問 17　正解　（ア）55（万円）（イ）65（万円）（ウ）10（万円）　難易度 A

　所得税の青色申告特別控除制度の控除額の区分を問う設問である。

　青色申告特別控除は65万円、55万円、10万円の３種類があるが、どれが適用できるのかは、下記の説明のとおりとなる、以下、設問の全文を（　）書きを含めて記載すると次のようになる。

（1）不動産所得または事業所得を生ずべき事業を営んでいる青色申告者で、これらの所得に係る取引を正規の簿記の原則（一般的には複式簿記）により記帳し、その記帳に基づいて作成した貸借対照表および損益計算書を確定申告書に添付して法定申告期限内に提出している場合には、原則としてこれらの所得を通じて最高（ア　55）万円を控除することができる。

（2）この（ア　55）万円の青色申告特別控除を受けることができる人が、所定の帳簿の電子帳簿保存またはe-Taxによる電子申告を行っている場合は、最高（イ　65）万円の青色申告特別控除が受けられる。

（3）上記（1）および（2）以外の青色申告者については、不動産所得、事業所得および山林所得を通じて最高（ウ　10）万円を控除することができる。

　一般的に55万円の青色申告特別控除の要件に、所定の帳簿の電子帳簿保存またはe-Taxによる電子申告を行っている場合には65万円の青色申告特別控除、55万円の青色申告特別控除の要件にひとつでも外れると10万円の青色申告特別控除となるとおさえておくといいだろう。

　たとえば、不動産所得が事業的規模でない、貸借対照表および損益計算書を確定申告書に添付していない、あるいは、申告期限後に確定申告を提出した、というような場合には青色申告特別控除は10万円となる。

問 18　正解　4　難易度 B

　給与所得と損益通算できる損失について所得税法上の措置を問う設問である。

　不動産所得は▲100万円であるが、必要経費の700万円の中に、土地の取得に要した借入金の利子の額120万円が含まれている旨の説明が＜資料＞内にある。

不動産所得が赤字の場合には、土地の取得に要した借入金の利子は、損益通算から除外しなければいけないのだが、本問のケースでは、その年分の不動産所得の金額の計算上必要経費に算入した、土地等を取得するために要した借入金の利子の額120万円が、その不動産所得の金額の計算上生じた損失の金額以上となっている。この場合、その不動産所得の金額の計算上生じた損失の金額（▲100万円）を上限として、その不動産所得の金額の計算上必要経費に算入した、土地等を取得するために要した負債の利子の額に相当する部分の金額を控除することになるので、120万円のうち損益通算から除外しなければいけない借入金の利子の額は100万円までとなる。よって、不動産所得▲100万円のうち損益通算の対象となる損失はない。

次に、雑所得▲10万円とあるが、損益通算とは、不動産所得、事業所得、山林所得、譲渡所得において損失が生じた場合に適用を検討するのであるから、雑所得で生じた損失は損益通算の対象とならない。

最後に、上場株式の売却による譲渡所得▲150万円とあるが、上場株式の売却により生じた損失については、上場株式等の譲渡益、特定公社債等の譲渡益、上場株式等の配当または公社債等の利子など一部のものに損益通算の対象が限られる。本問では、給与所得と損益通算できる損失について問うているのであるから、損益通算の対象となる所得はないことになる。

したがって、不動産所得で生じた損失、雑所得で生じた損失、譲渡所得で生じた損失について、本問では損益通算できる損失はない。

第 6 問

問 19   正解　2   難易度 A

普通借地権の相続税評価額の計算式は、「自用地評価額×借地権割合」となる。資料の土地は、自用地評価額が「路線価200千円×奥行価格補正率1.00×地積300㎡」、借地権割合が70％なので、選択肢2が正解である。

問 20   正解　（ア）1　（イ）2　（ウ）1　（エ）4   難易度 A

（ア）未払い医療費は、相続財産から控除することが<u>できる</u>。

（イ）被相続人が生前に購入した墓地の未払い代金は、相続財産から控除することは<u>できない</u>。

（ウ）将来返金することになる敷金は、相続財産から控除することが<u>できる</u>。

（エ）葬式費用として相続財産から控除することができるものに、<u>通夜のための費用</u>があげられる。香典返礼費用や、四十九日の法要のための費用は控除すること

はできない。

正解　3　　難易度 A

配偶者控除の適用2,000万円と基礎控除110万円を財産評価額から控除して計算する。

よって、

（2,750万円 − 2,000万円 − 110万円）× 40% − $\underset{\text{速算表の控除額}}{125万円}$ = 131万円

が正解となる。

なお、適用税率は、夫から妻への贈与なので、（ロ）の速算表を使用する。

正解　1　　難易度 A

内容をまとめると以下のとおりである。

	配偶者	長男	長女
マンション：3,500万円	3,500万円	――	――
現預金：1,000万円	――	500万円	500万円
死亡保険金：0万円（※1）	0万円	0万円	0万円
死亡退職金：500万円（※2）	500万円	――	――
債務および葬式費用：▲400万円	▲400万円	――	――
相続税の課税価格	3,600万円	500万円	500万円

※1：死亡保険金に対する非課税限度額の控除額は、法定相続人が3人なので、500
　　　万円 × 3人 = 1,500万円となり、課税価格に算入する金額はゼロとなる。

※2：死亡退職金に対する非課税限度額の控除額も、※1と同じなので、2,000万円
　　　− 1,500万円 = 500万円が課税価格に合算される。

以上のことから、選択肢1が正解となる。

第 7 問

正解　197（万円）　　難易度 A

3年後の基本生活費を求める問い。

（ア）= 186万円 ×（1 + 0.02）^{3} ≒ 197.3846 → 197万円（万円未満を四捨五入）

正解　176（万円）　　難易度 B

設問の＜条件＞より、山根家の「年間教育費（現在価値）」は、以下のとおり推移
すると考えられる。

	基準年	1年	2年	3年
貴典	321,281円	1,406,433円	1,406,433円	1,406,433円
桃乃	321,281円	321,281円	321,281円	321,281円
年間教育費 （現在価値）	642,562円	1,727,714円	1,727,714円	1,727,714円

表より、2年後の教育費（将来値）を求めればよい。

（イ）＝1,727,714円×（1＋0.01）^{2}≒1,762,441 → 176万円（万円未満を四捨五入）

問 25 　**正解　729（万円）** 　難易度 A

2年後の金融資産残高を求める問い。

当年の金融資産残高＝前年の金融資産残高×変動率＋当年の年間収支

したがって、

（ウ）＝714万円×（1＋0.01）＋8＝729.14 → 729万円（万円未満を四捨五入）

第 8 問

問 26 　**正解　2,837,700（円）** 　難易度 A

終価係数の「5年」を使用する。

2,700,000円×1.051＝2,837,700円

問 27 　**正解　21,655,200（円）** 　難易度 A

年金現価係数の「20年」を使用する。

1,200,000円×18.046＝21,655,200円

問 28 　**正解　3,863,280（円）** 　難易度 A

年金終価係数の「15年」を使用する。

240,000円×16.097＝3,863,280円

第 9 問

問 29 　**正解　2** 　難易度 B

返済回数 （回）	毎月返済額 （円）		うち元金 （円）	うち利息 （円）	残高 （円）
120	99,404		48,778	50,626	17,064,318
⋮	⋮		⋮	⋮	⋮
139	99,404		51,594	47,810	16,109,623
140	99,404		51,747	47,657	16,057,876

100万円
差し引く

16,064,318

　期間短縮型の繰上げ返済の場合、償還予定表の「うち元金」部分に繰上げ返済額が充当され、それぞれに相応する「うち利息」の合計額が、繰上げ返済による利息軽減額となる。

　したがって、120回返済後の「残高」から100万円を差し引き、繰上げ返済額が100万円を超えない範囲、かつ最大額に該当する「残高」を求め、該当する「返済回数」が分かれば、短縮された期間を求めることができる。

　17,064,318円－1,000,000円＝16,064,318円

　この額は「返済回数」139回と140回の「残高」の間に位置する。問いは繰上返済額が100万円を超えない範囲で最大とあるため、139回まで期間が短縮することとなる。

　したがって、

　139回－120回＝19回

　となり、短縮される返済期間は1年7ヵ月となる。

問30　正解　2　難易度 C

1．適切。高等学校等就学支援金制度が適用されるには、世帯の所得要件を満たす必要がある。「課税標準額（課税所得額）×6％－市町村民税の調整控除の額」が15万4,500円未満（年収目安590万円未満）であれば私立高校授業料の実質無償化の対象となり、15万4,200円以上30万4,200円未満（年収目安910万円未満）であれば、基準額（11万8,800円）の支給対象となる。この場合、設問のとおり国公立高校の授業料負担は実質0円となる。

2．不適切。制度適用の判断は、毎年度行われる。入学時に支給の対象外であっても、その後の状況の変化によっては、認定を受けて支給を受けることもできる。

3．適切。就学支援金は学校設置者（都道府県や学校法人など）が、生徒本人に代わって受け取り、授業料に充当する。なお、授業料と就学支援金の差額がある場合、その差額は支払う必要がある。

4．適切。制度利用にあたっては申請が必要となる。受給資格認定申請書のほか、所得を確認できる資料の提出も必要。

正解 （ア）○ （イ）○ （ウ）× （エ）× ［難易度 B］

（ア）適切。リビング・ニーズ特約の生前給付金を被保険者である和雄さんが受け取った場合、その金額は非課税となる。しかしその後和雄さんが死亡したときに、リビング・ニーズ特約で受け取った保険金の残額がある場合は、当該残額は相続税の課税対象となる。

（イ）適切。定期保険Aは、契約者（保険料負担者）・被保険者が和雄さん、保険金受取人は妻の留美子さんであるので、留美子さんが受け取った死亡保険金は相続税の対象となる。本肢のように相続人が受け取る場合は、「500万円×法定相続人の数」に相当する金額が相続財産に算入されない。

（ウ）不適切。火災保険の損害保険金は非課税である。

（エ）不適切。傷病により受け取る入院給付金、手術給付金、通院給付金、先進医療給付金は非課税である。

問 32 正解 （ア）2 （イ）3 （ウ）7 ［難易度 A］

・基本手当を受け取るには、ハローワークに出向き、原則として（ア2．4週間）に一度、失業の認定を受けなければならない。

・和雄さんの場合、基本手当の所定給付日数は（イ3．150日）である。

・和雄さんの場合、基本手当は、求職の申込みをした日以後、7日間の待期期間および待期期間満了後（ウ7．2ヵ月）の給付制限期間を経て支給が開始される。

● （ア）について

雇用保険の基本手当を受給するには、ハローワークに出向き、原則として、4週間に1度、失業の認定（失業状態にあることの確認）を受けなければならない。

なお、失業の認定を受けようとする期間（認定対象期間：原則として前回の認定日から今回の認定日の前日までの期間）中に、原則として2回以上（基本手当の支給に係る最初の認定日における認定対象期間中は1回）の求職活動の実績が必要となる。

● （イ）について

雇用保険の一般被保険者に対する求職者給付の基本手当の所定給付日数（基本手当の支給を受けることができる日数）は、受給資格に係る離職の日における年齢、雇用保険の被保険者であった期間及び離職の理由などによって決定され、90日〜360日の間でそれぞれ決まっている。

和雄さんは、一般の受給資格者（特定受給資格者・一部の特定理由離職者以外の

者）に該当する。

　なお、現在45歳の和雄さんは、22歳から勤務しているため、被保険者であった期間は、23年となる。したがって、＜資料：基本手当の所定給付日数＞の［一般の受給資格者（特定受給資格者・一部の特定理由離職者以外の者）］の被保険者として雇用された期間に該当し、基本手当の所定給付日数は150日となる。

● （ウ）について

　基本手当については、ハローワークで求職の申込みをした日以後、7日間の待期期間中は、支給されない。なお、和雄さんのように自己都合などで退職した場合、7日間の待期期間満了後2ヵ月（過去5年間に2回以上自己都合で離職している場合は3ヵ月間）の給付制限期間を経て支給が開始される。

問 33　正解　（ア）✕　（イ）〇　（ウ）〇　（エ）〇　　**難易度 B**

> 　協会けんぽの被保険者が出産のために仕事を休み、給料の支払いを受けられなかった場合、出産手当金が支給されます。支給されるのは、出産の日以前（＊＊＊）日から出産の翌日以後（a 56日）までの間において、仕事を休んだ日数分となります。出産の日が出産予定日より遅れた場合は、その遅れた期間分も支給されます。一日当たりの出産手当金の額は、支払開始日が属する月以前の直近の継続した12ヵ月間が被保険者期間である場合は、その各月の標準報酬月額を平均した額の30分の1に相当する額の（b 3分の2）相当額となります。
> 　産前産後休業期間中の健康保険および厚生年金保険の保険料については、事業主の申出により（c 本人負担分および事業主負担分）が免除されます。この免除期間は、将来、被保険者の年金額を計算する際は、（d 保険料を納めた期間）として扱われます。
> 　（注）問題の作成上、一部を＊＊＊としている。

● （a）について

　出産手当金は、出産日（出産が予定日より後になった場合は、出産予定日）以前42日（多胎妊娠の場合は98日）から出産日の翌日以降56日までの範囲内で、会社を休み、給与の支払いがなかった期間を対象として支給される。

　なお、枝里子さんの出産が出産予定日より遅れた場合、遅れた期間についても支給対象となる。

　出産予定日が遅れた場合⇒出産予定日前42日＋出産予定日から遅れた出産日までの日数＋産後56日

● （b）について

　1日あたりの出産手当金の額は、支払開始日（注）が属する月以前の直近の継続した12ヵ月間が被保険者期間である場合は、その各月の標準報酬月額を平均した額の30分の1に相当する額の<u>3分の2</u>相当額となる。

　なお、枝里子さんが産前産後休業中の期間について給与の支給があった場合には、出産手当金は支給されない。ただし、支給された給与の額が、出産手当金の日額より少ない場合は、出産手当金と給与の差額が支給される。

（注）支給開始日とは、1番最初に出産手当金が支給された日をいう。

● （c）について

　産前産後休業期間中の健康保険および厚生年金保険の保険料については、事業主の申出により<u>本人負担分および事業主負担分</u>が免除される。なお、育児休業期間中についても、同様の取り扱いとなっている。

● （d）について

　この免除期間は、将来、被保険者の年金額を計算する際は、不利益にならないように<u>保険料を納めた期間として扱われる</u>。なお、育児休業期間中についても、同様の取り扱いとなっている。

問 34　正解　（ア）×　（イ）×　（ウ）○　（エ）×　　**難易度 B**

（ア）労災保険は、在宅勤務をする労働者を<u>給付対象としない</u>。

（イ）労災保険における保険料率は、<u>業種にかかわらず一律</u>である。

（ウ）労災保険の保険料は、その全額を事業主が負担する。

（エ）労働者が業務上の災害により労災指定病院等において療養を受けた場合は、<u>その費用の1割を労働者が負担し、残る部分が療養補償給付となる</u>。

※下線部分が誤りである。

（ア）在宅勤務をする労働者であっても、労働契約に基づいて事業主の支配下にあることによって生じた災害は、業務上の災害として<u>労災保険給付の対象となるとされている</u>。

（イ）労災保険における保険料率は、<u>事業の種類（54業種）</u>ごとに定められており、1,000分の2.5（金融業、保険業、不動産業など）～1,000の88（金属鉱業、石炭鉱業など）となっている。

（ウ）労災保険の保険料は、その全額を事業主が負担する。労働者の負担はない。

（エ）労働者が業務上の災害により労災指定病院等において療養を受けた場合は、原

則として労災保険指定医療機関で<u>無料で治療を受けること</u>ができる。

問 35 正解 10,470 (万円) 難易度 A

資料より、バランスシートを作成する。

＜伊丹家（浩二さんと奈美さん）のバランスシート＞

[資産]		[負債]	
金融資産		住宅ローン	1,200万円
現金・預貯金	3,890万円	自動車ローン	70万円
株式・投資信託	1,030万円		
生命保険（解約返戻金相当額）	770万円	負債合計	1,270万円
不動産			
投資用マンション	2,000万円		
土地（自宅の敷地）	3,400万円	[純資産]	（ア）10,470万円
建物（自宅の家屋）	530万円		
その他（動産等）	120万円		
資産合計	11,740万円	負債・純資産合計	11,740万円

純資産（ア）＝資産－負債　であることから、

11,740万円－1,270万円＝<u>10,470万円</u>

問 36 正解 2 難易度 B

　源泉徴収票の記載内容をもとに、課税総所得金額（所得控除を差し引いた後の金額）を問う設問である。

　給与所得者の場合、収入金額から給与所得控除額を差し引いたものが給与所得金額となり、給与所得金額から所得控除の額の合計額を差し引いたものが課税総所得金額となる。

　本問ではすでに給与所得金額は源泉徴収票の給与所得控除後の金額（調整控除後）に8,950,000円と与えられているので、所得控除の額の合計額を求めることがポイントとなる。

　所得控除の額の合計額は配偶者控除や配偶者特別控除、扶養控除や障害者控除などといった人的控除と、社会保険料控除、生命保険料控除、地震保険料控除といった物的控除などがあるが、人的控除については源泉徴収票3列目の源泉控除対象配偶者の有無、配偶者特別控除の額、控除対象扶養親族の数、障害者の数などいずれも記載がないため、配偶者控除や配偶者特別控除、扶養控除や障害者控除のいずれについても

適用がないことがわかる。

　一方、物的控除については源泉徴収票4列目に社会保険料等の金額1,413,843円、生命保険料の控除額80,000円、地震保険料の控除額40,000円との記載があるため、これらが物的控除額となる。また、住宅借入金等特別控除の額120,000円が記載されているが、住宅借入金等特別控除は税額控除であり、所得控除の額の合計額には入らない。

　なお、合計所得金額2,400万円以下の場合には480,000円の基礎控除も適用できるので、所得控除の額の合計額は

1,413,843円（社会保険料控除）＋80,000円（生命保険料控除）＋40,000円（地震保険料控除）＋480,000円（基礎控除）＝2,013,843円

　と算定される。

　給与所得金額から所得控除の額の合計額を差し引いたものが課税総所得金額となるのであるから、

8,950,000円（給与所得の金額）－2,013,843円（所得控除の合計額）＝6,936,157円

が、本問における課税総所得金額である。

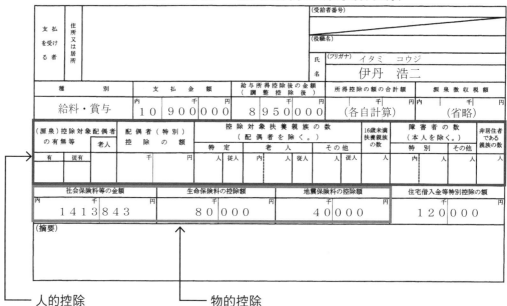

令和 4 年分　　**給与所得の源泉徴収票**

第 10 問

問 37　正解　（ア）4　（イ）1　（ウ）9　　難易度 A

　（ア）浩二さんが亡くなった場合の法定相続人は、奈美さん、壮一さん、裕子さんで、裕子さんはすでに死亡しているため、その子である知美さんと慎一さんが該当

する。したがって、知美さんの法定相続分は、1／4×1／2×1／2＝1／16となる。

（イ）被相続人の兄弟姉妹に遺留分はないため、知美さんに遺留分はない。

（ウ）相続税の申告が必要な場合、基礎控除の額は、法定相続人が4人なので、3,000万円＋600万円×4人＝5,400万円となる。

問38 正解 **32,000（円）** 難易度 A

利付国債の償還差益は譲渡所得として、税率20％（所得税15％＋住民税5％）の申告分離課税の扱いになる。源泉徴収ありの特定口座（源泉徴収選択口座）で利付国債に投資した場合、金融機関が譲渡所得に対する20％の税金を源泉徴収し、税務署に納付する。

本問の償還差益（＝譲渡所得）は次のとおり16万円である。

　　購入代金：額面金額800万円×購入価格（額面100円につき98円）

　　　　　　　＝800万円×98円÷100円＝784万円

　　償還金額：額面償還なので800万円

　　償還差益：800万円−784万円＝16万円

譲渡所得16万円に対する所得税、住民税の金額、および合計額は次のとおりである。

　　所得税　16万円×15％＝16万円×0.15＝24,000円

　　住民税　16万円×5％＝16万円×0.05＝8,000円

　　合計額　24,000円＋8,000円＝32,000円

「浩二さんは、1963年11月18日生まれの男性ですので、老齢基礎年金と老齢厚生年金を65歳から受給することになります。

　ただし、65歳より早く受給したい場合には、60から65歳になるまでの間に支給繰上げの請求をすることができます。この場合、年金額は、0.4％に繰上げ請求月から65歳に達する月の前月までの月数を乗じた率に基づいて減額されます。

なお、支給繰上げの請求は、老齢基礎年金と老齢厚生年金について（ア同時に行わなくてはなりません）。

　また、65歳より遅く受給し年金額を増やしたい場合には、66歳から（イ75）歳になるまでの間に支給繰下げの申し出をすることができます。この場合、年金額は（ウ0.7）％に65歳に達した月から繰下げ申出月の前月までの月数を乗じた率に基づいて増額されます。

　なお、支給繰下げの申し出は、老齢基礎年金と老齢厚生年金について別々に行うことができます。

● （ア）について

　老齢年金（老齢基礎年金と老齢厚生年金）は、希望すれば、本来の受給開始年齢である65歳よりも早い時期に受け取り始めることができる。これを「支給繰上げ」という。ただし、支給繰上げを請求をした時点で、将来にわたって年金額が減額されることになる。

　2022年４月１日から老齢年金の支給繰上げの減額率が緩和され、１ヵ月あたり0.5％から0.4％に引き下げられた。減額率0.4％が適用されるのは、1962年４月２日以後生まれの人である。1962年４月１日以前生まれの人は、2022年４月１日以降に繰上げ請求した場合であっても、適用される減額率は0.5％である。

　なお、支給繰上げの請求は、老齢基礎年金と老齢厚生年金については、同時に行わなくてはならない。

繰上げ減額率【1962年４月２日以後生まれの人】

年齢	減額率
60歳０ヵ月～60歳11ヵ月	24.0％～19.6％
61歳０ヵ月～61歳11ヵ月	19.2％～14.8％
62歳０ヵ月～62歳11ヵ月	14.4％～10.0％
63歳０ヵ月～63歳11ヵ月	9.6％～ 5.2％
64歳０ヵ月～64歳11ヵ月	4.8％～ 0.4％

繰上げ減額率【1962年4月1日以前生まれの人】

年齢	減額率
60歳0ヵ月～60歳11ヵ月	30.0%～24.5%
61歳0ヵ月～61歳11ヵ月	24.0%～18.5%
62歳0ヵ月～62歳11ヵ月	18.0%～12.5%
63歳0ヵ月～63歳11ヵ月	12.0%～6.5%
64歳0ヵ月～64歳11ヵ月	6.0%～0.5%

● （イ）と（ウ）について

　支給繰下げとは、本来65歳から受給する老齢年金を66歳から75歳までに遅らせて受け取り始めることである。受給開始を1ヵ月繰下げるごとに、年金額が0.7％増額する。1952年4月2日以後生まれの人は、75歳まで繰下げた場合の年金額は、最大84％増額されることになる。

　ただし、1952年4月1日以前生まれの人は、繰下げの上限年齢が70歳で、増額率は最大で42％となっている。

　なお、支給繰下げは、老齢厚生年金と老齢基礎年金を別々の希望月で繰下げすることができる。

●繰下げ増額率

請求時の年齢	増額率
66歳0ヵ月～66歳11ヵ月	8.4%～16.1%
67歳0ヵ月～67歳11ヵ月	16.8%～24.5%
68歳0ヵ月～68歳11ヵ月	25.2%～32.9%
69歳0ヵ月～69歳11ヵ月	33.6%～41.3%
70歳0ヵ月～70歳11ヵ月	42.0%～49.7%
71歳0ヵ月～71歳11ヵ月	50.4%～58.1%
72歳0ヵ月～72歳11ヵ月	58.8%～66.5%
73歳0ヵ月～73歳11ヵ月	67.2%～74.9%
74歳0ヵ月～74歳11ヵ月	75.6%～83.3%
75歳0ヵ月	84.0%

正解 （ア）3 （イ）5 （ウ）9 [難易度 A]

● 公的介護保険

	第1号被保険者	第2号被保険者
保険者	（ア3．市町村および特別区）	
被保険者	（ア3．市町村および特別区）に住所を有する（イ5．65歳）以上の者	40歳以上（イ5．65歳）未満の公的医療保険加入者
保険料の徴収	（ア3．市町村および特別区）が、原則として年金からの天引きにより徴収	加入先の公的医療保険の保険者が医療保険料と一体的に徴収
保険給付（介護サービス）の対象者	原因を問わず、要介護（要支援）状態と認定された者	（ウ9．老化に伴う特定疾病を原因として、要介護（要支援）状態と認定された者）

● （ア）について

　公的介護保険における保険者は、全国の市町村および特別区（東京23区）で、要介護（要支援）認定の申請は、市町村および特別区が窓口になっている。

● （イ）について

　公的介護保険制度の被保険者は、①65歳以上の者（第1号被保険者）、②40〜64歳の公的医療保険加入者（第2号被保険者）となっている。

　保険料の徴収は、65歳以上で年金額が年18万円以上の人は年金から天引き（特別徴収）となっており、年金額が年18万円未満の人は納付書で納付（普通徴収）する。

　一方、40歳以上65歳未満の公的医療保険加入者は、加入先の公的医療保険の保険者が医療保険料と一体的に徴収する。

● （ウ）について

　65歳以上の者は、要介護または要支援状態となった原因を問わず、介護サービスを受けることができる。

　一方、40歳以上65歳未満の公的医療保険加入者が介護サービスを受けられるのは、要介護（要支援）状態が、末期がん・関節　リウマチ、脳血管疾患（外傷性除く）等の老化に伴う特定疾病（16種類）による場合に限定されている。

模範解答

第 1 問	
問1	（ア）〇 （イ）× （ウ）× （エ）〇
問2	3

第 2 問	
問3	2
問4	3
問5	（ア）× （イ）× （ウ）〇 （エ）〇
問6	1

第 3 問	
問7	2
問8	（ア）1 （イ）2 （ウ）4 （エ）5
問9	（ア）4 （イ）2 （ウ）7
問10	1

第 4 問	
問11	（ア）7（万円） （イ）680（万円） （ウ）4,510（万円）
問12	（ア）〇 （イ）× （ウ）〇 （エ）×
問13	（ア）× （イ）× （ウ）〇 （エ）〇
問14	4

第 5 問	
問15	1
問16	2
問17	2
問18	3

第 6 問	
問19	4

問20	1
問21	（ア）1／2 （イ）なし （ウ）1／4

第 7 問	
問22	373（万円）
問23	717（万円）
問24	15回分

第 8 問	
問25	477,000（円）
問26	52,855,200（円）
問27	496,000（円）

第 9 問	
問28	2,020（万円）
問29	4
問30	2
問31	3
問32	（ア）3 （イ）5 （ウ）8
問33	（ア）3 （イ）5 （ウ）8
問34	（ア）× （イ）〇 （ウ）× （エ）〇

第 10 問	
問35	6,660（万円）
問36	3
問37	2
問38	2,130,000（円）
問39	1
問40	（ア）2 （イ）5 （ウ）7

●**試験問題の難易度**（各問題について、ABCで難易度を判定しています）

A	易しいレベルの問題、点数をとりやすい問題	26問
B	2級の試験として通常レベルの問題	13問
C	難しい問題、新しい傾向の問題	1問

第1問

問 1 正解 （ア）○ （イ）× （ウ）× （エ）○ 〔難易度 A〕

(ア) 適切。社会保険労務士の独占業務には、年金事務所や労働基準監督署などに提出する書類の作成、および提出手続きの代行などがある。社会保険労務士の資格を有しない者が報酬を得て独占業務を行ってはならない。「ねんきん定期便」を基に、公的年金の受給見込み額を計算することは独占業務に相当しない。したがって、適切。

(イ) 不適切。弁護士の独占業務は、訴訟事件や和解などの法律事件に関する法律事務を扱うことを指し、弁護士（または弁護士法人）でない者は、報酬を得る目的で法律事務を扱うことはできない。

(ウ) 不適切。投資助言行為を行うには、金融商品取引業の登録を受ける必要がある。本問で提供される投資情報は具体的な投資時期を示しており、それに対する報酬も発生していることから、金融商品取引業の登録が必要とされる。一般的な景気動向や業界動向、企業業績などの情報提供に関しては、業法に抵触しない。

(エ) 適切。税理士の独占業務である「税理士業務」は、税務代理、税務書類の作成、税務相談を業として行うことである。仮定の事例に基づく一般的な解説は税務相談に該当しない。

問 2 正解 3 〔難易度 A〕

1. 適切。消費者が事業者に対し、勧誘をしている場所から退去する意思を示したにもかかわらず事業者が退去させなかった場合、消費者は当該契約を取り消すことができる。

2. 適切。設問のとおり。

3. 不適切。消費者契約法は、消費者が事業者と契約するとき、消費者（個人）の利益を守ることを目的とする。法人は対象とならない。

4. 適切。設問のとおり消費者は、事業者から提供された情報を活用し、消費者の権利義務その他の消費者契約の内容について、理解するよう努めるものとされている。

第2問

問 3 正解 2 〔難易度 A〕

1. 適切。＜資料＞は、2022年1月22日の日本経済新聞朝刊の紙面なので、前日（1月21日）のマーケットの動きを示している。＜資料＞左上の「日経平均株価」の

グラフを見ると、21日の日経平均株価の動きは、終日、前日終値（点線部分）を下回って推移している。

2. 不適切。＜資料＞右下の「債券市場」の「新発10年国債」を見ると、利回りの前日比が「－0.010」となっている。債券の利回りの低下は価格の上昇を意味するので、新発10年国債の価格は前営業日に比べて「下落」したのではなく、「上昇」したことになる。

3. 適切。＜資料＞右上部分の真ん中「金利」の「無担保コール翌日物金利」を見ると、「－0.020％（＋0.005）」となっている。＜資料＞下の枠外の※で、カッコの中で示されている＋は前営業日との比較とあるので、無担保コール翌日物金利は前営業日より0.005％上昇し、－0.020％となったことが理解できる。

4. 適切。＜資料＞左下の「外為市場」の「円相場」の「終値」を見ると、「113.86－113.87」とあり、前日の終値は「114.39－114.40」との記載があるので、前営業日より円高となっている。

問 4 正解 **3** 〔難易度 B〕

1. 適切。一般に、格付がBBB（トリプルB）以上の債券は、元利金支払いの確実性が高いので投資適格債とされ、BB（ダブルB）以下の債券は、元利金支払いの確実性にリスクがあるので投機的等級の債券とされる。本問の債券の格付は、＜資料＞よりBBBなので、投資適格債に該当する。

2. 適切。NISAは、上場株式や公募株式投資信託等を対象とした制度であり、国債や社債、公社債投資信託などは対象外である。

3. 不適切。新発債を購入する場合、発行価格のみを払い込めばよい。別途、募集手数料等はかからない。本問の場合、発行価格は額面100円につき100円なので、額面金額ちょうどを払い込めば購入できる。額面100万円分購入する場合は、100万円ちょうどの払い込みで購入できることになる。

4. 適切。債券の劣後特約とは、元本と利息の支払い順位が普通社債より低くなる特約である。劣後特約付債券（劣後債）は、発行体が破綻した場合の弁済順位が普通社債より劣るが、普通社債より利回りは高くなる。

問 5 正解 （ア）× （イ）× （ウ）○ （エ）○ 〔難易度 B〕

※NISA、つみたてNISAについては、2023年度税制改正により、2024年1月から新制度（新NISA）に移行したが、本問は2022年9月の出題であり、2022年4月1日現在施行の法令等に基づいて解答するものとされているため、以下の解説も2022年4月1日現在の法令等に基づいて行う。

（ア）不適切。つみたてNISAに限らず、一般NISA、ジュニアNISAも、その年の非課税投資枠の未使用分を、翌年以降に繰り越すことはできない。また、つみたてNISA、一般NISA、ジュニアNISAで購入した商品の売却はいつでも自由に行えるが、売却した分の非課税枠を再利用することもできない。

（イ）不適切。つみたてNISAの対象商品は一定の要件を満たす必要があるため、事前に金融庁に届出書を提出する必要がある。具体的には、長期の積立・分散投資に適した所定の要件を満たす公募株式投資信託と上場投資信託（ETF）が対象商品となっている。毎月分配型は、つみたてNISAの対象商品とはなっていない。

（ウ）適切。つみたてNISAの非課税運用期間は、積立を行った年から、それぞれ最長20年間である。

（エ）適切。株式投資信託の分配金には、普通分配金と元本払戻金（特別分配金）の2種類がある。元本払戻金（特別分配金）は、文字どおり投資家の元本の一部が払い戻されたものであり、利益からの分配ではないので、必ず非課税扱いとなる。このため、つみたてNISAの非課税メリットは得られない。

問 6 正解 1 （難易度 B）

1. が正しい。

2回以上にわたって買い付けた同一銘柄を売却した場合の1株当たりの取得価額は、取得費用等を含んだ金額により「総平均法に準ずる方法」で算出する（ただし本問では、売買手数料および消費税については考慮しないこととする、とされている）。具体的には、最初の取得から売却までの期間（または前回の売却から今回の売却までの期間）に取得した取得価額を平均し、1株当たりの取得価額を算出する。計算式は、1株当たり取得価額＝取得費の合計÷株数の合計、となる。

まず、2021年11月5日のQA社株式追加買付後の1株当たり取得価額は次のとおりとなる。

$$1株当たり取得価額 = \frac{2,520円 \times 3,000株 + 3,060円 \times 2,000株}{3,000株 + 2,000株}$$

$$= \frac{13,680,000円}{5,000株} = 2,736円$$

その後、2022年5月18日にQA社はQZ社に吸収合併され、合併比率が「QA社：QZ社＝1：1.2」なので、QA社株式1株に対しQZ社株式1.2株が交付された。井川さんの合併時におけるQA社株式の保有株数は5,000株だったので、QZ社株式6,000株（＝

5,000株×1.2）が交付されたことになる。この時点におけるQZ社株式の1株当たり取得価額は、「従前の1株当たり取得価額÷旧株1株について取得した合併法人株式＝2,736円÷1.2＝2,280円」となる。

2022年9月9日の売却時まで、追加買付はなかったので、譲渡所得の取得費の計算の基礎となる1株当たり取得価額は2,280円のままということになる。

第3問

問7　正解　2　［難易度 B］

①建蔽率の判定

対象土地は防火地域であるため、耐火建築物を建てる場合、上限となる建蔽率は、指定建蔽率の60％（6／10）に10％を加えた70％となる。

②建築面積の最高限度（ア）

当該土地の面積に、上記①で求めた建蔽率をかける。

270（㎡）×70（％）＝189㎡

③容積率の判定

幅員12m未満の道路に接する敷地では、（A）「指定容積率」と（B）「前面道路幅員×6／10（住居系用途地域では4／10)」のいずれか低いほうの容積率が適用される。なお、敷地が2以上の道路に接面している場合でそれぞれの道路の幅員が異なる場合は、幅員が最大のものが前面道路となる。

設例の場合、（A）（B）はそれぞれ次のとおり。

・指定容積率：400％（40／10）

・前面道路幅員による容積率の制限：8（m）×4／10＝320％

したがって、対象土地において上限となる容積率は、低いほうの320％である。

④延べ面積の最高限度（イ）

当該土地の面積に、上記③で求めた容積率をかけたものが延べ面積の最高限度となる。

270（㎡）×320（％）＝864㎡

問8　正解　（ア）1　（イ）2　（ウ）4　（エ）5　［難易度 A］

契約の方法について、普通借家契約は制限がないのに対し、定期借家契約は公正証書等の書面によらなければならない。

契約の更新については、普通借家契約の場合は賃貸人に正当事由がない限り更新されるのに対し、定期借家契約の場合は期間満了により終了し、更新されない。

また、契約期間が1年未満の場合、普通借家契約は期間の定めのない契約とみなされる一方、定期借家契約は1年未満の契約も有効である。

問9 正解 （ア）4（イ）2（ウ）7 〔難易度 A〕

一戸当たり200㎡以下の小規模宅地については、課税標準額を固定資産税では固定資産税評価額の6分の1、都市計画税では固定資産税評価額の3分の1とする特例が適用できる。また、土地および家屋の固定資産税の標準税率は1.4%とされているが、各市町村（東京23区内は都）は条例によってこれと異なる税率を定めることができる。

問10 正解 1 〔難易度 B〕

投資マンションの表面利回りは「総収入／購入費用の総額」で算出される。

よって設問の場合、

・年間の賃料：130,000円×12月＝1,560,000円

・表面利回り：1,560,000円÷3,000万円＝0.052（5.20％）

となる。

また、投資用マンションの実質利回りは、「純収益／購入費用の総額」で算出される。

純収益は、年間の賃料から諸経費（管理費や固定資産税など）を差し引いた金額である。設問の場合、

・諸経費（年額）

管理費・修繕積立金：20,000円×12月＝240,000円

管理業務委託費：5,000円×12月＝60,000円

火災保険料：15,000円

固定資産税等税金：50,000円

修繕費：30,000円

合計：240,000円＋60,000円＋15,000円＋50,000円＋30,000円＝395,000円

・純収益：年間の賃料1,560,000円－諸経費395,000円＝1,165,000円

となる。よって実質利回りは、

純収益1,165,000円÷購入費用の総額3,000万円≒0.0388（3.88％）

第4問

問11 正解 （ア）7（万円）（イ）680（万円）（ウ）4,510（万円） 〔難易度 B〕

正浩さんが保険契約者（保険料負担者）および被保険者として加入している生命保険の保障内容は、次のとおりである。

<資料／保険証券１>定期保険特約付終身保険

①終身保険	500万円
②定期保険特約	3,000万円
③特定疾病保障定期 　保険特約	500万円
④傷害特約 　（本人・妻型）	500万円 妻の災害死亡保険金・障害給付金は本人の６割
⑤災害入院特約 　（本人・妻型）	ケガでの入院　日額5,000円（入院５日目から保障） 妻の給付金は本人の６割
⑥疾病入院特約 　（本人・妻型）	病気での入院　日額5,000円（入院５日目から保障） 病気やケガで手術を受けた場合入院給付金日額の10倍・ 20倍・40倍 妻の給付金は本人の６割
⑦生活習慣病入院特約 　（本人型）	生活習慣病での入院　日額5,000円（入院５日目から保障） 所定の手術を受けた場合入院給付金日額の10倍・20倍・ 40倍

<資料／保険証券２>終身がん保険

⑧がん診断給付金	初めてがんと診断されたとき　100万円
⑨がん入院給付金	日額１万円（入院１日目から保障）
⑩がん手術給付金	１回につき20万円
⑪がん死亡給付金	がんによる死亡20万円
⑫死亡給付金	がん以外による死亡10万円

（ア）正浩さんが現時点で、網膜剥離（加齢・近視が原因）で８日間継続して入院し、約款所定の手術（給付倍率10倍）を１回受けた場合、保険会社から支払われる保険金・給付金の合計額は、以下のとおりとなる。

　　　<資料／保険証券１>

　　　⑥疾病入院特約：入院給付金は5,000円×（８日−４日）＝２万円。手術給付金は5,000円×10倍＝５万円。２万円＋５万円＝７万円

　　　<資料／保険証券２>

　　　網膜剥離はがん以外の疾病であるため、給付金はない。

　　　したがって、支払われる保険金・給付金の合計は、<保険証券１>の７万円となる。

（イ）正浩さんが現時点で、初めてがん（悪性新生物）と診断され、治療のため12日間継続して入院し、その間に約款所定の手術（給付倍率40倍）を１回受けた場合、保険会社から支払われる保険金・給付金の合計額は、以下のとおりとなる。

＜資料／保険証券１＞

③特定疾病保障定期保険特約：500万円

⑥疾病入院特約：入院給付金5,000円×（12日－４日）＝４万円。手術給付金5,000円×40倍＝20万円。合計24万円。

⑦生活習慣病入院特約：入院給付金5,000円×（12日－４日）＝４万円。手術給付金5,000円×40倍＝20万円。合計24万円。

③＋⑥＋⑦＝500万円＋24万円＋24万円＝548万円

＜資料／保険証券２＞

⑧がん診断給付金：100万円

⑨がん入院給付金：１万円×12日＝12万円

⑩がん手術給付金：20万円

⑧＋⑨＋⑩＝100万円＋12万円＋20万円＝132万円

したがって、＜保険証券１＞＋＜保険証券２＞＝548万円＋132万円＝680万円となる。

（ウ）正浩さんが現時点で、交通事故で死亡（入院・手術なし）した場合、保険会社から支払われる保険金・給付金の合計額は以下のとおりとなる。

＜資料／保険証券１＞

①終身保険：500万円、②定期保険特約3,000万円、③特定疾病保障定期保険特約500万円、④傷害特約500万円の合計金額が支払われる。

①＋②＋③＋④＝4,500万円

＜資料／保険証券２＞

⑫死亡給付金（がん以外による死亡）：10万円

したがって、＜保険証券１＞＋＜保険証券２＞＝4,500万円＋10万円＝4,510万円となる。

問 12 正解 （ア）○ （イ）× （ウ）○ （エ）× ［難易度 A］

（ア）適切。生命保険料控除額を問う設問である。生命保険料控除の計算は2011年12月31日以前に締結した保険契約等に係る保険料（以下旧契約という）と、2012年１月１日以後に締結した保険契約等に係る保険料（以下新契約という）とでは、生命保険料控除の取扱いが異なる。

　この設問では、和也さんの［個人年金保険］は契約日が2019年９月１日なの

で新契約、保険料が月額8,600円なので年間の支払い保険料は

8,600円×12ヵ月＝103,200円

となる。したがって、新契約の生命保険料控除の速算表にあてはめと、算式は以下のとおり。

・［個人年金保険］新契約の生命保険料控除

…103,200円　→80,000円超なので40,000円

となる。

（イ）不適切。和也さんの［個人年金保険］は10年確定年金なので、通常は年金形式で受け取り、その場合は雑所得となるのであるが、何らかの事情により解約返戻金を一時金で受け取った場合、その所得の区分は雑所得ではなく、一時所得となる。

（ウ）適切。和也さんが年金受取り開始前に死亡した場合、配偶者が受け取る死亡給付金は、みなし相続財産として相続税の課税対象となる。

（エ）不適切。和也さんの［個人年金保険］を10年確定年金として年金形式で受取ると、その所得の区分は雑所得となる。

問13　正解　（ア）×　（イ）×　（ウ）○　（エ）○　**難易度 B**

（ア）不適切。本問の自動車保険には運転者年齢条件が付されており、「35歳以上補償」となっている。陽平さんと同居している陽平さんの長女は21歳であり、被保険自動車を運転して他人にケガをさせて法律上の損害賠償責任を負った場合でも、補償の対象とならない。なお、陽平さんの長女が別居の未婚の子である場合は、運転者年齢条件に関係なく補償の対象となる。

（イ）不適切。本問の自動車保険には一般車両保険が付保されており、被保険自動車に落書きをされた場合にその損害が補償される。車へのいたずらや落書き、盗難、台風・竜巻・洪水・高潮による損害などで車両保険からのみ保険金が支払われた場合、当該事故はノンフリート等級別料率制度における1等級ダウン事故に該当する。

（ウ）適切。本問の自動車保険には人身傷害補償保険が付保されている。陽平さんが被保険自動車を運転中、他人が運転する自動車と衝突して陽平さんがケガをした場合、相手との過失割合に関わらず、示談を待たずに陽平さんの損害に対して保険金を受け取ることができる。

（エ）適切。本問の自動車保険にはファミリーバイク特約が付されている。陽平さんが所有する原動機付自転車（50cc）を記名被保険者の配偶者である陽平さんの妻が運転中、他人にケガをさせ法律上の損害賠償責任を負った場合、補償の対

象となる。陽平さんの妻は45歳であり、運転者年齢条件に合致している。

問 14 正解 **4** 難易度 B

文章中の（ア）～（エ）に適切な語句を入れると以下のとおりとなる。

・入院給付金や特定疾病保険金、高度障害保険金、リビングニーズ特約の受取人
は本来（ア）被保険者ですが、疾病等により意思表示できない等の特別な事情
がある場合、あらかじめ指定した者が指定代理請求人として（ア）被保険者の
代わりに保険金、給付金の請求を行うことができます。
・指定代理請求特約を付加するに当たって特約保険料は（イ）不要です。また、
指定代理請求人は保険期間の途中で（ウ）変更できます。
・指定代理請求人は（ア）被保険者の同意を得て（エ）契約者が指定します。

正しい語句の組み合わせは4．となる。

第 5 問

問 15 正解 **1** 難易度 A

退職所得金額を問う設問である。退職所得控除額は「退職所得の受給に関する申告
書」が提出された場合
・勤続年数が20年以下の場合……1年あたり40万円をかける
・勤続年数が20年を超える場合……20年以下の部分に1年あたり40万円、20年を超
えた部分に70万円をかける
・勤続年数1年未満の端数は切り上げ
で算定されることとなっている。

本問の場合、平尾さんの勤続年数は23年3ヵ月であるので、24年で算定することと
なる。

退職所得の金額の算式は、「（収入金額－退職所得控除額）×$\frac{1}{2}$」であり、よって
平尾さんの退職所得は、

$\{1,300万円－（40万円×20年＋70万円×4年）\}×\frac{1}{2}＝110万円$

と算定される。

なお、勤続年数5年以下の法人役員等の場合には上記算式から$\frac{1}{2}$がなくなり（役
員等以外についても、勤続年数5年以下の場合は、退職金の額から退職所得控除額を
差し引いた金額のうち300万円超については対象）、障害者になったことが直接の原因

で退職した場合の退職所得控除額は100万円加算されるのであるが、本問では「勤務先の役員であったことはない」および「退職は障害者になったことに基因するものではない」と資料にあるので、これらの要件について考慮することはない。

問 16 正解 2 難易度 A

配偶者控除または配偶者特別控除として控除される金額を問う設問である。純さんの給与収入は920万円であることから、<給与所得控除額の速算表>にあてはめると、

920万円－195万円＝725万円

と算定される。

したがって、設問にあるとおり「記載されている事項以外については、考慮しない」とすると、<配偶者控除額（所得税）の早見表>または<配偶者特別控除額（所得税）の早見表>は納税者の合計所得金額900万円以下で判定することとなる。

恵さんの給与収入は50万円であることから、<給与所得控除額の速算表>にあてはめると、

50万円－55万円

と算定され、配偶者の合計所得金額は0円と算定される。

よって、恵さんの年齢が40歳であることと<配偶者控除額（所得税）の早見表>へのあてはめにより、配偶者控除として38万円の適用を受けることとなる。

問 17 正解 2 難易度 A

公的年金等控除額の算定方法を問う設問である。設問内の<2022年分の収入等>には「老齢厚生年金および企業年金」「生命保険の満期保険金」「その他の所得金額の収入金額」が与えられているが、生命保険の満期保険金については、保険期間30年の養老保険とあること、また、その他の所得金額については、全額が公的年金等に係る雑所得以外の所得とあることから、老齢厚生年金および企業年金だけが、この設問の公的年金等控除額の対象となる所得であることがわかる。

よって、老齢厚生年金および企業年金の収入金額は340万円であること、ならびに山岸健太さんの年齢が72歳であることを<公的年金等控除額の速算表>にあてはめると、納税者区分は65歳以上の者となり、また公的年金等の収入金額は330万円超410万円以下の区分にあてはめることとなる。したがって公的年金等控除額は

340万円×25％＋27.5万円＝112.5万円

と算定される。

問 18　正解　3　　難易度 C

　　事業所得において他の所得と損益通算をしても、なお控除しきれない損失、つまり、純損失が発生しそうな場合の所得税法上の措置について問う設問である。

　　この場合、繰越控除、または繰り戻しによる還付の適用を検討するのであるが、事業所得者である納税者が、白色申告書を提出しているか、あるいは青色申告書を提出しているか、前年に純損失を計上しているか、本年に純損失を計上しているかにより対応が異なってくる。以下、用語の違い、対応の違いを設問に沿って列挙しておく。

　　まず、損益通算の規定を適用してもなお控除しきれない部分の金額（純損失の金額）が生じたときに、その損失額を翌年以後3年間にわたって繰り越して、各年分の所得金額から控除することを純損失の繰越控除といい、純損失の繰越しに代えて、その損失額を生じた年の前年に繰り戻して、前年分の所得税の還付を受けることを純損失の繰り戻しという。

　　したがって、設問に置き換えると、2022年の事業所得において純損失が発生しそうだが、前年度の所得が1,000万円であることから、純損失の「繰り戻しによる還付」を検討することとなる。

　　また、純損失の「繰り戻しによる還付」を検討する上でポイントになる点は前年も青色申告をしているということである。一方、純損失の繰越しは純損失が生じた年に青色申告書を提出している場合に限り適用される。この設問では前年と、純損失が生じた年のいずれにおいても青色申告書の提出が必要ということになる。

　　なお、純損失の「繰り戻しによる還付」の適用を受けるための手続きとしては、純損失の年分の確定申告期限である3月15日までに、「純損失の金額の繰戻しによる所得税の還付請求書」を所得税の確定申告書とともに提出する必要があるので、期限内申告が要件とされている。

　　以上を踏まえて、設問の全文を（　）書きを含めて記載すると以下のようになる。

　　一般的な話として、2022年に生じた純損失がある場合、2021年分の所得税について（ア　繰り戻しによる還付）を受けられる制度があります。この制度は、その前年において（イ　青色申告書）を提出し、かつ、純損失が生じた年の（イ　青色申告書）を提出期限までに提出している場合に限り認められます。馬場さんは所得税の確定申告書（確定損失申告書）を、2023年（ウ　2月16日から3月15日まで）に申告することで期限内申告書を提出したことになります。

問 19 正解 4 （難易度 A）

貸家建付地の相続税評価額の計算式は、

自用地評価額×奥行価格補正率×地積×（1 − 借地権割合×借家権割合×賃貸割合）

となる。したがって、選択肢4が正解である。

問 20 正解 1 （難易度 A）

相続税の課税価格の合計額は、以下のとおり。

土地800万円＋建物1,000万円＋現預金5,500万円＋死亡保険金1,000万円※ − 債務控除1,200万円＝7,100万円

※死亡保険金は、非課税限度額控除前の金額なので、法定相続人3人（配偶者、長女、二女）による非課税限度額500万円×3人＝1,500万円を控除した1,000万円を課税価格の合計額に算入する。

問 21 正解 （ア）1／2 （イ）なし （ウ）1／4 （難易度 A）

（ア）民法の規定に基づくので、被相続人の配偶者の法定相続分は1／2となる。

（イ）二男は相続放棄をしているため、その子（孫Cと孫D）は、法定相続分はない。
なお、長男（すでに死亡）の子である孫Aと孫Bは、法定相続人となり、法定相続分は、長男が生存していた場合の法定相続分1／4を均等を2人で均等にして1／8ずつである。

（ウ）被相続人の三男の法定相続分は、1／4となる。

問 22 正解 373 （万円） （難易度 A）

3年後の給与収入（妻）を求める問い。

（ア）＝362万円×（1＋0.01)^3≒372.9689 → 373万円（万円未満を四捨五入）

問 23 正解 717 （万円） （難易度 A）

2年後の金融資産残高を求める問い。

当年の金融資産残高＝前年の金融資産残高×変動率＋当年の年間収支であることから、まず「当年の年間収支」を求めなければならない。

年間収支＝収入合計795万円 − 支出合計640万円＝155万円

したがって、

（イ）＝556万円×（1＋0.01）＋155万円＝716.56 → 717万円（万円未満を四捨五入）

<u>問 24</u>　正解　15回分　　難易度 B

返済回数 （回）	毎月返済額 （円）	うち元金 （円）	うち利息 （円）	残高 （円）
42	115,592	65,496	50,096	33,331,956
⋮	⋮	⋮	⋮	⋮
57	115,592	66,986	48,606	32,337,640
58	115,592	67,086	48,506	32,270,554

100万円
差し引く
32,331,956

　期間短縮型の繰上げ返済の場合、償還予定表の「うち元金」部分に繰上げ返済額が充当され、それぞれに相応する「うち利息」の合計額が、繰上げ返済による利息軽減額となる。

　したがって、42回返済後の「残高」から100万円を差し引き、繰上げ返済額が100万円を超えない範囲、かつ最大額に該当する「残高」を求め、該当する「返済回数」が分かれば、短縮された期間を求めることができる。

　33,331,956円－1,000,000円＝32,331,956円

　この額は「返済回数」57回と58回の「残高」の間に位置する。問いは繰上返済額が100万円以内とあるため、57回まで期間が短縮することとなる。

　したがって、57回－42回＝15回

第 8 問

<u>問 25</u>　正解　477,000（円）　　難易度 A

　資本回収係数の「10年」を使用する。

　4,500,000円×0.106＝477,000円

<u>問 26</u>　正解　52,855,200（円）　　難易度 A

　年金現価係数の「25年」を使用する。

　2,400,000円×22.023＝52,855,200円

<u>問 27</u>　正解　496,000（円）　　難易度 A

　減債基金係数の「15年」を使用する。

　8,000,000×0.062＝496,000円

問 28 　正解　2,020（万円）　[難易度 B]

　　マンションの販売価格のうち180万円が消費税である。消費税はマンションのうち建物部分にのみかかるため、建物の価格（税抜き）は、

　　180万円 ÷ 0.1 ＝ 1,800万円

　　となる。

　　よって、マンションの販売価格のうちの土地の価格は、

　　4,000万円 −（1,800万円 ＋ 180万円）＝ 2,020万円

　　となる。

問 29 　正解　4　[難易度 A]

		ペアローン	収入合算	
			連帯債務	連帯保証
借入人等	正人さん	借入人	借入人	借入人
	幸子さん	借入人	連帯債務者	連帯保証人
住宅ローン控除	正人さん	受けられる	受けられる	受けられる
	幸子さん	（ア　受けられる）	（イ　受けられる）	（ウ　受けられない）

問 30 　正解　2　[難易度 A]

　　2．が最も適切である。

（ア）一般NISAの非課税対象は、上場株式、公募株式投資信託、ETF（上場投資信託）、J-REIT（上場不動産投資信託）などとなっており、ETFも対象になる。

（イ）株式投資信託は取引所には上場されていない。

（ウ）公社債投資信託について、指値注文はできない（売買価格を指定することはできない）。株式投資信託も同様である。

問 31 　正解　3　[難易度 B]

　　＜イメージ図＞より、本問の収入保障保険では、被保険者である正人さんが死亡した場合、契約日から25年経過後の2043年10月１日まで年金が受取人に支払われる。

　　年金額は＜設例＞より月額15万円となっている。正人さんが2022年10月１日に死亡した場合に支払われる年金の総額は、15万円×12ヵ月×21年＝3,780万円となる。

正解 （ア） 3 （イ） 5 （ウ） 8 　難易度 B

・正人さんへの傷病手当金は、（ア　3．8月13日）より支給が開始される。

・正人さんへ支給される１日当たりの傷病手当金の額は、次の算式で計算される。

　　［支給開始日の以前12ヵ月間の各標準報酬月額を平均した額］÷30日×

　　（イ　5．2／3）

・傷病手当金が支給される期間は、支給を開始した日から通算して、最長で

　（ウ　8．1年6ヵ月）である。

【解説】

　傷病手当金は、被保険者が病気やケガのために会社を休み、事業主から十分な報酬が受けられない場合に一定の要件を満たしていれば支給される。

＜支給要件＞

　傷病手当金は、次の①～④をすべて満たしたときに支給される。

　①業務外の事由による病気やケガの療養のための休業であること

　②仕事に就くことができないこと

　③連続する３日間を含めて４日以上仕事に就けなかったこと

　④休業した期間について給与の支払いがないこと

　給与の支払いがあっても、傷病手当金の額より少ない場合は、その差額が支給される。

＜正人さんのケース＞

　（ア）について

　８月５日、６日、８日については休業しているが、７日と９日に出勤している。

　このため、傷病手当金の待期期間の完成は、10～12日となり、待期期間終了後の13日から傷病手当金の支給が開始される。したがって、傷病手当金の支給開始は、<u>８月13日</u>からである。

　（イ）について

　傷病手当金の１日当たりの額は、『支給開始日以前の継続した12ヵ月間の各月の標準報酬月額の平均額÷30日×<u>２／３</u>』で計算する。

　（ウ）について

　傷病手当金が支給される期間は、2022年１月１日より、支給を開始した日から通算して最長で<u>１年６ヵ月</u>に改正された。

正解　（ア）3　（イ）5　（ウ）8　［難易度 A］

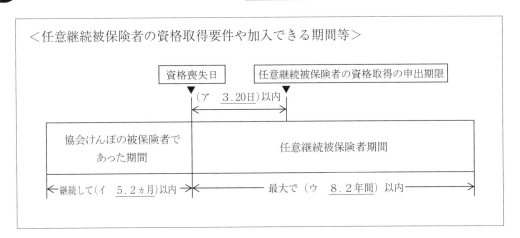

【解説】

　任意継続被保険者とは、会社を退職するなどして被保険者の資格を失ったとき、一定の条件のもとで任意に被保険者資格を継続することができる制度である。

＜適用要件＞

　任意継続被保険者となるためには、次の要件を満たす必要がある

　①資格喪失日の前日までに継続して<u>2ヵ月</u>以上被保険者であったこと

　②資格喪失日から<u>20日</u>以内に被保険者になるための加入手続きをすること

　なお、任意継続被保険者としての加入期間は、任意継続被保険者となってから最大で<u>2年間</u>となっている。

　また、任意継続被保険者の保険料は、その全額を自己負担することとなる。

問 34　正解　（ア）×　（イ）○　（ウ）×　（エ）○　［難易度 A］

　下線部分が誤りである。

（ア）加入者が支払った掛金は、その全額が<u>社会保険料控除</u>として、所得控除の対象となる。

（イ）国民年金の第1号被保険者が個人型確定拠出年金と国民年金基金に加入している場合の掛金は、両方を合算して月額68,000円が限度となる。

（ウ）老齢給付金を60歳から受給するためには、60歳に達した時点で通算加入者等期間が<u>15年</u>以上なければならない。

（エ）一時金として受け取った老齢給付金は、退職所得となり、退職所得控除額の適用を受けることができる。

【解説】

（ア）について

加入者が支払った掛金は、その全額が小規模企業共済等掛金控除として、所得控除の対象となる。

（イ）について

個人型確定拠出年金の拠出限度額は、次のとおりである。

個人型確定拠出年金（iDeCo）の拠出限度額
①自営業者等 　68,000円（月額） 　※国民年金基金に加入している場合はその掛金と合わせて68,000円（月額）まで ②厚生年金保険の被保険者のうち、 　（ａ）厚生年金基金等の確定給付型の年金を実施している場合：12,000円（月額） 　（ｂ）企業型年金のみを実施している場合：20,000円（月額） 　（ｃ）企業型年金などを実施していない場合（下記（ｄ）を除く）：23,000円（月額） 　（ｄ）公務員：12,000円（月額） ③専業主婦（夫）等：23,000円（月額） ※加入者個人が拠出（「iDeCo＋」（イデコプラス＝中小事業主掛金納付制度）を利用する場合は事業主も拠出可）

（ウ）について

老齢給付金を60歳から受給できるのは、60歳に達した時点で、個人型確定拠出年金の加入者期間が10年以上ある者である。

なお、60歳の時点で通算加入者等期間が10年に満たない場合は、次のように支給開始年齢の引き延ばしを行う。

●通算加入者等期間別の支給開始可能年齢

通算加入者等期間	支給開始可能年齢
８年以上10年未満	満61歳
６年以上 ８年未満	満62歳
４年以上 ６年未満	満63歳
２年以上 ４年未満	満64歳
１月以上 ２年未満	満65歳

（エ）について

老齢給付金を一時金で受け取った場合、退職所得として所得税の課税対象となり、退職所得の計算上、退職所得控除額の適用を受けることができる。

●確定拠出年金の給付の種類と受取時の課税方法

給付の種類	受取方法	課税方法
老齢給付金	年金形式	雑所得 （公的年金等控除の適用可）
	一時金形式	退職所得 （退職所得控除の適用可）
障害給付金	年金形式	非課税
	一時金形式	
死亡給付金	一時金形式	みなし相続財産として相続税の課税対象

第10問

問35 正解 6,660（万円） 難易度 A

資料より、バランスシートを作成する。

＜松尾家（孝一さんと祥子さん）のバランスシート＞

［資産］		［負債］	
金融資産		住宅ローン	380万円
現金および預貯金	3,210万円	事業用借入	3,820万円
投資信託	220万円		
生命保険(解約返戻金相当額)	730万円	負債合計	4,200万円
事業用資産(不動産以外)	420万円		
商品・備品等			
不動産		［純資産］	（ア）6,660万円
土地(店舗兼自宅の敷地)	2,300万円		
建物(店舗兼自宅の家屋)	3,680万円		
その他(動産等)	300万円		
資産合計	10,860万円	負債・純資産合計	10,860万円

純資産（ア）＝資産－負債　であることから、

10,860万円－4,200万円＝<u>6,660万円</u>

問36 正解 3 難易度 B

　現時点（2022年9月1日時点）で孝一さんが不慮の事故で死亡した場合の死亡保険金額は、〔資料3：生命保険〕のうち孝一さんを被保険者とするもので、定期保険Aの1,000万円、定期保険特約付終身保険Bの終身部分・定期保険部分の合計2,200万円、

終身保険Cの400万円、終身保険Eの300万円に加え、「注5」に記載されているように、終身保険Cに付保されている災害割増特約400万円の合計4,300万円である。

さらに、松尾家（孝一さんと祥子さん）が保有する現金および預貯金の合計額は〔資料1：保有資産（時価）〕より、2,850万円＋360万円＝3,210万円となる。

一方、返済すべき負債は、事業用借入の3,820万円のみである。住宅ローンは〔資料2：負債残高〕より、団体信用生命保険が付保されているため、返済すべき負債ではない。

したがって、（　ア　）に入る金額は、4,300万円＋3,210万円－3,820万円＝3,690万円となる。

問 37　**正解　2**　**難易度 A**

太郎さんの配偶者はすでに死亡しており、一人暮らしでもあり、また子供の孝一さんはすでに自宅を所有しているので、土地Aは小規模宅地等の特例の特定居住用宅地等の要件には該当しない。他方、賃貸アパートの敷地となっている土地Bは小規模宅等の特例に該当するが、面積上限として200㎡がある。よってこの特例の適用対象となる面積の上限は200㎡となる。

問 38　**正解　2,130,000（円）**　**難易度 A**

父の太郎さんからの贈与は相続時精算課税制度の適用を受けるので、叔母の恵子さんからの贈与とは分けて、それぞれ贈与税額を計算する。

＜父・太郎さんからの贈与＞

相続時精算課税制度の特別控除額は2,500万円なので、2021年の贈与時の1,800万円を差し引いた700万円の控除額が2022年の贈与に適用される。また、特別控除額累計で2,500万円を超える部分については、一律20％の税率が適用される。したがって、（1,500万円－700万円）×20％＝160万円が父・太郎さんからの贈与に係る贈与税額となる。

＜叔母・恵子さんからの贈与＞

暦年課税により計算をする。

500万円－基礎控除額110万円＝390万円、適用する税率は、一般の贈与に該当するため、「ロ：一般贈与財産、一般税率」の速算表を使用し、20％となるため、390万円×20％－25万円＝53万円が叔母・恵子さんからの贈与に係る贈与税額となる。

＜2022年分の贈与税額＞

160万円＋53万円＝213万円が正解となり、解答用紙に記載されている単位は「円」なので、2,130,000円が正解となる。

＜沼田さんの説明＞

> 「孝一さんが老齢年金の額を増やすには、まず60歳から（ア．65）歳になるまでの間、国民年金に任意加入し、保険料を納付する方法が考えられます。また、国民年金保険料に加えて付加保険料を納付すると、付加年金を受給することができます。付加年金の受給額は、（イ．200）円に付加保険料を納付した月数を乗じた額となります。
>
> 　さらに孝一さんが66歳に達した日以降、老齢年金の支給繰下げの申し出をすると、年金額を増やして受給することができます。支給繰下げを申し出た場合の年金額の増額率は、（ウ．0.7）％に繰り下げた月数を乗じた率となります。」

【解説】

（ア）について

　60歳になるまでに老齢基礎年金の受給資格を満たしていない場合や、40年の納付済期間がないため老齢基礎年金を満額受給できない場合などで年金額の増額を希望するときは、60歳以降でも国民年金に任意加入することができる。

　ただし、厚生年金保険、共済組合等加入者は、任意加入制度の対象外である。

　国民年金の任意加入は、次の①～④のすべての条件を満たす必要がある。

①日本国内に住所を有する60歳以上65歳未満の人

②老齢基礎年金の繰上げ支給を受けていない人

③20歳以上60歳未満までの保険料の納付月数が480月（40年）未満の人

④厚生年金保険、共済組合等に加入していない人

⑤日本国籍を有しない人で、在留資格が「特定活動（医療滞在または医療滞在者の付添人）」や「特定活動（観光・保養等を目的とする長期滞在または長期滞在者の同行配偶者）」で滞在する人でない人

なお、外国に居住する日本人で、20歳以上65歳未満の人も任意加入できる。

（イ）について

　第1号被保険者や任意加入被保険者が定額保険料に付加保険料（月額400円）を上乗せして納付すると、老齢基礎年金に付加年金が上乗せされる。

　なお、付加年金の年金額は、「200円×付加保険料納付月数」である。

（ウ）について

　老齢年金の繰下げ支給とは、老齢年金を65歳で受け取らずに66歳以降75歳までの間で繰り下げて増額した年金を受け取ることをいう。

年金額の増額率は、「0.7％×65歳に達した月から繰下げ申出月の前月までの月数」で、最大で84％である。

ただし、1952年4月1日以前生まれの人（または2017年3月31日以前に老齢年金を受け取る権利が発生している人）は、繰下げの上限年齢が70歳（権利が発生してから5年後）までで、増額率は、最大で42％である。

●繰下げ増額率

請求時の年齢	増額率
66歳0ヵ月～66歳11ヵ月	8.4％～16.1％
67歳0ヵ月～67歳11ヵ月	16.8％～24.5％
68歳0ヵ月～68歳11ヵ月	25.2％～32.9％
69歳0ヵ月～69歳11ヵ月	33.6％～41.3％
70歳0ヵ月～70歳11ヵ月	42.0％～49.7％
71歳0ヵ月～71歳11ヵ月	50.4％～58.1％
72歳0ヵ月～72歳11ヵ月	58.8％～66.5％
73歳0ヵ月～73歳11ヵ月	67.2％～74.9％
74歳0ヵ月～74歳11ヵ月	75.6％～83.3％
75歳0ヵ月	84.0％

問 40　正解　（ア）2　（イ）5　（ウ）7　　難易度 A

「パートタイマーとして働いている人も、1週間の所定労働時間が（ア　2. 20時間）以上で、継続して31日以上雇用される見込みがある人は、雇用保険に加入しなければなりません。

雇用保険の加入年齢に上限はなく、（イ　5. 65歳）未満の人は一般被保険者とされ、（イ　5. 65歳）以上の人は高年齢被保険者とされます。

被保険者が失業した場合に支給される求職者給付も、離職したときの年齢により内容が異なります。（イ　5. 65歳）に達する前に離職した一般被保険者には、離職理由や雇用保険の加入期間により原則として90日～330日にわたる基本手当が支給され、（イ　5. 65歳）以後に離職した高年齢被保険者には基本手当の30日分または50日分の（ウ　7. 高年齢求職者給付金）が一時金で支給されます。」

【解説】

（ア）について

雇用保険の適用事業所に雇用される者であって、次の①と②の2つの要件を満たせ

ば、パートタイマーとして働いている人も雇用保険の被保険者となる。

　①１週間の所定労働時間が20時間以上であること

　②31日以上の雇用見込みがあること

　なお、上記の①と②の要件を満たす場合、日本国籍の有無にかかわらず、原則として被保険者となる。

（イ）について

　雇用保険加入者において、65歳未満の人は、一般被保険者といい、65歳以上の人は、高年齢被保険者という。

（ウ）について

　65歳に達する前に離職した一般被保険者には、離職理由や雇用保険の加入期間により原則として90日〜330日にわたる「基本手当」が支給される。

　一方、65歳以後に離職した高年齢被保険者には、雇用保険の加入期間によって基本手当の30日分または50日分の「高年齢求職者給付金」が一時金で支給される。

　高年齢求職者給付金の支給を受けるには、次の①と②の要件をすべて満たしている必要がある。

　①離職の日以前１年間に、被保険者期間が通算して６ヵ月以上あること

　②失業の状態にあること

MEMO

書籍の正誤についてのお問い合わせ

　内容について、万一誤りと思われる箇所がありましたら、以下の方法でご確認いただきますよう、お願い申し上げます。

　なお、正誤のお問い合わせ以外の内容に関する解説・受検指導等は行っていません。そのようなお問い合わせにつきましては、お答え致しかねますので、ご了承ください。

❶ 正誤表の確認方法

　当社ホームページのトップページから「正誤表」コーナーにアクセスいただき、正誤表をご確認ください。

https://www.kindai-sales.co.jp/

❷ 正誤のお問い合わせ方法

　正誤表がない場合、あるいは正誤表があっても疑問の箇所が掲載されていない場合は、書名、発行年月日、お客様のお名前、ご連絡先を明記の上、下記のいずれかの方法でお問い合わせください。

　なお、回答までに時間を要する場合もございますので、あらかじめご了承ください。

文書でのお問い合わせ	郵送先：〒165-0026　東京都中野区新井2-10-11 ヤシマ1804ビル4階 （株）近代セールス社 出版企画室 正誤問い合わせ係
FAXでのお問い合わせ	FAX番号：**03－6866－7593**
e-mailでのお問い合わせ	アドレス：book-k@kindai-sales.co.jp

＊お電話でのお問い合わせは、お受けできませんので、ご了承ください。

解説部分執筆協力者
（50音順、敬称略）

置鮎謙治

佐藤正明

田中卓也

深澤　泉

目黒政明

望月厚子

八ツ井慶子

2024年度版
ＦＰ技能検定２級過去問題集
＜実技試験・資産設計提案業務＞

2024年5月10日　初版発行

編　者──ＦＰ技能検定試験研究会
発行者──楠　真一郎

発　行──株式会社　近代セールス社
　　　　〒165−0026 東京都中野区新井2−10−11 ヤシマ1804ビル4階
　　　　電話（03）6866−7586
　　　　FAX（03）6866−7596
　　　　https://www.kindai-sales.co.jp

DTP・印刷──株式会社　アド・ティーエフ
製本──株式会社　新寿堂